高职高专"十二五"规划重点教材

畅捷通T3-企业管理信息化软件教育专版

会计电算化实用教程

孙莲香／主编

（本书配套教学使用光盘）

立信会计出版社

LIXIN ACCOUNTING PUBLISHING HOUSE

图书在版编目(CIP)数据

会计电算化实用教程 / 孙莲香主编. —上海：立信
会计出版社,2011.11
高职高专"十二五"规划重点教材
ISBN 978-7-5429-2971-6

Ⅰ.①会… Ⅱ.①孙… Ⅲ.①会计电算化—高等职
业教育—教材 Ⅳ.①F232

中国版本图书馆 CIP 数据核字(2011)第 234026 号

责任编辑　　赵新民
封面设计　　周崇文

会计电算化实用教程

出版发行	立信会计出版社			
地　　址	上海市中山西路 2230 号	邮政编码	200235	
电　　话	(021)64411389	传　真	(021)64411325	
网　　址	www.lixinaph.com	电子邮箱	lxaph@sh163.net	
网上书店	www.shlx.net	电　话	(021)64411071	
经　　销	各地新华书店			
印　　刷	上海天地海设计印刷有限公司			
开　　本	787 毫米×1092 毫米	1/16		
印　　张	13.5			
字　　数	309 千字			
版　　次	2011 年 11 月第 1 版			
印　　次	2017 年 2 月第 3 次			
印　　数	4 901—7 000			
书　　号	ISBN 978-7-5429-2971-6/F			
定　　价	33.00 元(含光盘)			

前　言

　　财政部《关于全面推进我国会计信息化工作的指导意见》(财会[2009]6号)中指出:"随着社会主义市场经济不断完善和经济全球化,现代信息技术和网络技术的日益普及,会计工作应当按照国家信息化发展战略的要求,全面推进信息化建设。会计工作与信息化建设密切相关、相辅相成、相互促进。通过全面推进会计信息化建设,能够进一步提升会计工作水平,促进经济社会健康发展。"可见,会计信息化人才的培养是当务之急。

　　为了满足企业对会计信息化人才的需求,在职业教育的会计及会计电算化等相关专业中应开设"会计电算化"课程。本课程的培养目标是,强化会计电算化基础能力、核心专业技术应用能力和一般关键能力,使学生不仅能够掌握财务管理软件的基本操作技能,同时还能学到会计工作岗位之间的业务衔接关系和内部控制要求,以及会计人员的职业道德规范等内容,从而完成从理论转向实践、从单项技能向综合技能的过渡。为了达到培养适合企业需要的会计电算化专门人才的培养目标,本套教材编写人员集中优势资源,采用以工学结合为切入点,根据课程内容和学生特点,精心打造了这套立体化岗位实训教材。

　　本书以企业典型工作任务为出发点,进而以任务驱动式教学方式轻松地在完成任务的过程中学习财务管理软件的使用方法,并全面地学习每一工作任务涉及的知识要点,最后为了检验对所学知识的掌握程度还可以进行上机实验,不但丰富了学生的知识,还增强了学生的应用能力和自信心。本书着重讲解畅捷通 T3 财务管理系统中财务会计业务处理的基本知识和操作方法,使学习者系统学习系统管理与基础设置、总账、财务报表、工资和固定资产会计业务处理的基本工作原理和会计核算与管理的全部工作过程。全书共分为 6 个单元,主要内容包括:系统管理与基础设置、总账管理、财务报表、薪资管理、固定资产管理和综合实训案例。每一单元的内容又都包括基础理论、工作任务、知识要点和上机实验。最后,为了全面检验学习者的学习状况,还增加了一个综合案例。本书充分满足会计电算化专门人才培养的需要,突出了理论教学构筑学生的知识结构,实践教学构筑学生的职业技能结构的教学原则。

　　为了满足学习者在进行上机实验时的数据的完整性,在教材中,无论是例题中的操作"任务"还是每一单元后的"上机实验",都附有实验前准备和实验后结果的账套,即给出了实验的基础数据和实验的结果数据,可以有效地满足学习者任意选取所要完成的教学任务,不必因为数据准备不充分而出现不能随机地选取学习内容的情况。为了满足教师教学的需要,我们为教师设计了从教学计划、教学大纲到电子教案的全部教学资料。努力做到想教师及学生之所想,急教师及学生之所急。

　　本书以面向职业院校中会计专业、会计电算化专业、税务专业、审计专业及相关经济管理专业人员的会计电算化课程教学为基本目的,适用于欲掌握财务管理软件应用的人员。采用案例教学、实践教学的任务驱动式的教学方式,有针对性地学习完整的实现会计核算和会计管理的应用方案。内容安排合理、文字简明、面向应用、突出操作技能的训练。能够适应企业管理现代化对会计人员综合素质的要求。参加本书编写的人员都是担任会计电算化教学工作多年的教师,本书是我们多年教学经验的总结。我们衷心希望本书能为促进我国会计电算化的发展尽一点微薄的力量。编写本书的人员有孙莲香、刘兆军、沈清丽、陈江北、康晓林、郭莹、周海彬和李建华。本书由孙莲香任主编,并负责设计全书的总体结构和总纂等。本书是在用友软件股份有限公司大力支持下编写完成的,在此深表谢意。

　　限于作者的水平,书中难免存在缺点和不妥之处,我们诚挚地希望对本书的不足之处给予批评指正。联系邮箱：slx1109@126.com。

编　　者

2011 年 10 月

目　　录

第 1 单元　系统管理与基础设置

 **学习目标**

了解系统管理的主要功能,了解基础设置的主要内容及其作用。

能够为企业建立账套;能够设置操作员并赋予其相应的权限;能够设置部门档案、职员档案和往来单位档案等;能够完成凭证类别、结算方式及会计科目等财务设置,为日常工作做好准备;能够了解在出现操作错误时的处理思路和方法。

畅捷通 T3 财务管理系统由多个子系统组成,各个子系统都是为同一主体的不同方面服务的。各子系统之间既相对独立,又相互联系,协同运作,共同完成一体化的会计核算与管理工作。为了实现一体化的管理应用模式,要求各个子系统共享公用的基础信息,拥有相同的账套和年度账,并要求操作员和操作权限集中管理,所有数据存放在同一数据库中可以共享。因此,为了完成全面的系统服务,必须设立系统管理功能,并进行基础设置,为各子系统提供统一的环境和基础信息,对财务管理软件所属的各个系统进行统一的操作管理和数据维护,最终实现财务、业务的一体化管理。

1.1　系统管理

系统管理的主要功能是对畅捷通 T3 管理软件的各子系统进行统一的操作管理和数据维护。系统管理的任务主要包括对操作员及其权限管理和账套管理。

1.1.1　启动系统管理

启动系统管理的操作包括启动系统管理模块并进行注册,即登录进入系统管理模块。在系统管理中可以进行设置操作员、建立账套和设置操作员权限等操作。

系统允许用户以系统管理员 admin 或以账套主管的身份注册进入系统管理。由于第一次运行该软件时还没有建立核算单位的账套,因此,在建立账套前应由系统默认的管理员 admin 登录。

任务 1 - 1　以系统管理员"admin"的身份启动系统管理。

操作步骤

(1) 选择【开始】|【程序】|【畅捷通 T3 系列管理软件】|【畅捷通 T3】|【系统管理】(或者直接双击桌面上的系统管理图标)选项,进入"畅捷通 T3 企业管理信息化软件教育专版

〖系统管理〗"窗口,如图 1-1 所示。

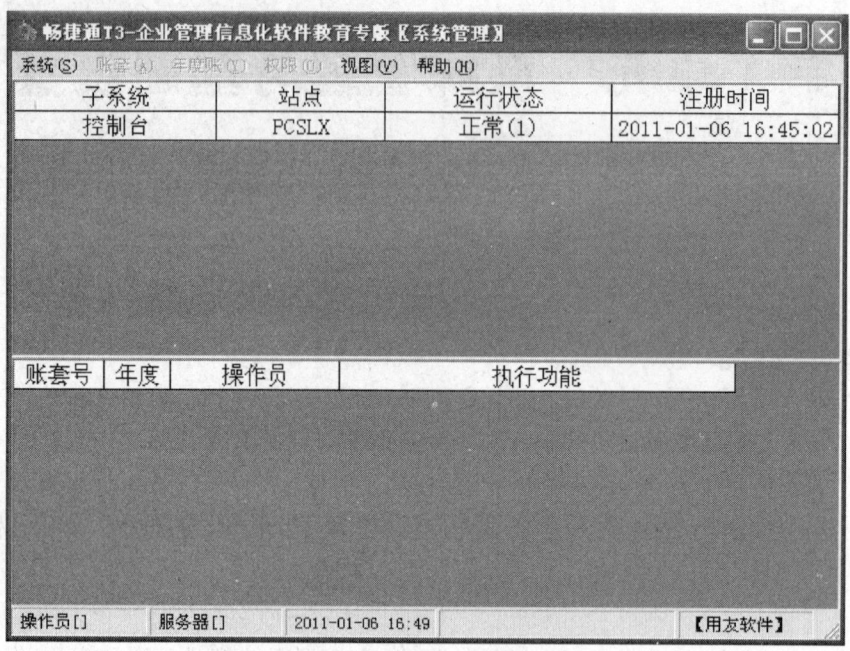

图 1-1 "系统管理"窗口

(2) 在"系统管理"窗口中,选择【系统】|【注册】选项,打开"注册〖控制台〗"对话框。在"用户名"栏录入"admin",如图 1-2 所示。

图 1-2 "系统管理员登录"对话框

（3）单击【确定】按钮（即不修改系统管理员的口令，默认口令为空），进入系统管理模块。

提示

- 系统管理员"admin"没有密码，即密码为空。在实际工作中，为了保证系统的安全，必须为系统管理员设置密码。
- 在教学过程中，由于一台计算机供多个学员使用，为了方便，建议不为系统管理员设置密码。
- 系统允许以两种身份注册进入系统管理：一是以系统管理员的身份；二是以账套主管的身份。

系统管理员负责整个系统的控制和维护，可以管理该系统中所有的账套。以系统管理员身份注册进入，可以进行账套的建立、恢复和备份，设置操作员、指定账套主管，并可以设置和修改操作员的密码及其权限等。

账套主管负责对所选账套的维护工作。主要包括账套的修改、功能模块启用、对年度账的管理（包括建立、清空、恢复、备份以及各子系统的年末结转、所选账套的数据备份等），以及该账套操作员的权限设置。

1.1.2 操作员管理

为了保证系统及数据的安全与保密，系统提供了操作员设置功能，以便在计算机系统中进行操作分工及权限控制。

1. 增加操作员

任务 1-2 增加如表 1-1 所示的操作员。

表 1-1　　　　　　　　　　　　操作员名单

操作员编号	操作员姓名	操作员口令
CW1	张 悦	000000
CW2	刘家伟	000000
CW3	王 强	000000

操作步骤

（1）以系统管理员的身份在"系统管理"窗口中，选择【权限】|【操作员】选项，打开"操作员管理"对话框，如图 1-3 所示。

提示

系统预置了三个操作员，分别是 demo、SYSTEM 和 UFSOFT，这三个操作员的初始口令与各自的名称一样，并且字母不分大小写。如 demo 的口令就是 demo。

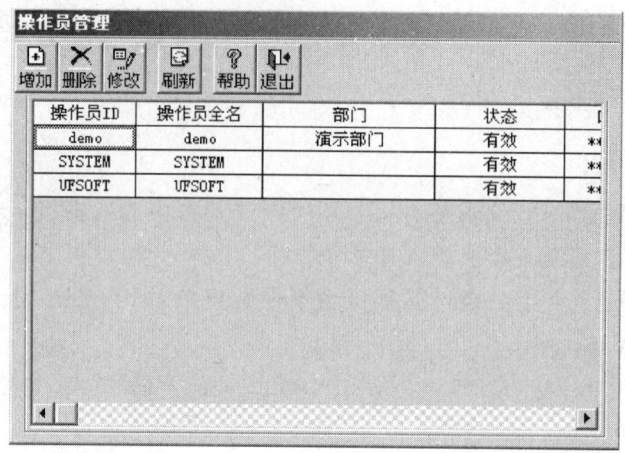

图 1-3 "操作员管理"对话框

　　（2）单击【增加】按钮，打开"增加操作员"对话框，输入编号"CW1"、姓名"张悦"、口令"000000"、确认口令"000000"，如图 1-4 所示。

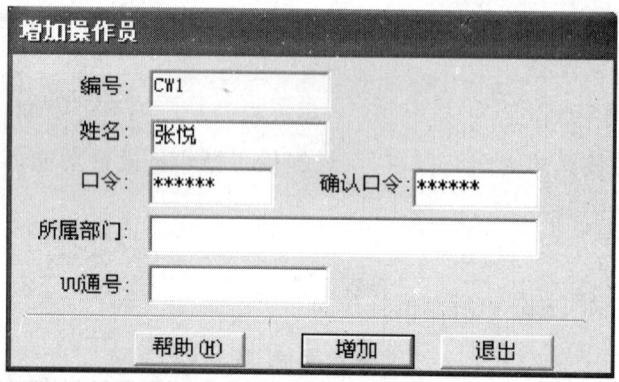

图 1-4 "增加操作员"对话框

　　（3）单击【增加】按钮，确认。
　　（4）继续增加操作员"刘家伟"和"王强"。
　　（5）单击【退出】按钮，系统显示操作员名单。

 **提示**

- 只有系统管理员（admin）才有权设置操作员。
- 操作员编号在系统中必须是唯一的。
- 所设置的操作员一旦被使用，则不能删除。
- 在实际工作中可以根据需要随时增加操作员。
- 为保证系统安全，分清责任应设置操作员口令。

2．修改操作员

在系统中所设置的操作员在未被使用前，可以进行修改（注：操作员信息一旦保存，则编号不能修改）。

任务 1-3　将"CW2"的姓名"刘家伟"修改为"刘家炜"。

操作步骤

（1）以系统管理员"admin"的身份注册进入"系统管理"。

（2）选择【权限】|【操作员】选项，打开"操作员管理"对话框。

（3）在"操作员管理"对话框中选中要修改的操作员"刘家伟"的所在行，单击【修改】按钮，打开"修改操作员信息"对话框。

（4）将姓名"刘家伟"修改为"刘家炜"，如图 1-5 所示。

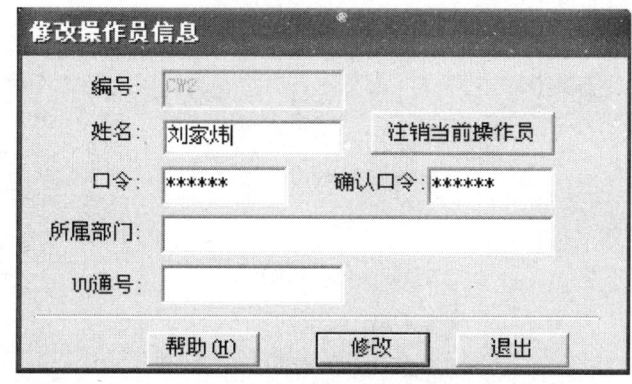

图 1-5　修改操作员姓名

（5）单击【修改】按钮，系统自动保存并显示修改后的操作员信息。

 **提示**

- 只有系统管理员有权修改操作员信息。
- 在操作员的信息中，操作员编号不能修改，只能修改操作员的姓名、口令及所属部门。
- 操作员的口令除了可以由系统管理员以修改操作员信息的方式进行修改外，还可以在操作员登录系统时由操作员本人修改。

1.1.3　账套管理

账套是指一组相互关联的财务数据。一般来说，可以为企业中每一个独立核算的单位建立一个账套，系统最多可以建立 999 个账套。其中"999"账套是系统预置的演示账套。在账套管理功能中可以完成建立账套、修改账套、备份账套及删除账套的操作。

1．建立账套

建立账套，即采用财务管理软件为本企业建立一套账簿文件，在建立账套时可以根据企

业的具体情况进行账套参数设置,主要包括核算单位名称、所属行业、启用时间、编码规则等基础参数的设置。账套参数决定了系统的数据输入、处理、输出的内容和形式。

任务 1-4 创建 100 账套,单位名称为"惠通股份有限公司"(简称"惠通公司"),启用会计期为"2011 年 1 月"。该企业的记账本位币为"人民币(RMB)",企业类型为"工业",执行"2007 年新会计准则",账套主管为"张悦",按行业性质预置会计科目。该企业不要求进行外币核算,对经济业务处理时,需对客户进行分类。需设置的分类编码分别为:科目编码级次"4222",客户分类编码级次"122"。创建账套后暂时不启用任何子系统。

操作步骤

(1) 在"系统管理"窗口中,选择【账套】|【建立】选项,打开"创建账套——账套信息"对话框。

(2) 输入账套信息。账套号为"100",账套名称为"惠通股份有限公司",启用会计期"2011 年 1 月",如图 1-6 所示。

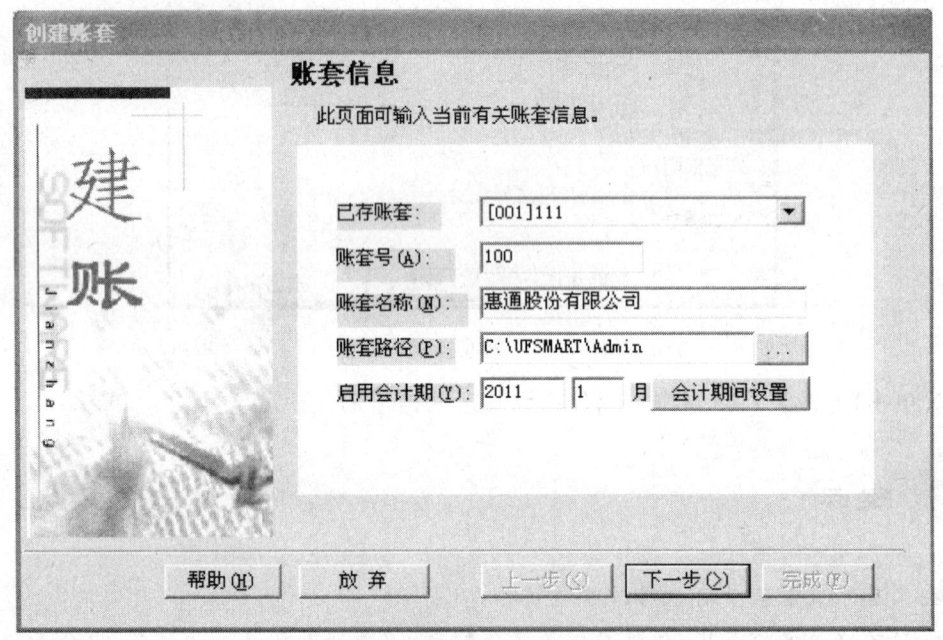

图 1-6 "创建账套——账套信息"对话框

 **提示**

- 新建账套号不能与已存账套号重复。
- 账套名称可以是核算单位的简称,它将随时显示在正在操作的财务管理软件的界面上。
- 账套路径为存储账套数据的路径,可以修改。
- 启用会计期为启用财务管理软件处理会计业务的日期。
- 启用的会计期不能在计算机系统日期之后。

（3）在"创建账套——账套信息"对话框中，单击【下一步】按钮，打开"创建账套——单位信息"对话框。

（4）输入单位信息。单位名称为"惠通股份有限公司"，单位简称"惠通公司"，如图1-7所示。

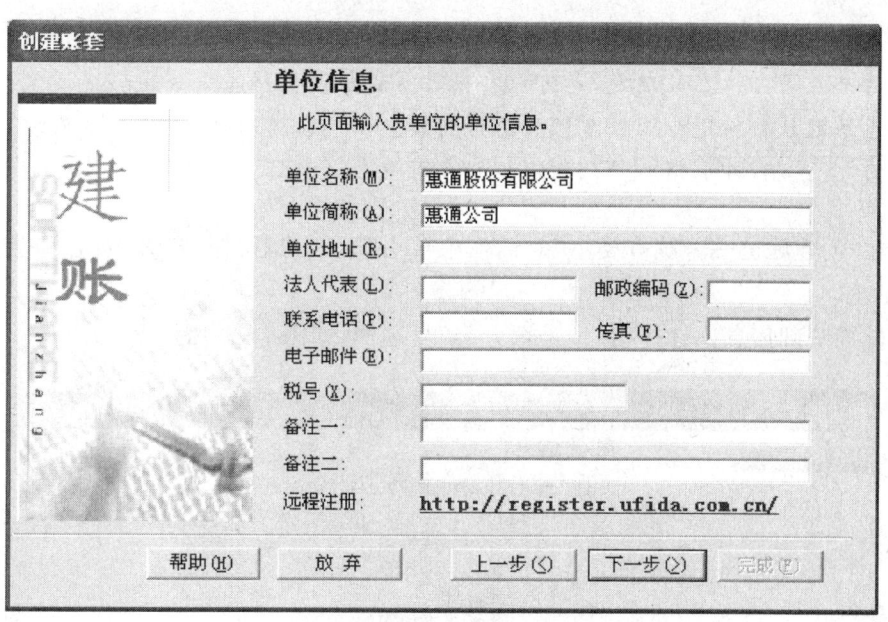

图1-7 "创建账套——单位信息"对话框

（5）在"创建账套——单位信息"对话框中，单击【下一步】按钮，打开"创建账套——核算类型"对话框。

（6）单击行业性质栏后下三角按钮，选择"2007年新会计准则"，单击"账套主管"栏后的下三角按钮，选择"张悦"，如图1-8所示。

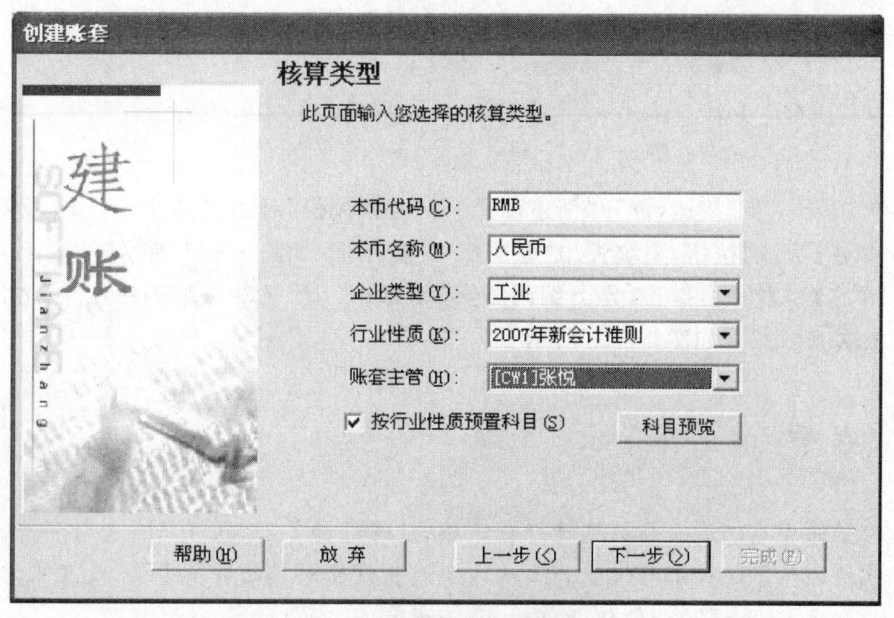

图1-8 "创建账套——核算类型"对话框

**提示**

- 行业性质的选择决定着系统采用何种会计制度下的会计科目进行会计核算。
- 账套主管可以在此确定,也可以在操作员权限设置功能中修改。
- 系统默认按所选行业性质预置会计科目。如果取消选择"按行业性质预置科目"复选框(即取消"√"),则不按行业预置会计科目。

(7)在"创建账套——核算类型"对话框中单击【下一步】按钮,打开"创建账套——基础信息"对话框。

(8)设置基础信息。选择"客户是否分类"复选框,如图1-9所示。

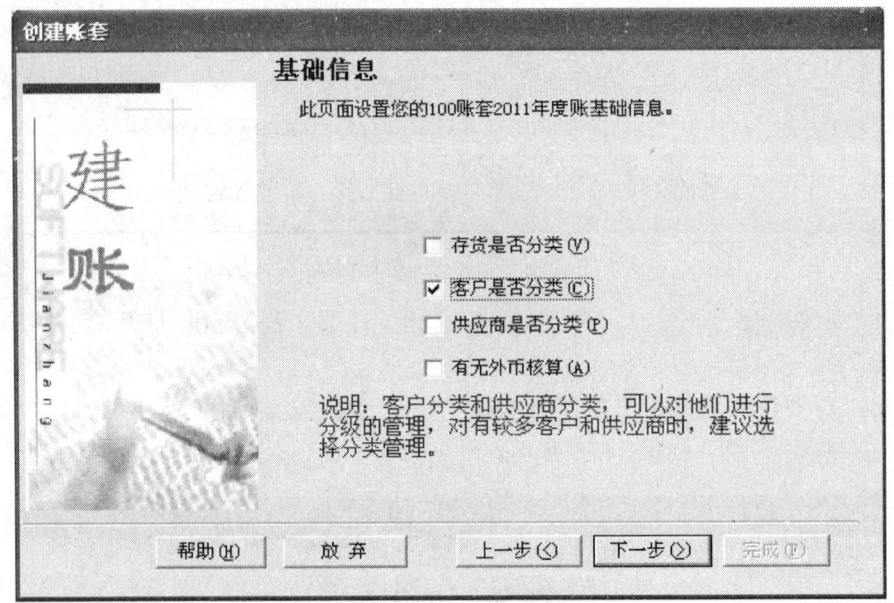

图1-9 "创建账套——基础信息"对话框

(9)单击【下一步】按钮,打开"创建账套——业务流程"对话框,如图1-10所示。

(10)单击【完成】按钮,系统弹出"创建账套"提示框,如图1-11所示。

(11)单击【是】按钮,打开"分类编码方案"对话框。设置科目编码级次为"4222",客户分类编码级次为"122",如图1-12所示。

**提示**

- 为了便于对经济业务数据进行分级核算、统计和管理,软件将对会计科目、企业的部门等进行编码设置。编码方案是指设置编码的级次方案,这里采用群码方案,这是一种分段组合编码,每一段有固定的位数。

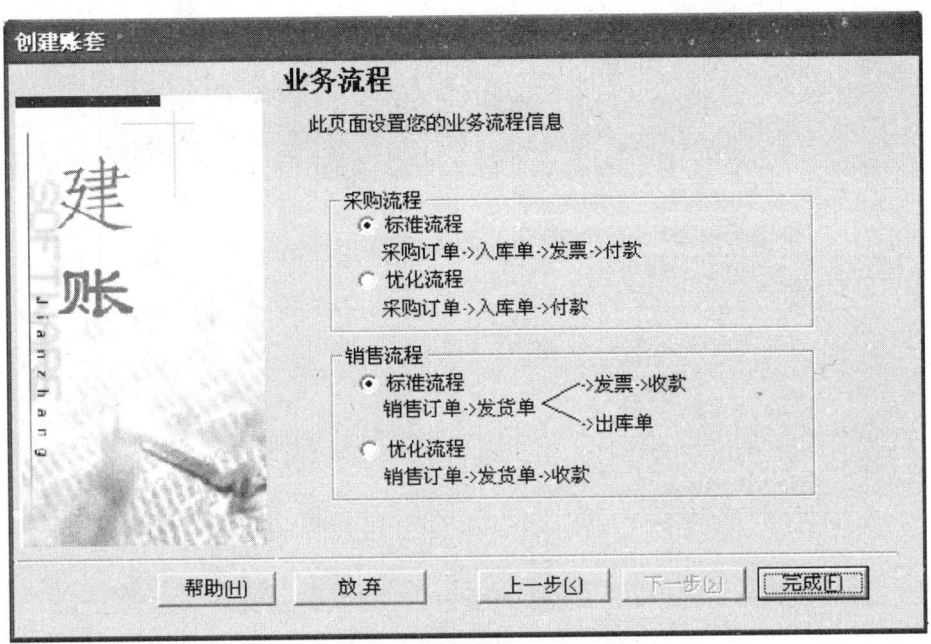

图 1-10　"业务流程"对话框

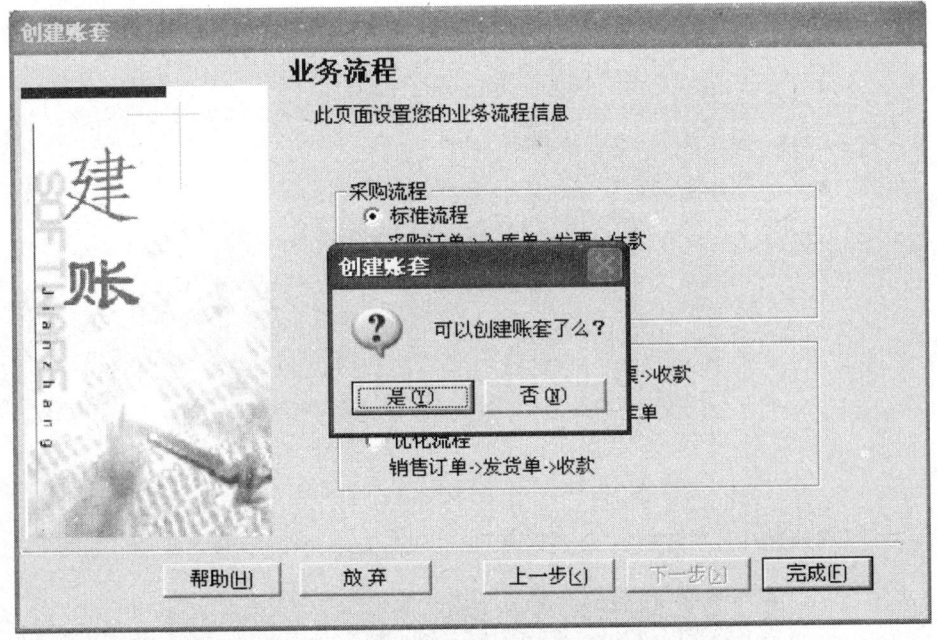

图 1-11　确定已创建账套

● 编码规则是指分类编码共分几段,每段有几位。一级至最底层的段数称为级次,每级(或每段)的编码位数称为级长。编码总级长为每级编码级长之和。

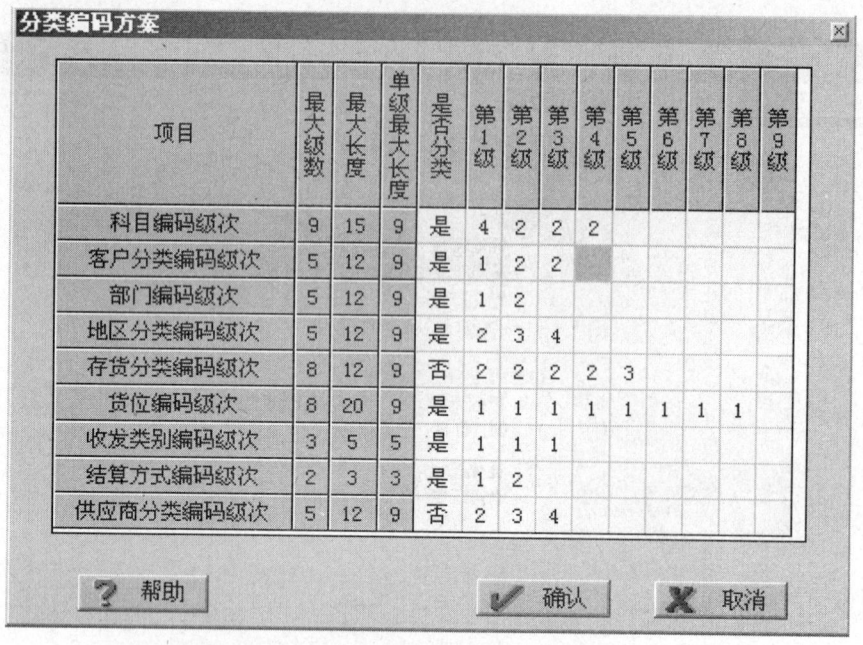

项目	最大级数	最大长度	单级最大长度	是否分类	第1级	第2级	第3级	第4级	第5级	第6级	第7级	第8级	第9级
科目编码级次	9	15	9	是	4	2	2	2					
客户分类编码级次	5	12	9	是	1	2	2						
部门编码级次	5	12	9	是	1	2							
地区分类编码级次	5	12	9	是	2	3	4						
存货分类编码级次	8	12	9	否	2	2	2	2	3				
货位编码级次	8	20	9	是	1	1	1	1	1	1	1	1	
收发类别编码级次	3	5	5	是	1	1	1						
结算方式编码级次	2	3	3	是	1	2							
供应商分类编码级次	5	12	9	否	2	3	4						

图 1-12 "分类编码方案"对话框

(12) 单击【确认】按钮,打开"数据精度定义"对话框,如图 1-13 所示。

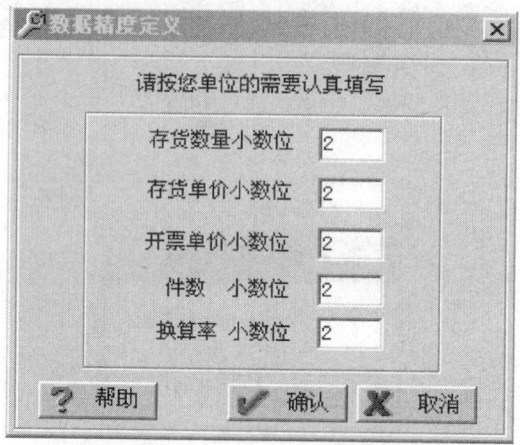

图 1-13 "数据精度定义"对话框

(13) 单击【确认】按钮,系统提示"创建账套{惠通股份有限公司:[100]}成功",如图 1-14 所示。

图 1-14 创建账套成功的提示

（14）单击【确定】按钮。系统提示"是否立即启用账套"，如图 1-15 所示。

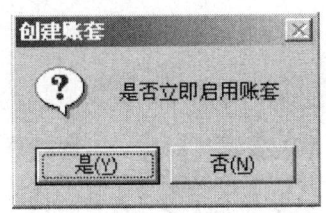

图 1-15　"是否启用账套"的提示

（15）单击【否】按钮，暂不启用任何系统。

提示

- 除科目编码级次的第 1 级外，其他均可以直接根据需要进行修改。
- 由于系统按照账套所选行业会计制度预置了一级会计科目，因此第 1 级科目编码级次不能修改。
- 在系统未使用前，如果分类编码方案设置有误，可以在"畅捷通 T3"的"基础设置"中进行修改。
- 此时可以直接进行系统启用的操作，否则，只能以账套主管的身份注册系统后进行相应系统启用的操作。

2. 修改账套

当系统运行了一段时间后，如果发现账套的某些信息需要修改或补充，可以通过修改账套功能来完成。此功能还可以帮助用户查看某个账套的信息。

系统要求，只有账套主管才有权使用账套修改功能。如果要修改某一账套的信息，首先应在启动系统管理后，以账套主管的身份登录注册系统管理，并选择要修改的账套。

任务 1-5　以 100 账套主管"CW1 张悦"（密码：000000）的身份登录注册系统管理，选择其主管的 100 账套，将账套设置为"有外币核算"。

操作步骤

（1）在"系统管理"窗口中，选择【系统】|【注册】选项，打开"注册〖控制台〗"对话框。

（2）在"用户名"栏录入"CW1"，输入密码"000000"，单击"账套"栏后的下三角按钮，选择"[100]惠通股份有限公司"，如图 1-16 所示。

（3）单击【确定】按钮。

提示

若当前操作员不是要修改账套的主管，则应在"系统管理"窗口中，更换操作员。

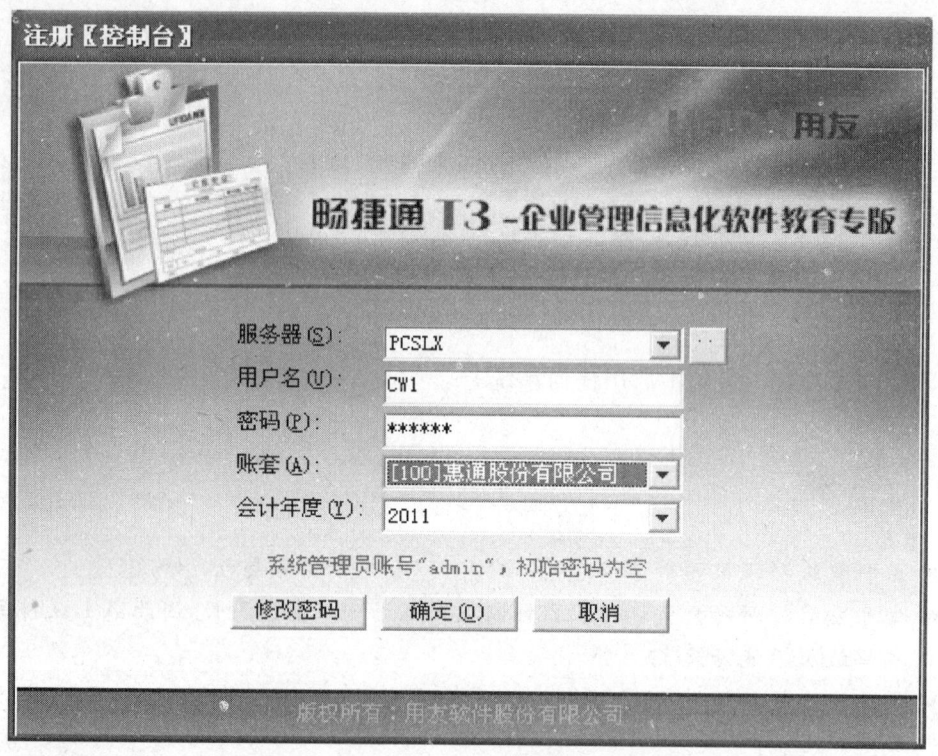

图 1-16　账套主管登录注册系统管理

（4）选择【账套】|【修改】选项，打开"修改账套"对话框，如图 1-17 所示。

图 1-17　"修改账套——账套信息"对话框

（5）单击【下一步】按钮，打开"单位信息"对话框，然后单击【下一步】按钮，打开"核算类

型"对话框,接着单击【下一步】按钮,打开"基础信息"对话框。

（6）单击选中"有无外币核算"复选框,如图 1-18 所示。

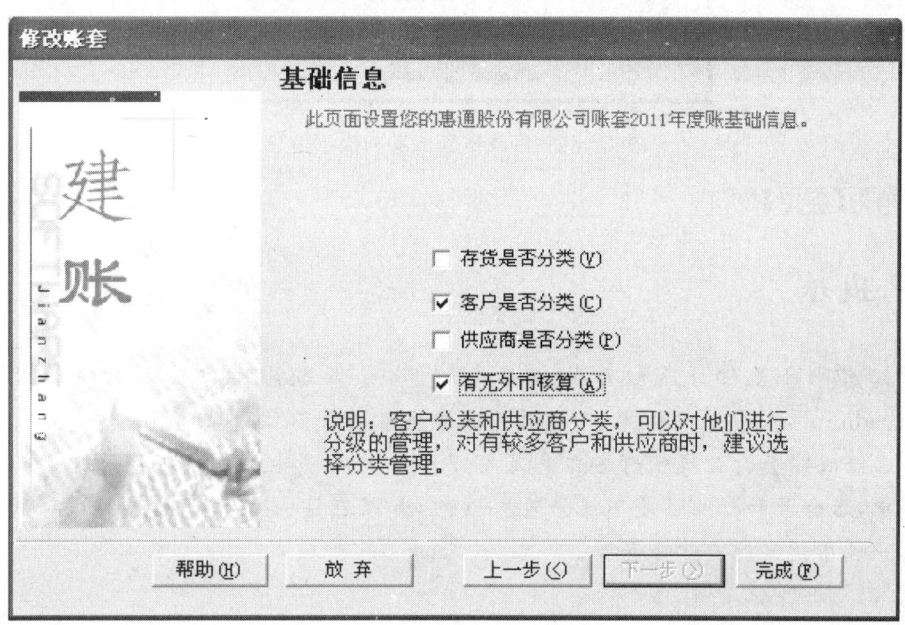

图 1-18　修改账套的基础信息

（7）单击【完成】按钮。系统提示"确认修改账套了么?",如图 1-19 所示。

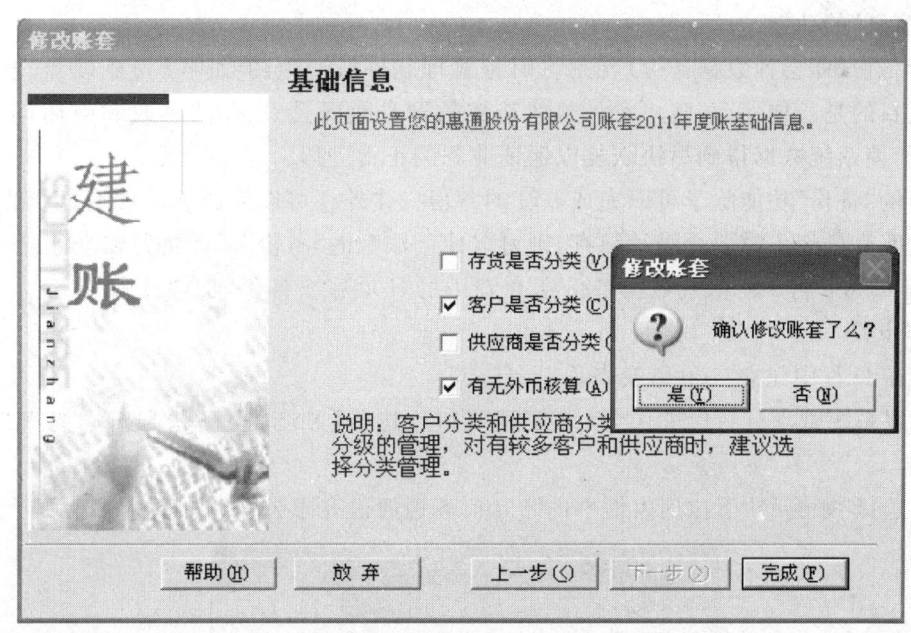

图 1-19　确认修改账套信息

（8）单击【是】按钮,打开"分类编码方案"对话框,再单击【确认】按钮,打开"数据精确度定义"对话框,再单击【确认】按钮,系统提示修改账套成功,如图 1-20 所示。

图 1-20　修改账套成功的提示信息

（9）单击【确定】按钮。

提 示

- 只有账套主管才有权限修改账套信息，如果当前操作员是系统管理员"admin"，则应先注销操作员，再以账套主管的身份注册系统管理。
- 在修改账套时应提示哪些信息是可以修改的而哪些信息是不能修改的。其中，账套号和行业性质不能修改。因此，如果在建立账套时未选择正确的行业性质就只能重建账套了。

3. 备份账套

由于计算机在运行时经常会受到来自各方面因素的干扰，如人的因素，硬件、软件或计算机病毒等因素，有时会造成会计数据被破坏。因此"系统管理"窗口中提供了账套"备份"和账套"恢复"的功能。

账套备份（即会计数据备份）就是将财务管理软件所产生的数据备份到硬盘、软盘或光盘中。其目的是长期保存，防止意外事故造成的硬盘数据丢失、非法篡改和破坏；能够利用备份数据，使系统数据得到尽快恢复以保证业务的正常进行。

账套的"备份"功能除了可以完成账套的备份操作外还可以完成删除账套的操作。如果系统内的账套已经不需要再继续保存，则可以使用账套的"备份"功能进行账套删除。

任务 1-6　将 100 账套数据备份到 D 盘中的"100 账套备份"文件夹中。

操作步骤

（1）在 D 盘中建立"100 账套备份"文件夹。

（2）以系统管理员身份进入"系统管理"窗口，选择【账套】|【备份】选项，打开"账套备份"对话框。

（3）选择"账套号"下拉列表框中的"[100]惠通股份有限公司"，如图 1-21 所示。

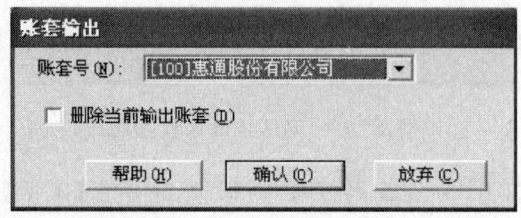

图 1-21　"账套备份"对话框

第 1 单元　系统管理与基础设置

（4）单击【确认】按钮。

（5）经过压缩进程，系统进入"选择备份目标"对话框，选择"d：\100 账套备份"，如图 1-22 所示。

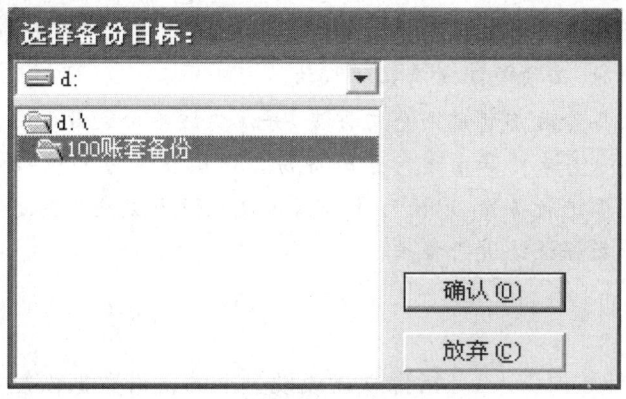

图 1-22　"选择备份目标"对话框

（6）单击【确认】按钮，系统弹出"硬盘备份完毕！"提示对话框，如图 1-23 所示。

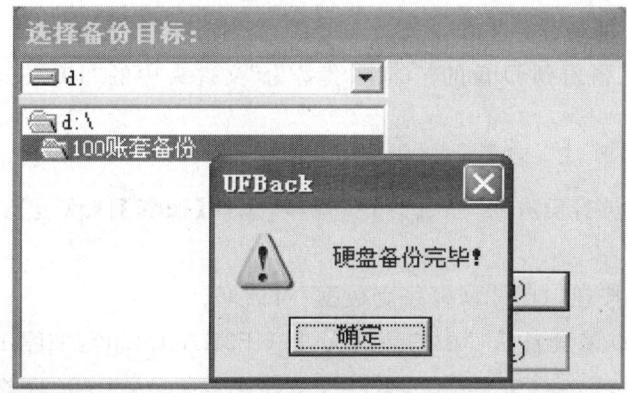

图 1-23　确定硬盘备份完毕

（7）单击【确定】按钮，系统提示"备份/恢复数据时，建议您使用用友安全通进行杀毒"，如图 1-24 所示。

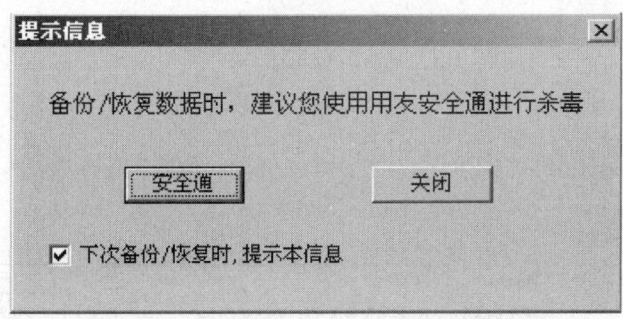

图 1-24　建议使用安全通进行杀毒的提示

（8）单击【关闭】按钮。

15

 提示

- 只有系统管理员才有权限备份账套。
- 在删除账套时,必须关闭所有系统模块。
- 建议在每次备份时都新建一个文件夹,并注明该备份文件的内容。
- 企业应该在每月末结账前进行账套备份。学生在学习的过程中可以将阶段性的操作结果进行备份,以便防止机器出现故障或更换机器进行操作时及时地引入备份数据继续进行操作。

4. 恢复账套

恢复账套(即会计数据引入)是指把软盘或硬盘上的备份数据恢复到软件系统中,即利用现有数据恢复。进行账套恢复(或数据引入)的目的是:当硬盘数据被破坏时,将软盘或光盘上的最新备份数据恢复到硬盘中。系统还允许将系统外某账套数据引入本系统中,从而有利于集团公司的操作。例如子公司的账套数据可以定期被引入母公司系统中,以便进行有关账套数据的分析和合并工作。

任务 1-7 将已备份到 D 盘的"100 账套备份"文件夹中的"100 账套备份"数据恢复到硬盘中。

操作步骤

(1)以系统管理员身份进入"系统管理"窗口,选择【账套】|【恢复】选项,出现建议使用安全通的提示。

(2)单击【关闭】按钮,打开"恢复账套数据"对话框。

(3)选择"d:\100 账套备份\"中的数据文件"UF2KAct. Lst",如图 1-25 所示。

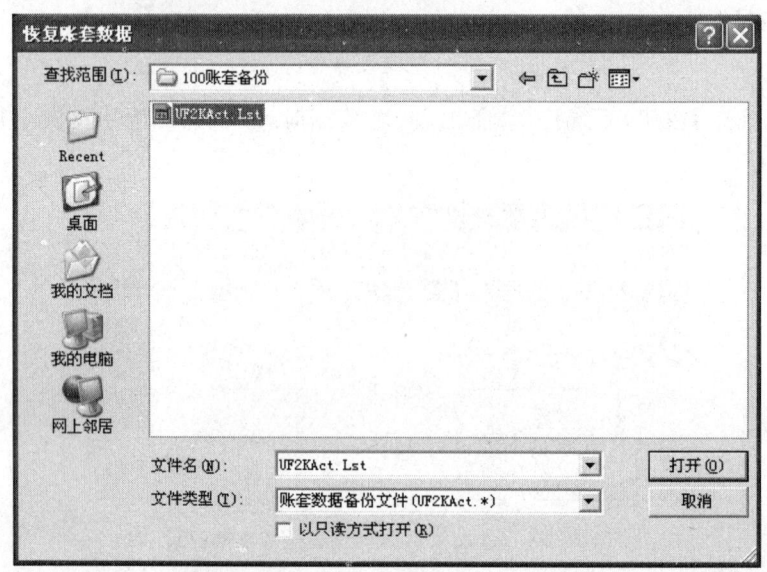

图 1-25 "恢复账套数据"对话框

（4）单击【打开】按钮。系统弹出是否覆盖提示对话框，如图 1 - 26 所示。

图 1 - 26　恢复数据时系统提示

（5）单击【是】按钮确定，系统弹出"账套[100]恢复成功！"提示，如图 1 - 27 所示。

图 1 - 27　账套恢复成功

（6）单击【确定】按钮。

提示

- 备份的账套数据，只有在系统管理中进行恢复（引入）才能运行。
- 恢复备份数据会将硬盘中现有的数据覆盖，因此如果没有发现数据损坏，不要轻易进行数据恢复。

1.1.4　系统启用

系统启用是指设定在畅捷通 T3 应用系统中的各个子系统开始使用的日期。只有启用后的子系统才能进行登录。系统启用有两种方法：一是在系统管理中创建账套时启用系统，即当用户创建完成一个新的账套后，系统弹出提示信息对话框，系统管理员 admin 可以选择立即进行系统启用设置；二是在账套建立完成后，由账套主管登录到系统管理中，在【账套】|【启用】功能中进行系统启用的设置。由于 100 账套在建立账套后并未进行系统启用的设置，因此，只能由 100 账套的主管在系统管理的账套启用功能中进行 100 账套的系统启用的设置。

任务 1 - 8　2011 年 1 月 10 日，由 100 账套的账套主管张悦（即 CW1，密码为 000000）注册进入系统管理，启用"总账"系统，启用日期为 2011 年 1 月 1 日。

操作步骤

（1）选择【开始】|【程序】|【畅捷通 T3 系列管理软件】|【畅捷通 T3】|【系统管理】（或者直接双击桌面上的系统管理图标 选项，进入"畅捷通 T3 -企业管理信息化软件教育专

版〖系统管理〗"窗口。

（2）选择【系统】|【注册】选项，打开"注册〖控制台〗"对话框。

（3）在"用户名"栏中，录入 100 账套主管"CW1"，在"密码"栏录入"000000"，选择账套"[100]惠通股份有限公司"。

（4）单击【确定】按钮。

（5）在"〖系统管理〗"对话框中，选择【账套】|【启用】选项，如图 1-28 所示。

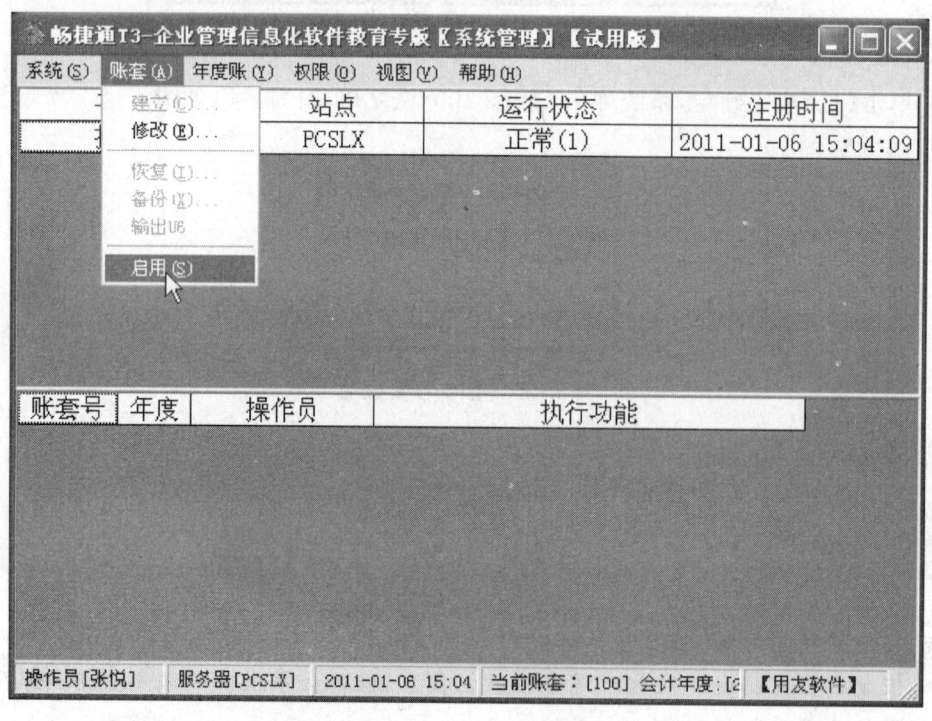

图 1-28　系统启用菜单

（6）选择【账套】|【启用】选项，打开"系统启用"对话框。选择"总账"复选框，弹出"日历"选择对话框，选择日期为"2011 年 1 月 1 日"，如图 1-29 所示。

（7）单击【确定】按钮，系统弹出提示信息，如图 1-30 所示。

（8）单击【是】按钮。完成总账系统的启用设置。

（9）单击【退出】按钮。

1.1.5　操作员权限管理

为了保证权责清晰和企业经营数据的安全与保密，企业需要对系统中的所有操作人员进行分工，设置各自相应的操作权限。财务分工在财务管理软件中主要体现在两个功能上：系统管理中的操作员权限设置（功能权限设置）和总账模块中的明细权限设置。

操作员权限设置功能用于对已设置的操作员进行赋权。只有系统管理员和该账套的主管有权进行权限设置，但两者的权限又有所区别。系统管理员可以指定某账套的账套主管，还可以对各个账套的操作员进行权限设置。而账套主管只可以对所管辖账套的操作员进行权限指定。

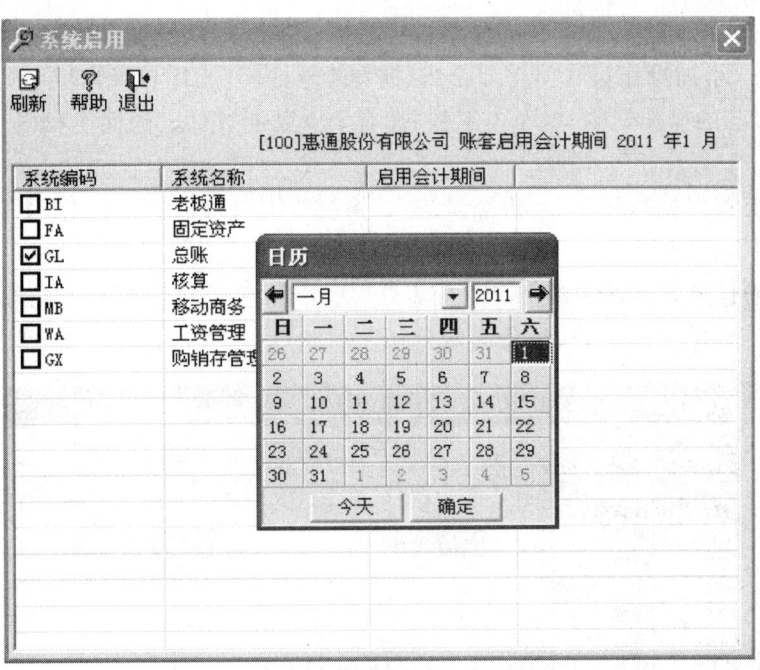

图 1-29　选择总账系统的启用日期

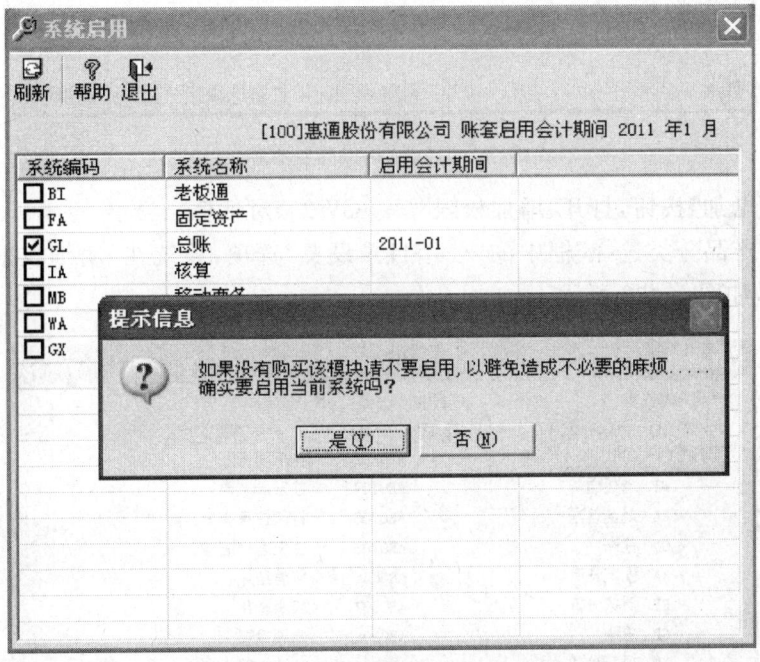

图 1-30　启用总账系统时的提示

明细权限设置功能用于对总账模块中各操作员的凭证审核、科目制单及明细账查询打印权限进行设定。

1. 增加操作员权限

由于操作员权限是指某一操作员拥有某一账套某些功能的操作权限,因此,在设置操作员和建立该核算账套之后,可以在操作员权限设置功能中对操作员进行操作员权限的设置。

任务1-9 增加操作员"CW2 刘家炜"拥有100账套"公用目录设置"、"固定资产"、"总账"和"工资管理"的操作权限;"CW3 王强"拥有100账套"总账"的操作权限。

操作步骤

(1)以系统管理员"admin"身份登录进入"系统管理"窗口,选择【权限】|【权限】选项,打开"操作员权限"对话框。

(2)选中操作员显示区中的"CW2 刘家炜"所在行,单击对话框右上角"账套主管"栏右侧下三角按钮,选择"[100]惠通股份有限公司"及"2011"选项,如图1-31所示。

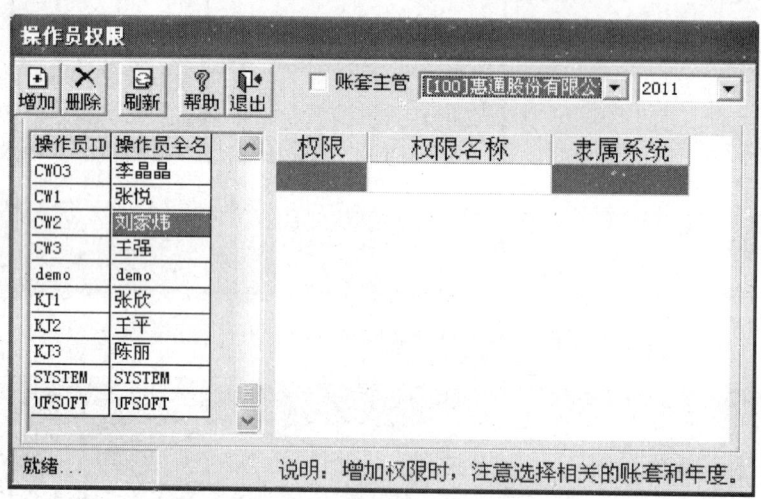

图1-31 设置操作员权限

(3)单击【增加】按钮,打开"增加权限——[CW2]"对话框。

(4)双击"产品分类选择"框中的"公用目录设置"选项,系统在"明细权限选择"框中显示已增加权限,如图1-32所示。

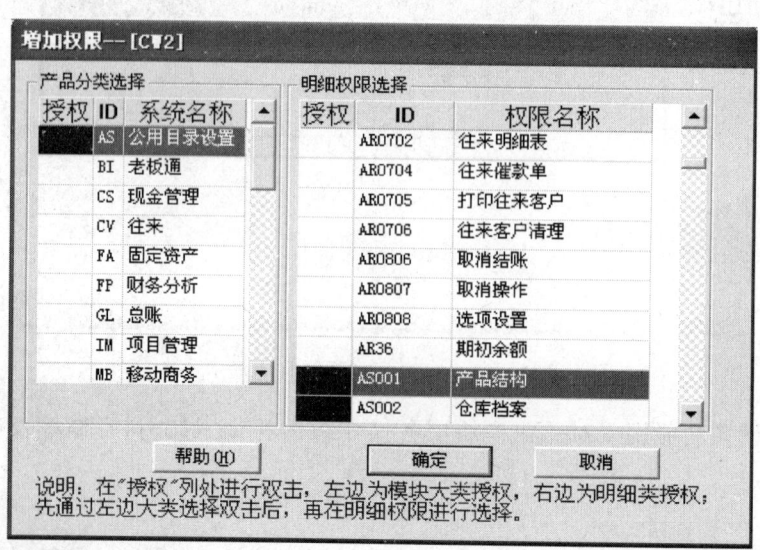

图1-32 "增加权限"对话框

（5）再分别双击"产品分类选择"框中的"固定资产"、"总账"和"工资管理"选项，系统在"明细权限选择"框中分别显示已增加的权限。

（6）单击【确定】按钮。

提示

- 在"增加权限"对话框中，双击右侧明细权限选择区中的明细权限，可以根据自己的需要添加或删除已选中的明细权限。

（7）继续增加"CW3 王强"的操作权限。

2. 修改操作员权限

修改操作员的权限包括设定或取消账套主管，修改某一操作员的某一功能模块的所有及部分权限。

首先在建立账套时指定账套主管，修改时由系统管理员进行账套主管的设定与放弃操作，首先在"操作员权限"左边窗口中选择欲设定或放弃账套主管资格的操作员，然后在对话框右上角选择账套，最后选中旁边的"账套主管"复选框。

提示

- 在实际工作中一个账套可以定义多个账套主管，一个操作员也可以担任多个账套的账套主管。在设置操作员权限时，只需对非账套主管的操作员设置相应的操作权限，而系统默认账套主管自动拥有该账套的全部权限。
- 系统管理员或账套主管可以删除非账套主管操作员已拥有的权限。

任务 1-10　取消操作员"CW2 刘家炜"在 100 账套中的"GL010303 上年结转"权限。

操作步骤

（1）在"系统管理"窗口中，选择【权限】|【权限】选项，打开"操作员权限"对话框。

（2）单击对话框右上角下拉按钮选择"［100］惠通股份有限公司"和"2011"选项。

（3）单击选中操作员区中"CW2 刘家炜"所在行，在权限显示区中选中要被删除的"GL010303 上年结转"权限，如图 1-33 所示。

（4）单击【删除】按钮，系统弹出"删除权限"的提示对话框，如图 1-34 所示。

（5）单击【是】按钮，确认删除操作员刘家炜 100 账套的"上年结转"权限。

提示

- 系统约定，操作员权限一旦被引用，便不能被修改或删除。
- 如果要删除某一操作员在某一账套中的多个操作权限，可以在选中第一个要删除的权限后，按住 Shift 键，同时移动鼠标，便可选定一批权限，然后单击【删除】按钮，执行批量删除操作。

图 1-33 删除操作员权限

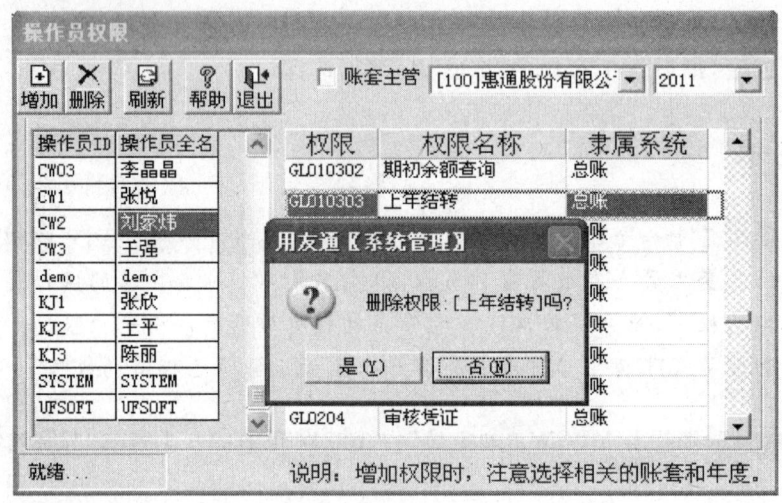

图 1-34 确认删除权限

1.2 基础设置

　　一个账套由若干个子系统构成,这些子系统共享公用的基础信息,基础信息是系统运行的基石。在启用新账套时,应根据企业的实际情况,结合系统基础信息设置的要求,事先做好基础数据的准备工作,这样可使初始建账顺利进行。

　　基础设置的内容主要包括设置基础档案、会计科目、凭证类别、结算方式。

1.2.1 启动并注册系统

　　在建立账套后,对于该账套的所有会计核算、业务处理及有关的管理工作均应在"畅捷通 T3 财务管理软件"中进行,因此,在进行总账系统初始化之前应首先启动并注册畅捷通 T3-企业管理信息化软件教育专版。

　　任务 1-11 以操作员 CW1(密码为"000000")的身份在 2011 年 1 月 6 日登录注册 100

账套。

操作步骤

(1) 选择【开始】|【程序】|【畅捷通 T3 系列管理软件】|【畅捷通 T3】|【畅捷通 T3 - 企业管理信息化软件教育专版】,或者直接单击桌面上的畅捷通 T3 - 企业管理信息化软件教育专版的图标,打开"注册〖控制台〗"对话框。

(2) 在"用户名"栏录入"CW1",在"密码"栏录入"000000",选择"账套"下拉列表框中的"〔100〕惠通股份有限公司"及"会计年度"下拉列表框中的"2011",选择"操作日期"为"2011-01-06",如图 1-35 所示。

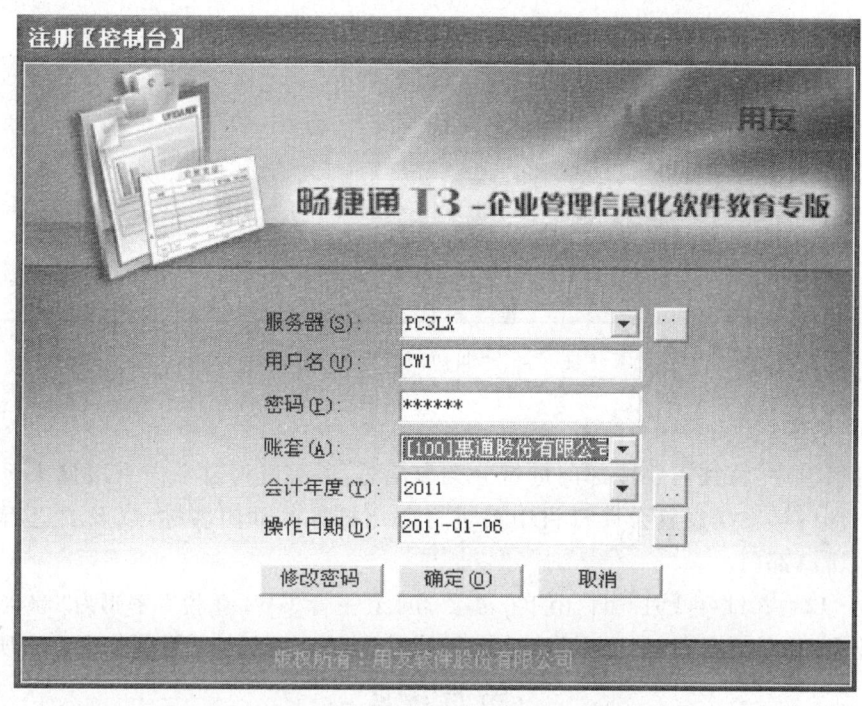

图 1-35　录入注册〖控制台〗信息

(3) 单击【确定】按钮。打开"期初档案录入"窗口,如图 1-36 所示。

提示

可以在此直接选择相应的图标设置基础档案信息。

(4) 单击 ✕ 退出按钮,打开"畅捷通 T3 - 企业管理信息化软件教育专版"窗口。

1.2.2　基础设置

基础设置的内容主要包括部门档案和职员档案设置、往来单位分类及档案设置以及凭证类别和结算方式设置等。基础设置之前应首先确定基础档案的分类编码方案,设置时必须遵循分类编码方案中的级次和各级编码长度的设定。

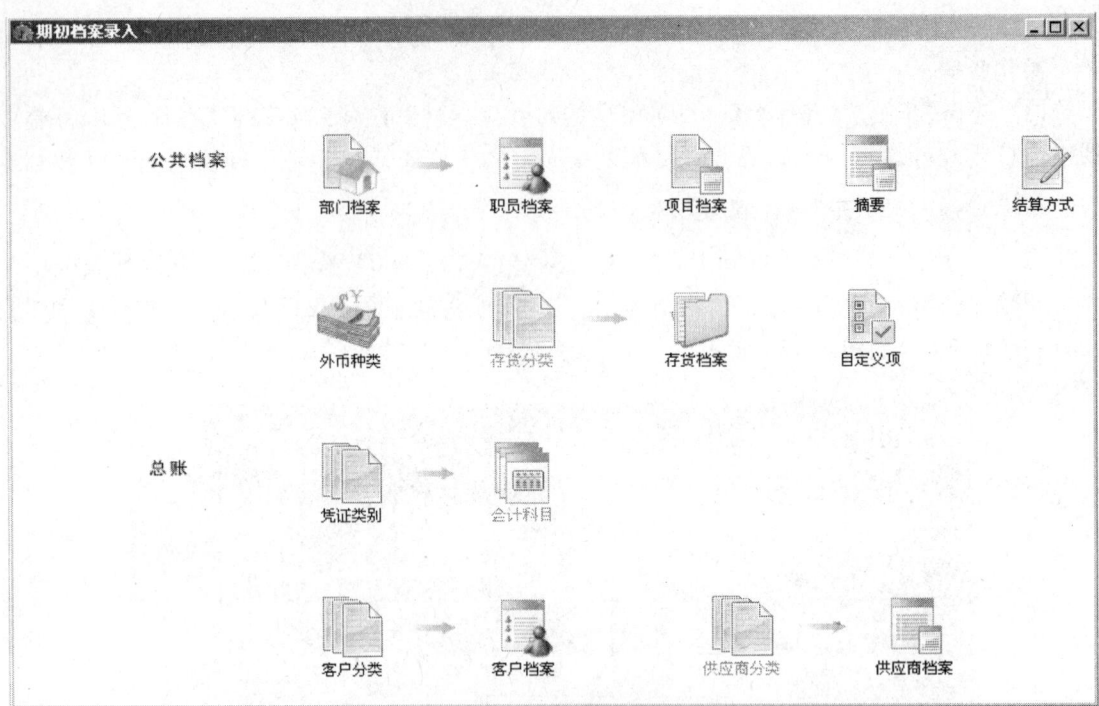

图1-36 "期初档案录入"窗口

1. 部门档案

在会计核算中,往往需要按部门进行分类和汇总,下一级将自动向有隶属关系的上一级进行汇总。部门档案是设置会计科目中要进行部门核算的部门名称,以及要进行个人核算的往来个人所属部门。

任务1-12 2011年1月6日,由100账套的账套主管"CW1 张悦",密码为"000000",在畅捷通 T3-企业管理信息化软件教育专版系统中设置部门档案。部门档案资料如表1-2所示。

表1-2　　　　　　　　　　　　部门档案

部 门 编 码	部 门 名 称
1	行政部
2	财务部
3	研发部
4	业务部
401	业务一部
402	业务二部

操作步骤

(1)在"畅捷通 T3-企业管理信息化软件教育专版"窗口中,选择【基础设置】|【机构设置】|【部门档案】选项,打开"部门档案"对话框,单击【增加】按钮,输入部门编码"1"、部门名称为"行政部",如图1-37所示。

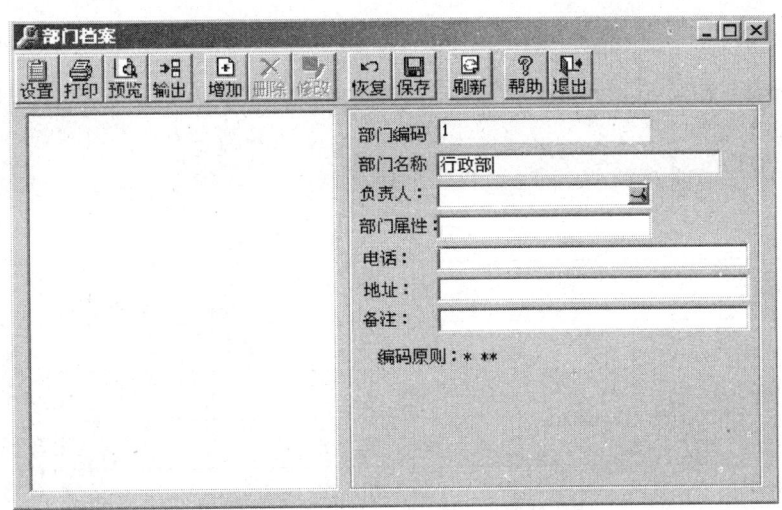

图 1-37　"部门档案"对话框

（2）单击【保存】按钮。

（3）重复第（1）步和第（2）步操作，继续录入其他部门，系统显示已录入的部门档案，如图1-38所示。

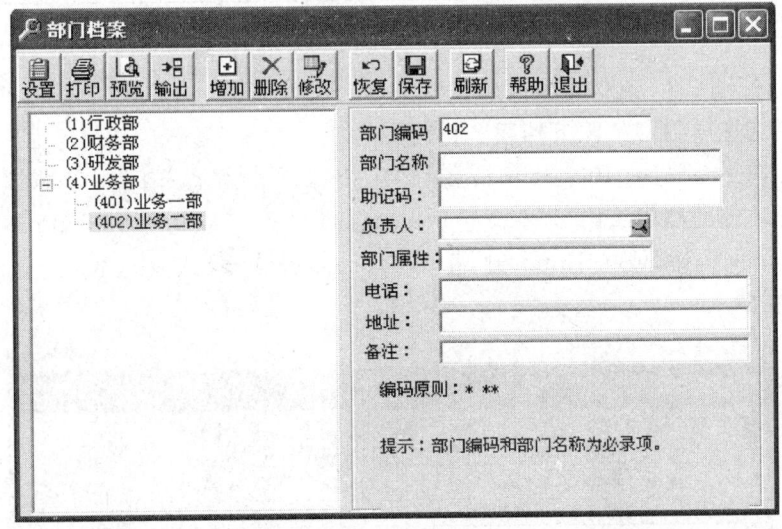

图 1-38　"部门档案"对话框

（4）全部录入完成后，单击【退出】按钮。

 **提示**

- 部门编码必须符合编码原则。
- 由于在设置部门档案时还未设置职员档案，因此部门档案中的负责人应在设置职员档案后，回到设置部门档案中，使用修改功能补充设置。
- 部门档案资料一旦被使用将不能被修改或删除。

2. 职员档案

职员档案主要用于登记本单位职员的信息资料,设置职员档案可以方便地进行个人往来核算和管理等操作。

任务 1-13 增加如表 1-3 所示的职员档案。

表 1-3   职 员 档 案

职 员 编 码	职 员 名 称	所 属 部 门
1001	王婷	行政部
1002	林飞	行政部
1003	张悦	财务部
1004	刘家炜	财务部
1005	杜睿	研发部
1006	李天龙	研发部
1007	陈惠	业务一部
1008	刘荣	业务二部

操作步骤

(1)在"畅捷通 T3-企业管理信息化软件教育专版"窗口中,选择【基础设置】|【机构设置】|【职员档案】选项,打开"职员档案"对话框。

(2)输入职员编码为"1001"、职员名称"王婷"、单击所属部门栏参照按钮选择"行政部",或输入行政部的部门编码"1"。

(3)单击增加按钮,或按 Enter 键,重复第(2)步操作,录入其他职员,直至完成全部录入,如图 1-39 所示。

图 1-39 "职员档案"对话框

(4)单击【退出】按钮。

 **提示**

- 职员档案中的"所属部门"内容可以直接录入,但最好在双击"所属部门"栏后再单击参照按钮,在已录入的部门档案中选择相应的部门。
- 录入全部职员档案后,必须单击【增加】按钮(或按 Enter 键),增加新的空白行。否则,最后一个职员档案将无法保存。
- 职员档案资料一旦被使用将不能被修改或删除。

3. 客户分类

当往来客户或供应商较多时,可以对客户或供应商进行分类。由于 100 账套在建立账套时只选择了对客户进行分类,所以只能对客户进行分类,而不能对供应商进行分类。对客户进行分类可以实现对客户的统计和汇总等分类管理。

例 1 - 14　100 账套的客户分类方案如表 1 - 4 所示。

表 1 - 4　　　　　　　　　　　　客 户 分 类

类 别 编 码	类 别 名 称
1	东北大区
2	东南大区
3	其他地区

操作步骤

(1) 在"畅捷通 T3 - 企业管理信息化软件教育专版"窗口中,选择【基础设置】|【往来单位】|【客户分类】选项,打开"客户分类"对话框。

(2) 单击【增加】按钮,输入类别编码"1"、类别名称"东北大区",如图 1 - 40 所示。

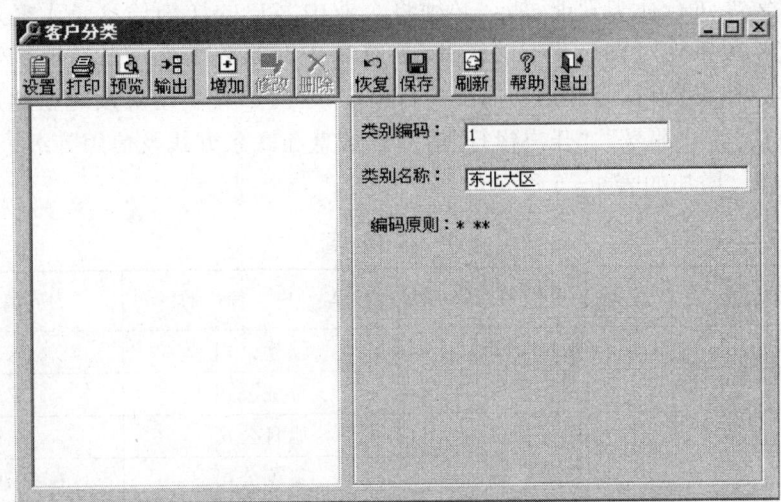

图 1-40　"客户分类"对话框

（3）单击【保存】按钮。

（4）重复第（2）步、第（3）步，继续输入客户分类内容，系统显示已录入的客户分类，如图1-41所示。

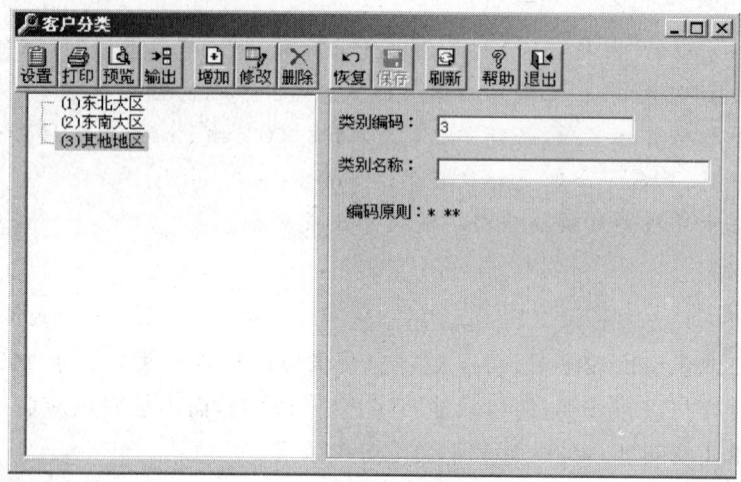

图1-41 已设置的客户分类

（5）单击【退出】按钮。

 **提示**

- 客户分类编码必须是唯一的。
- 客户分类的编码必须符合编码原则。
- 供应商分类与客户分类的设置方法相同。

4．客户档案

企业如果需要进行往来管理，那么必须将企业中客户的详细信息录入客户档案中。建立客户档案直接关系到对客户数据的统计、汇总和查询等分类处理。在销售管理等业务中需要处理的客户档案资料，应在本功能中先行设定，平时如有变动应及时在此进行调整。客户档案主要包括"客户编号"、"开户银行"等基本信息和联系方式及信用等级等其他信息。

任务1-15 增加如表1-5所示的客户档案。

表1-5 客户档案

客 户 编 号	客 户 名 称	客 户 简 称	所属分类码
K001	强生公司	强生公司	东北大区
K002	百威公司	百威公司	东北大区
K003	旭日公司	旭日公司	东南大区
K004	新茂公司	新茂公司	东南大区
K005	君悦公司	君悦公司	其他地区

操作步骤

（1）在"畅捷通 T3 -企业管理信息化软件教育专版"窗口中,选择【基础设置】|【往来单位】|【客户档案】选项,打开"客户档案"对话框,如图 1 - 42 所示。

图 1 - 42　"客户档案"对话框

（2）将光标移到左框中客户分类的"东北大区"所在行。

提 示

- 客户档案必须在最末级客户分类下进行设置。
- 若左框中无客户分类,则将客户归入无客户分类项。

（3）单击【增加】按钮,进入"客户档案卡片"对话框,如图 1 - 43 所示。

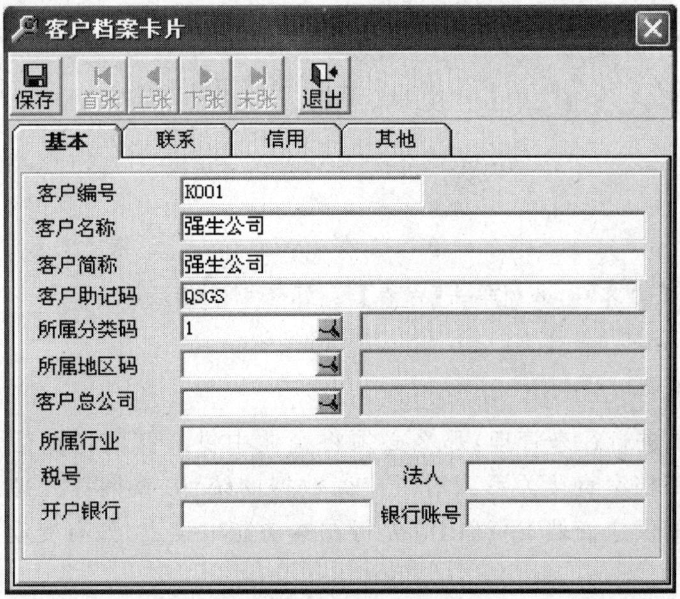

图 1 - 43　"基本"选项卡

（4）打开"基本"选项卡，输入客户编号"K001"、客户名称"强生公司"、客户简称"强生公司"、所属分类码"1"。

 **提示**

- 客户编码必须唯一。
- 必须输入客户编码、名称和简称，其余可以忽略。
- "联系"选项卡内容可以为空。
- 销售管理系统或应收账款核算系统被启用后，应收余额由系统自动维护。

（5）单击【保存】按钮。

（6）重复以上步骤继续录入其他的客户档案，如图1-44所示。

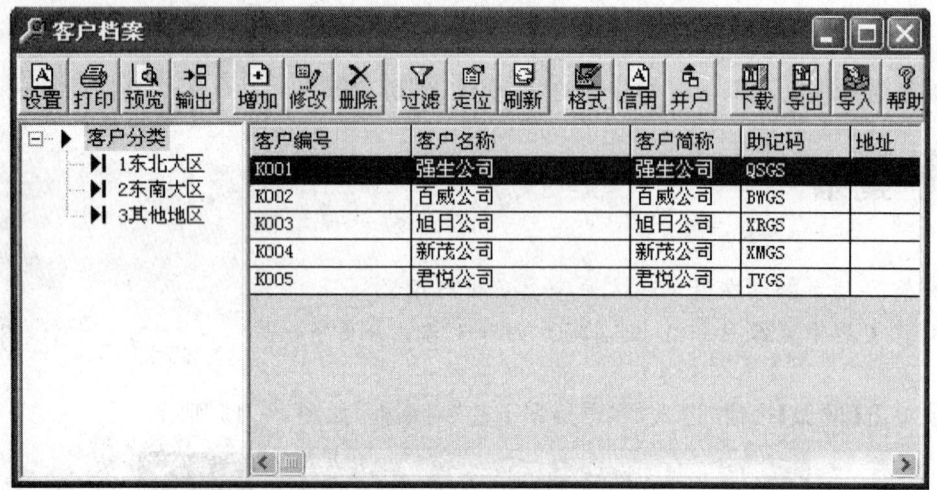

图1-44 已设置的客户档案

 **提示**

输入各项内容后，必须单击【保存】按钮，否则表示放弃。

5. 供应商档案

如果企业需要进行往来管理，那么必须将企业中供应商的详细信息录入供应商档案中。建立供应商档案直接关系到对供应商数据的统计、查询等处理。在采购管理等业务中需要调用的供应商档案资料，应先行在本功能中设定，如有变动应及时在此进行调整。

任务1-16 增加如表1-6所示的供应商档案。

表 1 – 6　　　　　　　　　　　供 应 商 档 案

供 应 商 编 号	供 应 商 名 称	供 应 商 简 称
G001	鲁能公司	鲁能公司
G002	清远公司	清远公司
G003	运通公司	运通公司

操作步骤

（1）在"畅捷通 T3 –企业管理信息化软件教育专版"窗口中,选择【基础设置】|【往来单位】|【供应商档案】选项,打开"供应商档案"对话框,如图 1 – 45 所示。

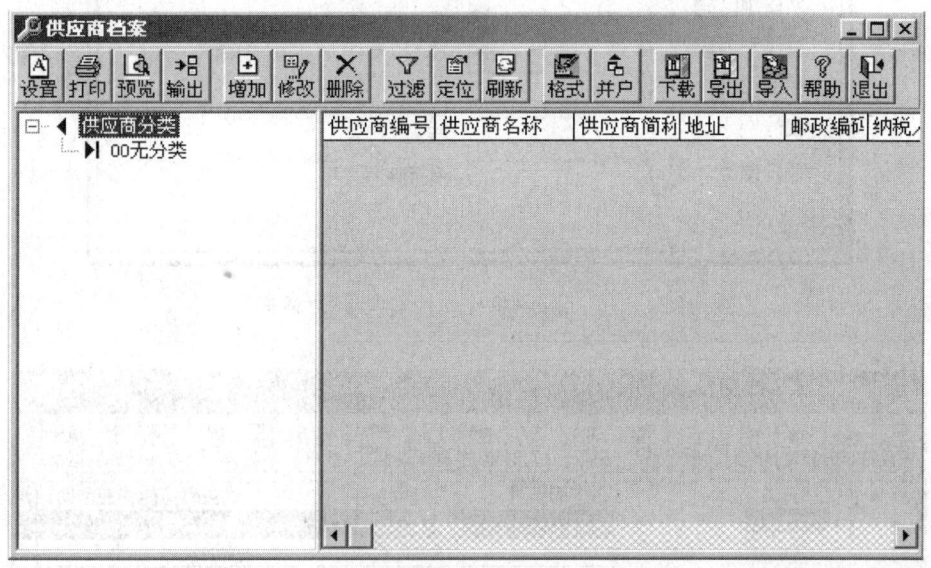

图 1 – 45　"供应商档案"对话框

（2）选中供应商分类中的"00 无分类"所在行。

（3）单击【增加】按钮,打开"供应商档案卡片"对话框,在"基本"选项卡中,输入相关信息,如图 1 – 46 所示。

（4）单击【保存】按钮。

（5）重复以上步骤继续录入"G002"号和"G003"号供应商档案,如图 1 – 47 所示。

 **提 示**

● 供应商档案必须在最末级的供应商分类下增加。

● 关于设置供应商档案的详细内容请参照设置客户档案的操作步骤。

6. 设置凭证类别

在开始使用计算机录入凭证之前,应根据企业的管理和核算要求在系统中设置凭证类

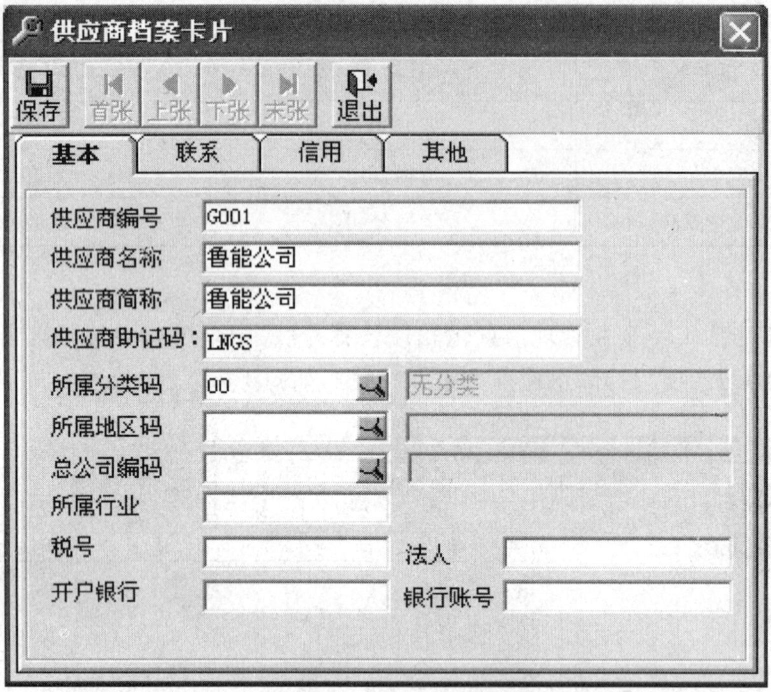

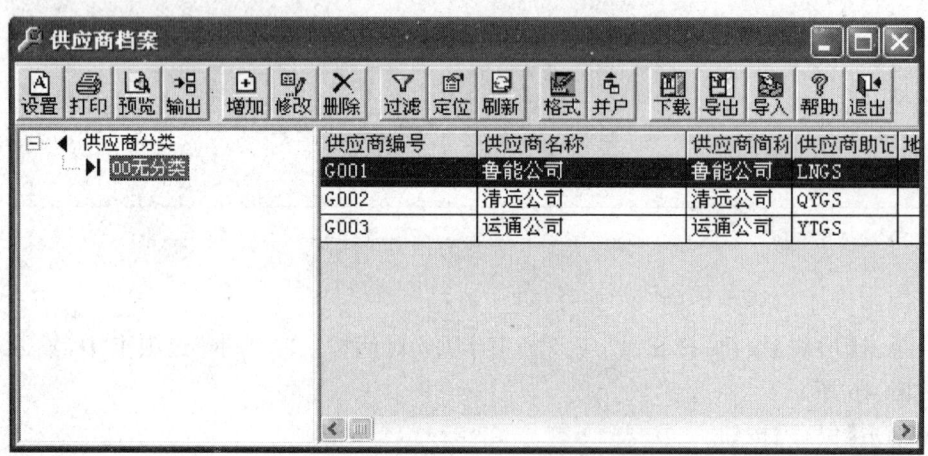

图1-46 录入"供应商档案卡片"对话框

图1-47 已录入的"供应商档案"对话框

别,以便将凭证按类别分别进行编制、管理、记账和汇总。系统提供了常用的凭证分类方式,用户可以从中进行选择,也可以根据实际情况自行定义。如果选择了"收款凭证、付款凭证、转账凭证"的分类方式,应根据凭证分类的特点进行相应限制条件设置,以便提高凭证处理的准确性。

任务1-17 设置分类方式为"收款凭证"、"付款凭证"和"转账凭证"。

操作步骤

(1) 在"畅捷通T3-企业管理信息化软件教育专版"窗口中,选择【基础设置】|【财务】|【凭证类别】选项,打开"凭证类别预置"对话框,如图1-48所示。

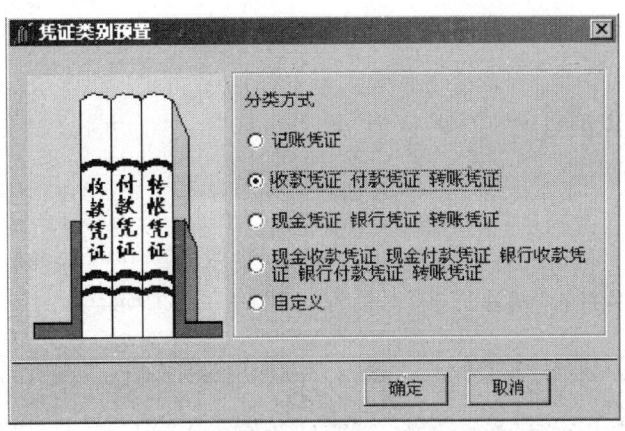

图 1-48 "凭证类别预置"对话框

（2）在"凭证类别预置"对话框中，选择"收款凭证 付款凭证 转账凭证"单选按钮，再单击【确定】按钮，进入"凭证类别"窗口。

（3）在收款凭证所在行双击"限制类型"栏，在下拉列表框中选择"借方必有"选项；双击"限制科目"栏，单击参照按钮，选择"1001 库存现金"和"1002 银行存款"（或直接输入"1001,1002"）。

（4）重复上述操作，将付款凭证的"限制类型"定义为"贷方必有"，将"限制科目"定义为"1001,1002"；将转账凭证的"限制类型"定义为"凭证必无"，将"限制科目"定义为"1001,1002"，如图 1-49 所示。

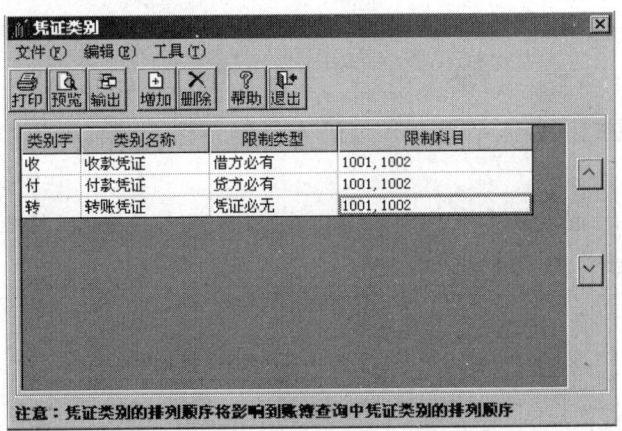

图 1-49 "凭证类别"窗口

（5）单击【退出】按钮。

提示

- 限制科目的数量不限，科目间用英语状态下的逗号分隔。
- 填制凭证时，如果不符合这些限制条件，则系统将拒绝保存。
- 可以通过凭证类别列表右侧的上下箭头按钮调整凭证列表中凭证的排列顺序。

7. 设置结算方式

该功能用来建立和管理在经营活动中所涉及的货币结算方式。结算方式最多可以分为 2 级。

任务 1-18 设置编码为"1"、名称为"现金结算"的结算方式，以及编码为"2"、名称为"转账支票"的结算方式。

操作步骤

(1) 在"畅捷通 T3-企业管理信息化软件教育专版"窗口中，选择【基础设置】|【收付结算】|【结算方式】选项，打开"结算方式"对话框，如图 1-50 所示。

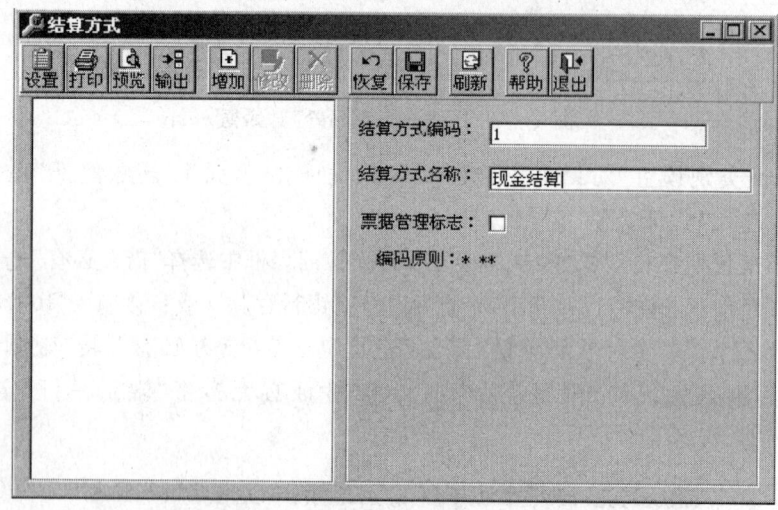

图 1-50 "结算方式"对话框

(2) 单击【增加】按钮，输入结算方式编码为"1"，结算方式名称为"现金结算"，单击【保存】按钮确认。

(3) 重复第(2)步，输入结算方式编码为"2"，结算方式名称为"转账支票"，单击【保存】按钮确认，系统显示已录入的结算方式。

 **提示**

- 结算方式的编码必须符合编码原则。
- 结算方式的录入内容必须唯一。
- 可以根据实际情况选择是否需要票据管理的标志。
- 在不启动购销存系统的情况下，设置结算方式的主要目的是在使用有"银行账"辅助核算的会计科目时填写相应的结算方式，以便在进行银行对账时将结算方式作为对账的一个参数。

1.2.3 设置会计科目

设置会计科目是会计工作的重要内容之一，是用户在总账系统中将在会计核算和会计

管理中所需要的会计科目进行的设置。它用于分门别类地反映企业经济业务核算资料,为登记账簿、编制财务会计报表奠定基础,为经营管理者提供详细、总括的核算信息以便作出经营决策,制定经营目标。

财务管理软件中采用的一级会计科目,必须符合国家会计制度的规定,而明细科目,可根据各单位实际情况,在满足核算和管理要求以及报表数据来源的基础上,自行设定。

提示

● 会计科目的设置必须满足会计报表编制的要求。
● 会计科目的设置必须保持科目间的协调性和体系的完整性。

1. 增加会计科目

由于在现行的会计制度中规定了会计核算和会计管理中应使用的一级会计科目,因此,为了方便用户设置会计科目,软件在建立账套功能中提供了预置会计科目功能,如果用户所使用的会计科目基本上与所选行业会计制度规定的一级会计科目一致,则可以在建立账套时选择预置会计科目。这样,在会计科目初始设置时只需对不同的会计科目进行修改,并对缺少的会计科目进行增加处理即可。

如果实际所使用的科目与会计制度所规定的会计科目相差较多时,则可以在建立账套时不预置会计科目,这样可以根据自身的需要自行设置全部会计科目。

任务 1-19 增加如表 1-7 所示的会计科目。

表 1-7   会 计 科 目

科 目 编 码	科 目 名 称	辅 助 核 算
222101	应交增值税	
2220101	进项税额	
2220102	销项税额	
660101	工　资	
660104	工会经费	
660105	折旧费	
60106	广告费	
660201	工　资	
660204	工会经费	
660205	折旧费	

操作步骤

(1) 在"畅捷通 T3-企业管理信息化软件教育专版"窗口中,选择【基础设置】|【财务】|【会计科目】选项,打开"会计科目"窗口。

（2）单击【增加】按钮，打开"会计科目_新增"对话框。

（3）输入科目编码"222101"、科目中文名称"应交增值税"，其他项目默认系统的设置，如图1-51所示。

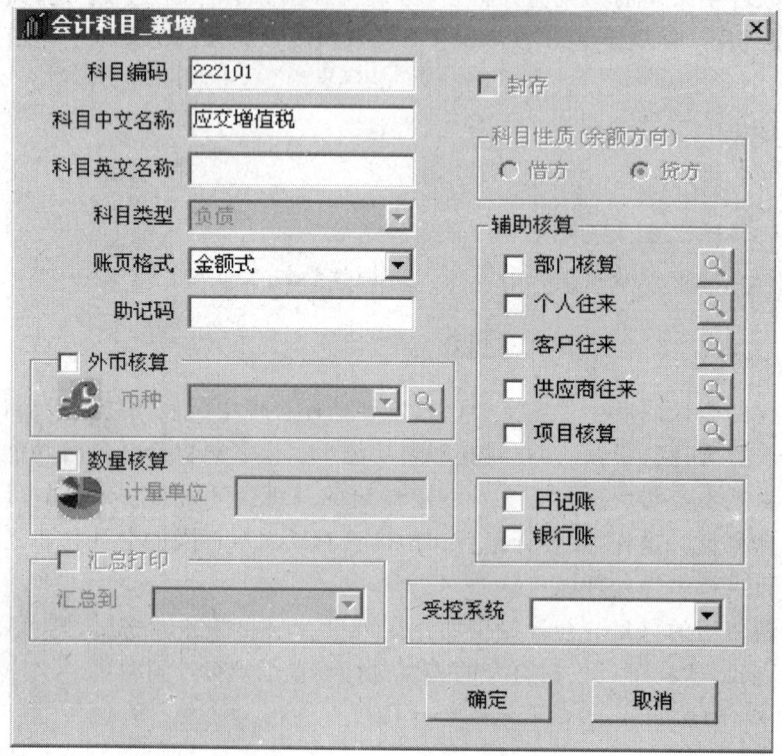

图1-51 "会计科目_新增"对话框

（4）单击【确定】按钮。依此方法继续增加其他的会计科目。

（5）单击【关闭】按钮，完成增加会计科目的操作。

为了加快建立会计科目的速度和准确性，可以通过选择【编辑】|【复制】选项对下级科目或者同级性质相近的科目进行复制，这样只需稍作改动即可完成增加工作。

 **提示**

- 增加明细科目时，系统默认其类型与上级科目保持一致。
- 已经使用过的末级会计科目不能再增加下级科目。

2. 修改会计科目

如果要对已经设置完成的会计科目的名称、编码及辅助项目等内容进行修改，应在会计科目未被使用之前在会计科目的修改功能中完成。

任务1-20 将"1002 银行存款"科目修改为有"日记账"、"银行账"核算要求，"1001 库存现金"科目修改为有"日记账"核算要求的会计科目。

操作步骤

(1) 在"会计科目"窗口中,将光标移到"1002 银行存款"科目所在行。

(2) 单击【修改】按钮(或双击该会计科目),打开"会计科目_修改"对话框后,单击【修改】按钮。

(3) 选中"日记账"、"银行账"复选框,如图1-52所示。

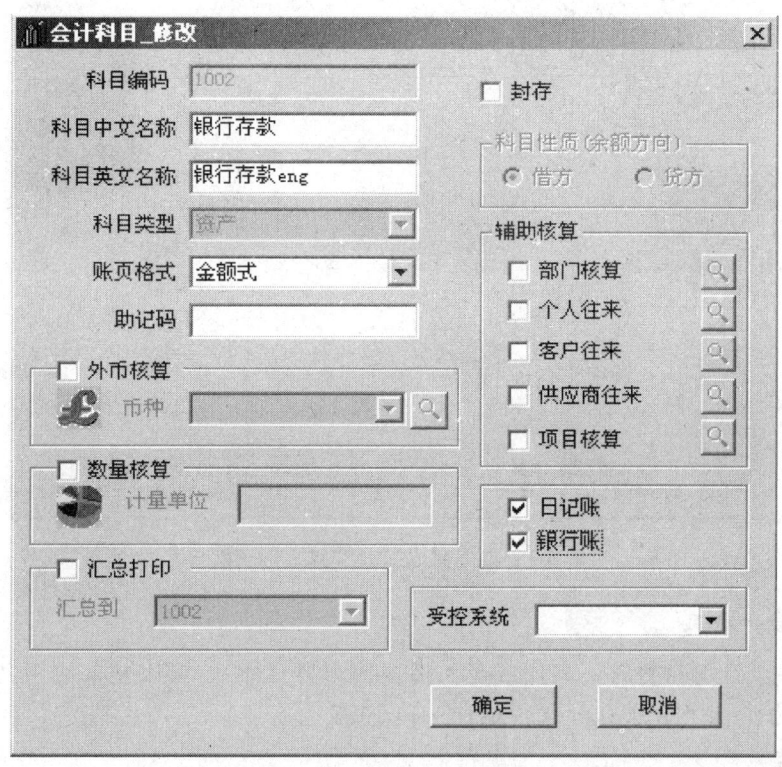

图1-52　"会计科目_修改"对话框

(4) 单击【确定】按钮,如图1-53所示。

单击【◀】按钮及【修改】按钮,直接修改"1001 库存现金"科目。修改后单击【返回】按钮,退出"会计科目_修改"对话框。

 **提示**

- 非末级会计科目不能再修改科目编码。
- 已经使用过的末级会计科目不能再修改科目编码。
- 已有数据的会计科目,应先将该科目及其下级科目余额清零后再修改。
- 被封存的科目不可以在制单时使用。
- 只有末级科目才能设置汇总打印,且只能汇总到该科目本身或其上级科目。
- 只有处于修改状态时才能设置汇总打印和封存。

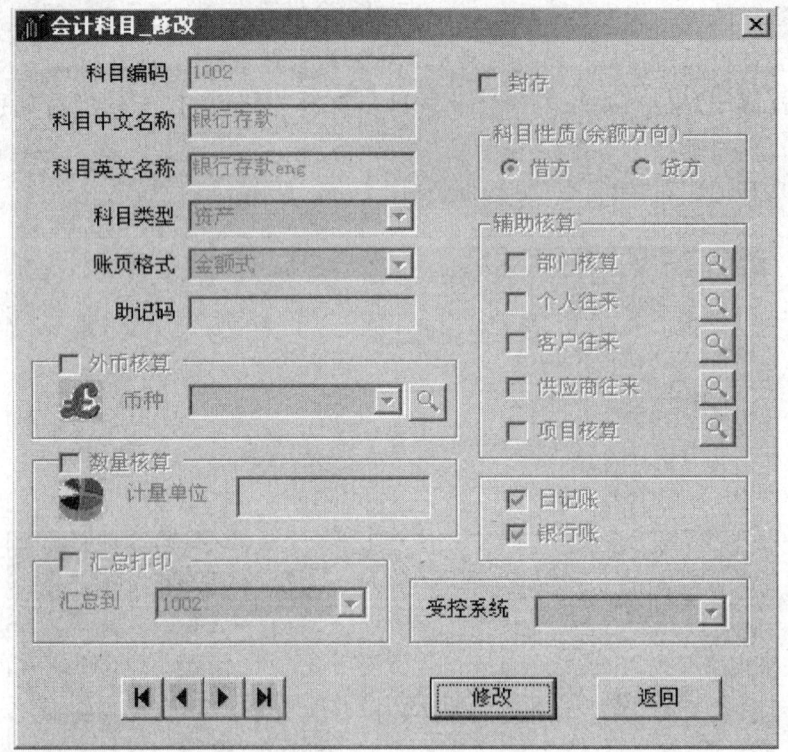

图 1-53　完成"1002"修改对话框

3. 删除会计科目

如果某些会计科目暂时不需用或者不适合用户科目体系,可以在未使用之前将其删除。

任务 1-21　将"2621 独立账户负债"科目删除。

操作步骤

(1) 打开"全部"或"负债"选项卡,将光标移到"2621 独立账户负债"科目上。

(2) 单击【删除】按钮。

(3) 系统弹出"记录删除后不能恢复! 真的删除此记录吗?"提示对话框。

(4) 单击【确定】按钮。

 提 示

- 删除的科目不能被自动恢复,但可通过增加功能来完成。
- 非末级科目不能删除。
- 已有数据的会计科目,应先将该科目及其下级科目余额清零后再删除。
- 被指定的会计科目不能删除。如想删除,必须先取消指定。

4. 指定会计科目

指定会计科目是指定出纳的专管科目。系统中只有指定科目后,才能执行出纳签字,

从而实现库存现金、银行存款管理的保密性,并且只有指定科目才能查看库存现金、银行存款日记账。指定的现金流量科目可供编制现金流量表时取数函数使用,在录入凭证时,对指定的现金流量科目系统的自动弹出窗口要求指定当前录入分录对应的现金流量项目。

任务 1－22　指定"1001 库存现金"为现金总账科目、"1002 银行存款"为银行总账科目。

操作步骤

(1) 在"会计科目"窗口中,选择【编辑】|【指定科目】选项。

(2) 打开"指定科目"对话框,选择"现金总账科目"单选按钮,在待选科目选择框中,将光标移到"1001 库存现金"所在行,单击按钮【＞】,系统自动将其列于已选科目框中,如图1－54所示。

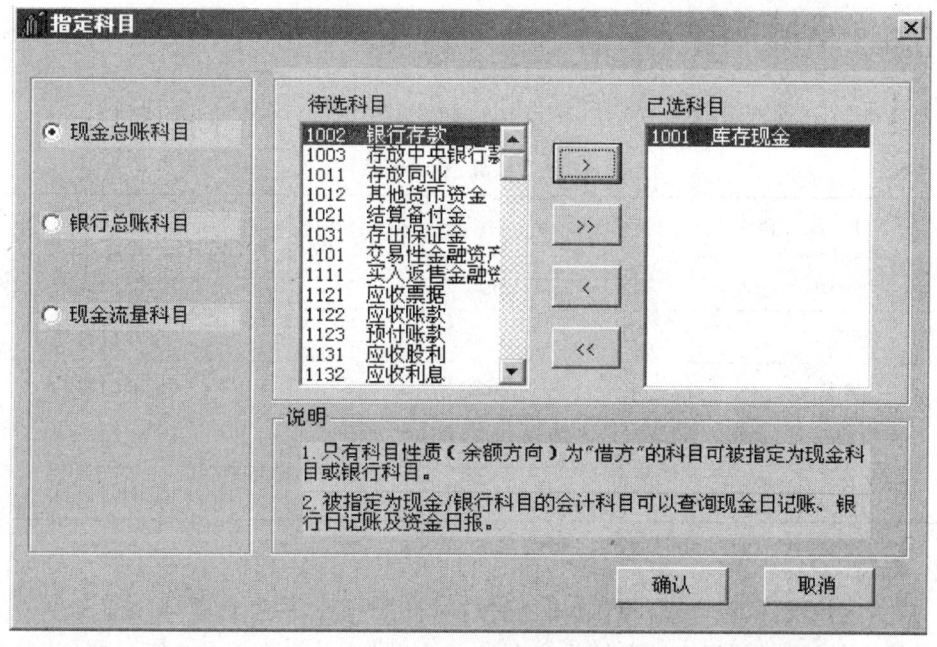

图 1－54　指定库存现金总账科目

(3) 选择"银行总账科目"单选按钮,在待选科目选择框中,将光标移到"1002 银行存款"所在行,单击按钮【＞】,系统自动将其列于已选科目框中。

(4) 单击【确认】按钮。

 **提示**

- 若想取消已指定的会计科目,可单击按钮【＜】。
- 若想完成出纳签字的操作还应在总账系统的选项中设置"出纳凭证必须经由出纳签字"。
- 只有指定现金总账科目和银行存款总账科目才能进行出纳签字,并查询库存现金日记账和银行存款日记账。

● 在指定现金流量科目后,在填制凭证时若使用现金流量科目,则系统要求填写该"库存现金流量项目",只有填写了库存现金流量项目才能由系统自动生成"库存现金流量表"。

5. 设置会计科目辅助项目

如果用户原来有许多往来单位,并且个人、部门以及项目都是通过设置明细科目来进行核算管理的,那么,在使用总账系统后,最好改用辅助核算进行管理,即将这些明细科目的上级科目设为末级科目并设为辅助核算科目,并将这些明细科目设为相应的辅助核算目录。一个科目设置了辅助核算后,它所发生的每一笔业务将会同时登记在总账和辅助明细账上。可以进行辅助核算的内容主要有:部门核算、个人往来、客户往来、供应商往来及项目核算等。

任务 1-23 增加如表 1-8 所示的辅助账类型为"部门核算"的会计科目。

表 1-8   "部门核算"会计科目

科 目 编 码	科 目 名 称	辅 助 核 算
660102	办公费	部门核算
660103	差旅费	部门核算
660107	租赁费	部门核算
660202	办公费	部门核算
660203	差旅费	部门核算

操作步骤

(1) 在"会计科目"窗口中,单击【增加】按钮,打开"会计科目新增"对话框。

(2) 输入科目编码"660102",输入科目中文名称"办公费",选中"部门核算"复选框,如图 1-55 所示。

(3) 单击【确定】按钮,继续增加其他具有部门核算要求的会计科目。

任务 1-24 将"1122 应收账款"修改为"客户往来"辅助核算的会计科目(没有受控系统),"2202 应付账款"修改为"供应商往来"辅助核算的会计科目(没有受控系统),将"1221 其他应收款"修改为"个人往来"辅助核算的会计科目。

操作步骤

(1) 在"会计科目"窗口中,将光标移到"1122 应收账款"科目上,单击【修改】按钮。或双击该会计科目,打开"会计科目_修改"对话框,再单击【修改】按钮。

(2) 选中"客户往来"复选框,再选择"受控系统"下拉列表,选中空白处,如图 1-56 所示。

(3) 单击【确定】按钮。

(4) 依此方法继续修改"2202 应付账款"和"1221 其他应收款"科目。已设置的"客户往来"科目和"个人往来"科目,如图 1-57 所示。

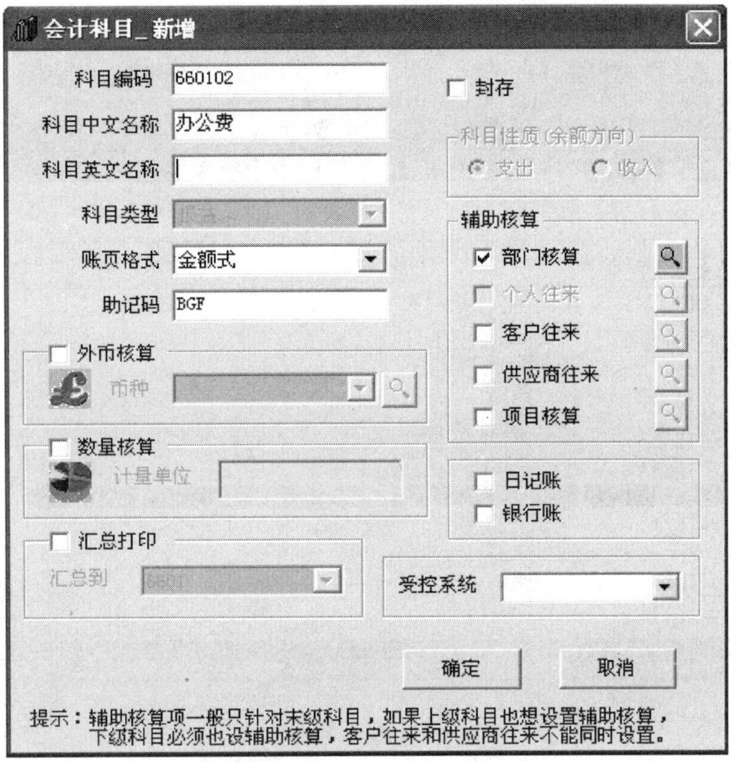

会计科目_新增

科目编码	660102
科目中文名称	办公费
科目英文名称	
科目类型	
账页格式	金额式
助记码	BGF

☐ 外币核算
£ 币种

☐ 数量核算
计量单位

☐ 汇总打印
汇总到

☐ 封存

科目性质(余额方向)
◉ 支出   ○ 收入

辅助核算
☑ 部门核算
☐ 个人往来
☐ 客户往来
☐ 供应商往来
☐ 项目核算

☐ 日记账
☐ 银行账

受控系统

确定   取消

提示：辅助核算项一般只针对末级科目，如果上级科目也想设置辅助核算，
下级科目必须也设辅助核算，客户往来和供应商往来不能同时设置。

图 1-55 设置辅助核算

会计科目_修改

科目编码	1122
科目中文名称	应收账款
科目英文名称	应收账款eng
科目类型	资产
账页格式	金额式
助记码	

☐ 外币核算
£ 币种

☐ 数量核算
计量单位

☐ 汇总打印
汇总到 1122

☐ 封存

科目性质(余额方向)
◉ 借方   ○ 贷方

辅助核算
☐ 部门核算
☐ 个人往来
☑ 客户往来
☐ 供应商往来
☐ 项目核算

☐ 日记账
☐ 银行账

受控系统

确定   取消

图 1-56 设置辅助核算

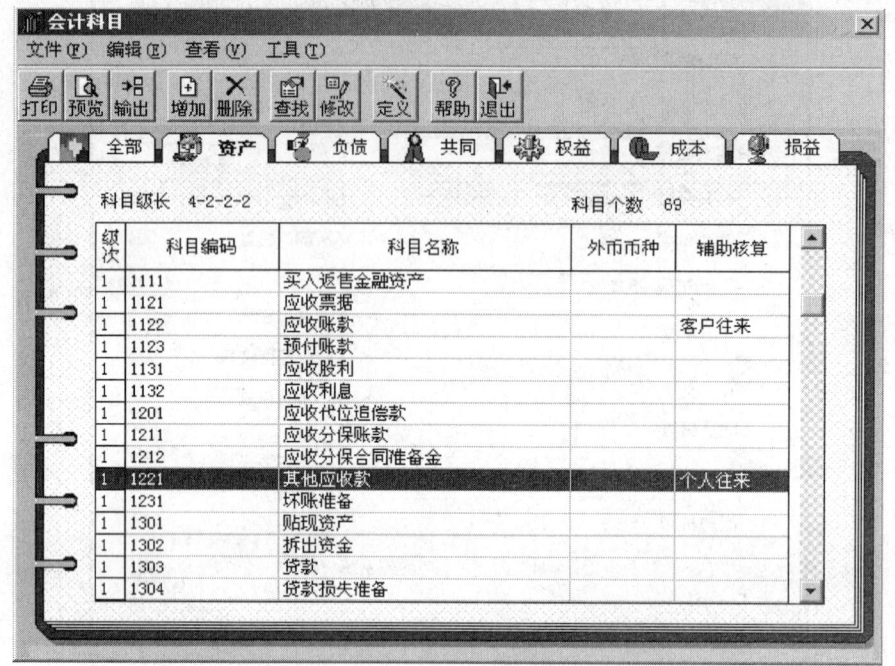

图1-57 设置了辅助核算内容的会计科目

注：此时已将完成了系统管理与基础设置的账套进行了备份，教师和学生均可以引入光盘中的账套进行下一步内容的学习和演练。文件名为"例题用账套/第1单元"。

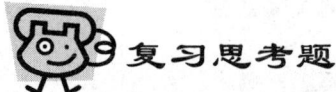 复习思考题

1. 在系统管理功能中账套主管的权限有哪些？
2. 账套备份分别可以完成什么操作内容？
3. 如果在建立账套时将是否对"供应商"或"客户"进行分类错误设置，怎么办？
4. 何谓"编码方案"？如果在建立账套时将其错误设置该怎么办？
5. 指定会计科目的作用有哪些？

 实验一　系统管理与基础设置

一、实验前准备

系统中已经安装了畅捷通T3-企业管理信息化软件教育专版，并将系统日期调整为2011年1月30日。

二、任务

以系统管理员"admin"的身份，完成设置操作员、账套管理和设置操作员权限的操作。由陈凡完成基础设置的操作。

三、具体任务

（一）系统管理

1. 增加如表 1-9 所示的操作员

表 1-9　　　　　　　　　　　　操作员名单

编　　号	姓　　名	口　　令
KJCF	陈　凡	111
KJWJJ	王晶晶	111
CNLJ	刘　静	111

2. 创建 200 账套

单位名称"信谊公司"，启用会计期"2011 年 1 月"。该企业的记账本位币为"人民币（RMB）"，企业类型"工业"，执行"2007 年新会计准则"，账套主管"陈凡"，按行业性质预置会计科目。该企业不要求进行外币核算，对经济业务处理时，需对客户进行分类。需设置的分类编码分别为：科目编码级次"4222"，客户分类编码级次"122"。创建账套后直接启用"总账"、"固定资产"和"工资管理"系统。（启用日期：2011 年 1 月 1 日）

3. 设置操作员权限

操作员"王晶晶"拥有 200 账套"公用目录设置"、"固定资产"、"总账"和"工资管理"的操作权限；"刘静"拥有 200 账套"总账"和"现金管理"的操作权限。

（二）基础设置

1. 设置如表 1-10 所示的部门档案

表 1-10　　　　　　　　　　　　部门档案

部　门　编　码	部　门　名　称
1	行政部
2	财务部
3	生产车间
4	市场部

2. 设置如表 1-11 所示的职员档案

表 1-11　　　　　　　　　　　　职员档案

职　员　编　码	职　员　名　称	所　属　部　门
0001	杨旭	行政部
0002	马之遥	行政部
0003	陈凡	财务部
0004	王晶晶	财务部
0005	刘静	财务部

（续表）

职 员 编 码	职 员 名 称	所 属 部 门
0006	刘 千	生产车间
0007	张家伟	生产车间
0008	黄 越	市场部
0009	周子云	市场部

3. 设置如表 1-12 所示的客户分类

表 1-12　　　　　　　　　　　**客 户 分 类**

类 别 编 码	类 别 名 称
1	北方地区
2	南方地区
3	其他地区

4. 设置如表 1-13 所示的客户档案

表 1-13　　　　　　　　　　　**客 户 档 案**

客 户 编 号	客 户 名 称	客 户 简 称	所 属 分 类 码
K001	新标公司	新标公司	北方地区
K002	和静公司	和静公司	北方地区
K003	光影公司	光影公司	南方地区
K004	沿都公司	沿都公司	南方地区
K005	佳绩公司	佳绩公司	其他地区

5. 设置如表 1-14 所示的供应商档案

表 1-14　　　　　　　　　　　**供 应 商 档 案**

供 应 商 编 号	供 应 商 名 称	供 应 商 简 称
001	海力公司	海力公司
002	一品公司	一品公司
003	四通公司	四通公司

6. 设置如表 1-15 所示的凭证类别

表 1-15　　　　　　　　　　　**凭 证 类 别**

类 别 字	类 别 名 称	限 制 类 型	限 制 科 目
收	收款凭证	借方必有	1001,1002
付	付款凭证	贷方必有	1001,1002
转	转账凭证	凭证必无	1001,1002

7. 设置如表 1-16 所示的结算方式

表 1-16　　　　　　　　　　　　结 算 方 式

结 算 方 式 编 号	结 算 方 式 名 称
1	现金结算
2	转账支票
3	其　他

8. 设置会计科目

(1) 指定"现金总账"和"银行总账"的会计科目。

(2) 增加或修改如表 1-17 所示的会计科目。

表 1-17　　　　　　　　　　　　会 计 科 目

科 目 编 码	科 目 名 称	辅 助 核 算
1001	库存现金	日记账
1002	银行存款	日记账　银行账
1221	其他应收款	个人往来
1122	应收账款	客户往来
2202	应付账款	供应商往来
222101	应交增值税	
22210101	进项税额	
22210102	销项税额	
660101	工资	部门核算
660102	差旅费	部门核算
660103	办公费	部门核算
660104	教育经费	
660105	折旧费	
660201	工资	部门核算
660202	差旅费	部门核算
660203	办公费	部门核算
660204	教育经费	
660205	折旧费	

第 2 单元　总 账 管 理

 **学习目标**

　　了解总账系统的主要功能,包括总账系统初始化、日常业务处理和期末业务处理的主要功能及其作用。

　　能够根据企业的需要进行总账系统初始化,进行日常业务处理和期末业务处理。能够了解在出现操作错误时的处理思路和方法。

　　在企事业和机关单位中,处理会计业务必须有一套专门的方法,即:设置账户、复式记账、填制和审核凭证、登记账簿、成本计算、财产清查,最后编制会计报表,并对会计核算结果进行综合分析等。这些方法相互联系、相互贯通,紧密结合,形成一套完整的会计方法体系。为实现计算机管理的需要,将设置账户、复式记账、填制和审核凭证、登记账簿等统称为总账管理。

　　总账管理是企业会计核算与会计管理的核心内容,是企业会计信息的科学化和标准化的关键。总账管理适用于各类企业、行政事业单位,可以完成从建立账簿资料、凭证管理、标准账表到月末处理和辅助管理等会计核算和会计管理等各项工作。

2.1　定义总账系统启用参数

　　初次进入总账系统时,应对总账系统进行参数设置,以便在今后的日常业务处理过程中按预先设置的总账系统参数进行核算和管理。

2.1.1　定义总账系统启用参数

　　任务 2－1　100 账套首次启用总账系统,设置总账系统的参数为"不允许修改作废他人填制的凭证"。

　　操作步骤

　　(1)选择【总账】|【设置】|【选项】选项,打开"选项"对话框。

　　(2)取消选择"允许修改、作废他人填制的凭证"复选框(即取消复选框中的"√"),如图 2－1 所示。

　　(3)单击【确定】按钮。

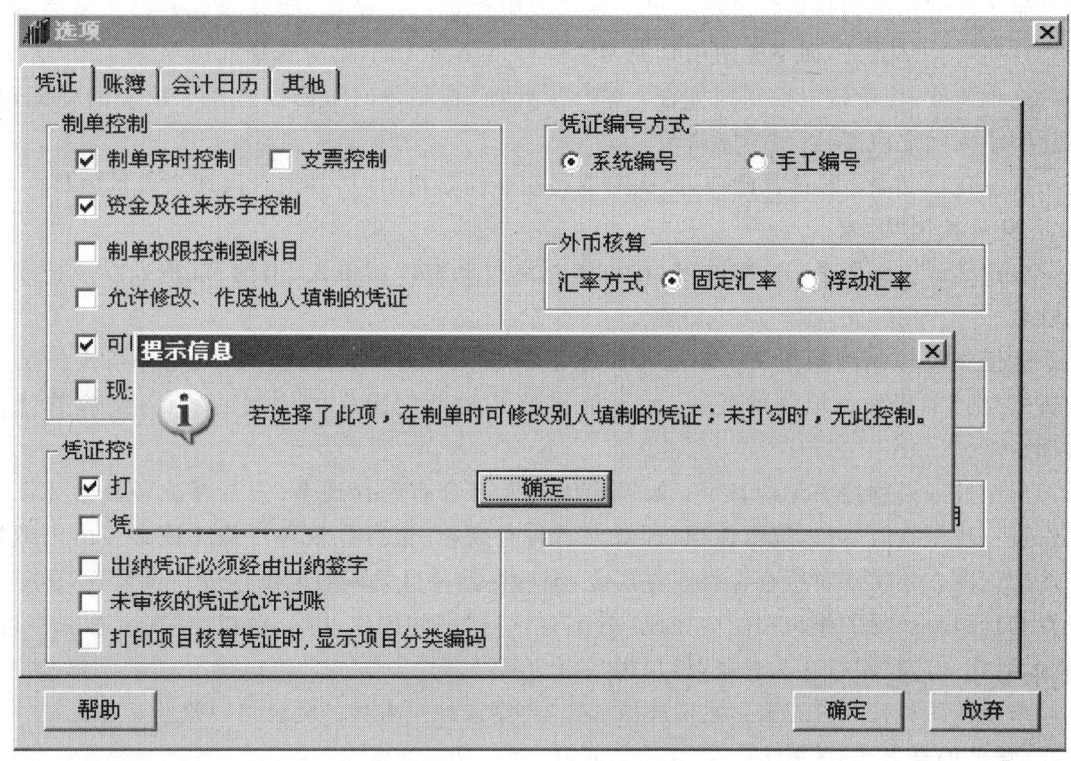

图 2-1 "总账系统选项"对话框

 **提示**

- 在"总账"系统的"选项"中可以进行相应的总账系统运行参数的设置。
- 总账系统的运行参数直接影响日常业务处理的规则,所以在设置时应充分考虑日常业务的特点和管理要求,正确设置每一项参数。

2.1.2 总账系统启用参数说明

总账系统"选项"对话框包括凭证、账簿、会计日历和其他四个选项卡,有关内容说明如下。

1. 凭证选项卡

"制单控制"区域

制单序时控制:当选择凭证编号为"系统编号"时,系统规定填制凭证时,凭证编号应按时间顺序排列,即制单序时,如有特殊需要可将其改为不按序时制单。若选择了此项,则在制单时凭证号必须按日期顺序排列。

支票控制:在启用票据管理同时选取该项的情况下,在制单时录入未在支票簿中登记的支票号,系统将提供支票登记簿。

资金及往来赤字控制:选取该项,当制单时库存现金、银行科目余额出现负数时,系统给予提示,但并非拒绝执行。

制单权限控制到科目：如果希望对制单权限作进一步设置，如只允许某操作员使用指定会计科目填制凭证，而不能使用其他的会计科目填制凭证，则应选择此选项。

允许修改、作废他人填制的凭证：选择了此项，在制单时可修改非本人填制的凭证，修改后制单人随之改变，否则不能修改。

现金流量必录：若选择此项，那么当前是现金流量科目时，必须录入现金流量项目。

"凭证控制"区域

打印凭证页脚姓名：选取该项，在打印时将自动打印制单人、出纳、审核人以及记账人的姓名。

凭证审核控制到操作员：如果希望对审核权限作进一步设置，如只允许某操作员审核其本部门的操作员填制的凭证，而不能审核其他部门操作员填制的凭证，则应选择此选项。

出纳凭证必须经由出纳签字：如果希望对所有含有库存现金、银行存款科目的凭证记账作进一步检查时，可以选取该项，即对含有库存现金、银行存款科目的凭证必须由出纳签字才能记账。要实现对所有含有库存现金、银行存款科目凭证的记账作进一步设置，还应在设置会计科目功能的编辑功能中完成"指定会计科目"的操作，即分别指定"现金总账科目"为"库存现金"及"银行存款总账"科目为"银行存款"。

未审核的凭证允许记账：如果选择了此项，则未经过审核的凭证可以进行记账。

"凭证编号方式"区域

系统提供了两种编号方式，即"系统编号"和"手工编号"。系统默认的是"系统编号"。

"外币核算"区域

企业有外币业务，则选取相应的汇率方式。

 **提示**

- 如果选择"凭证审核控制到操作员"后，还应通过设置"明细权限"功能设置相应的明细审核权限。
- 选择"出纳凭证必须经由出纳签字"后，还应通过"指定科目"功能设置相应的出纳签字科目。

2. 账簿选项卡

"打印位数宽度（包括小数点及小数位）"区域

定义正式账簿打印时各栏目的宽度，包括摘要、金额、外币、数量、汇率以及单价。

"明细账（日记账、多栏账）打印输出方式"区域

按月排页：即打印时从所选月份范围的起始月份开始将明细账按顺序排页，再从第一页开始将其打印输出，打印起始页号为"1页"。这样，若所选月份范围不是第一个月，则打印结果的页号必然从"1页"开始排列。

按年排页：即打印时从本会计年度的第一个会计月开始将明细账按顺序排页，再

将打印月份范围所在的页打印输出,打印起始页号为所打印月份在全年总排页中的页号。这样,若所选月份范围不是第一个月,则打印结果的页号有可能不是从"1 页"开始排。

"凭证、账簿套打"区域

在打印凭证、账簿时是否使用套打纸进行打印。套打纸是指软件公司专门印制的用于打印各种凭证和账簿的打印纸,选择套打纸打印时,系统只将凭证、账簿的数据内容打印到相应的套打纸上,并且不打印各种表格线。用套打纸打印凭证速度快、美观。

"明细账查询权限控制到科目"区域

有些时候,要对查询和打印权限作进一步细化,如只允许某操作员查询或打印指定科目明细账,而不能查询或打印其他科目的明细。

"正式账每页打印行数"区域

可对明细账、日记账和多栏账的每页打印行数进行设置。双击表格或按空格键对行数直接修改即可。

提示

> 选中"明细账查询权限控制到科目"后,还应通过设置"明细权限"功能设置相应的明细科目查询权限。

3. 会计日历选项卡

系统自动将会计期间、开始日期和结束日期列表。可以在此处选择"启用日期"以确定用户开始使用软件的时间。"结束日期"是指用户每月的结账日期,系统默认的每月结账日期是月末,如果用户的每月结账日期不是月末则可在"系统管理"中进行修改。

提示

> ● 总账系统的启用日期不能超过计算机的系统日期。
> ● 录入汇率后不能修改总账启用日期。
> ● 已录入期初余额,不能修改总账启用日期。
> ● 新年度进入系统,不能修改总账的启用日期。

4. 其他选项卡

"数量、单价小数位及本位币精度"区域

在制单与查账时,按此处定义的小数位及精度输出小数,不足位数将用"0"补齐。

"部门、个人、项目排序方式"区域

在查询部门、个人、项目账或参照其目录时,可以按编码或名称排序。

2.2 录入期初余额

为了保证会计数据连续完整,并与手工账簿数据衔接,账务系统在第一次投入使用前还需要将各种基础数据录入系统。这些基础数据主要是各明细科目的年初余额和系统启用前各月的发生额。其上级科目的余额和发生额由系统自动进行汇总。一般情况下,资产类科目余额在借方,负债、所有者权益及利润类科目余额在贷方。如果是数量金额类科目应输入相应的数量和单价,如果是外币科目应输入相应的外币金额。

在输入期初数据时,如果某一科目中设置了辅助核算类别,应输入辅助核算类别的有关初始余额。数据录入完毕后,为了保证数据的准确性,满足数据间的平衡关系,需要对数据进行校验。

1. 录入基本科目余额

在开始使用总账系统时,应先将各账户启用月份的月初余额和年初到该月的借贷方累计发生额计算清楚,并输入到总账系统中。

如果是年初建账,可以直接录入年初余额,即期初余额。如果是在年中建账,则可录入启用当月(如 8 月)的期初余额及年初至今的月份(即 1 月至 7 月)的借、贷方累计发生额,系统自动计算年初余额。

任务 2 - 2 2011 年 1 月,100 账套基本科目的期初余额如表 2 - 1 所示。

表 2 - 1 基本科目期初余额

科 目 名 称	方 向	期 初 余 额
库存现金	借	20 000
银行存款	借	293 230
库存商品	借	96 452
固定资产	借	1 923 600
累计折旧	贷	253 422
长期待摊费用	借	180 000
短期借款	贷	900 000
长期借款	贷	564 550
实收资本	贷	980 000

操作步骤

(1)在"畅捷通 T3 -企业管理信息化软件教育专版"窗口中,选择【总账】|【设置】|【期初余额】选项,打开"期初余额录入"对话框。

(2)将光标定在"1001 库存现金"科目的期初余额栏,输入期初余额"20000",如图 2 - 2所示。

(3)继续录入其他会计科目的期初余额。

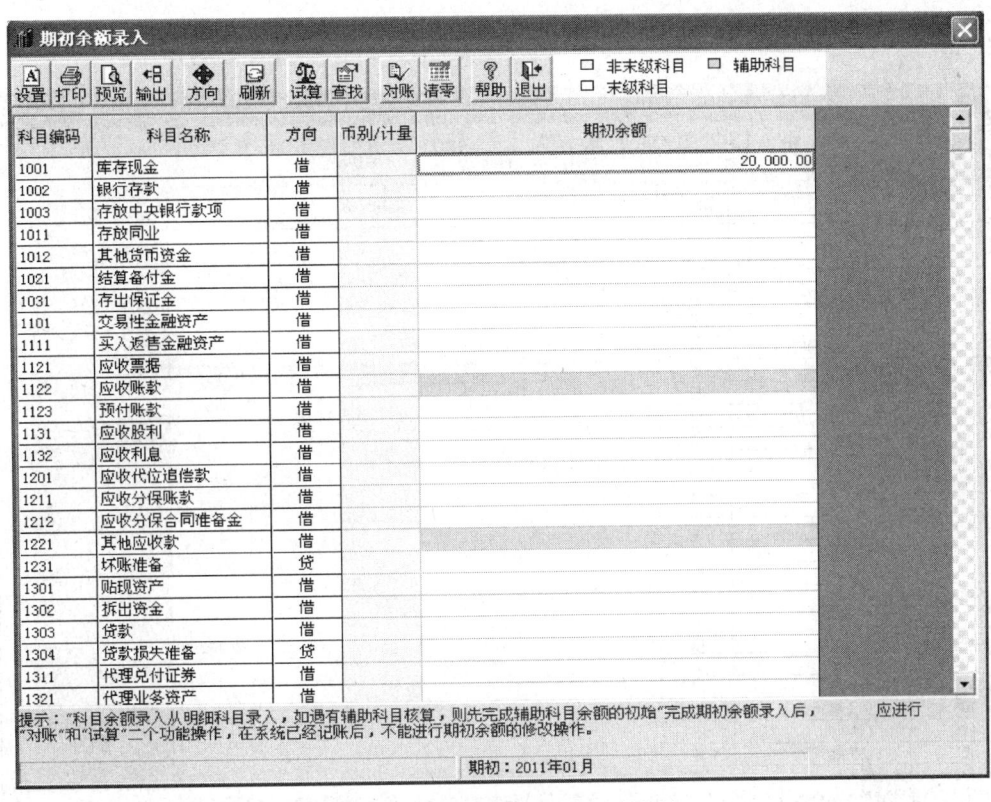

图 2-2 "期初余额录入"对话框

提示

- 如果某科目为数量、外币核算,应录入期初数量、外币余额,而且必须先录入本币余额,再录入数量外币余额。
- 非末级会计科目余额不用录入,系统将根据其下级明细科目自动汇总计算填入。
- 出现红字余额用负号输入。
- 修改余额时,直接输入正确数据即可。
- 凭证记账后,期初余额变为浏览只读状态,不能再进行修改。

2. 录入个人往来科目余额

如果某科目涉及个人往来辅助核算,则需在系统打开的"个人往来期初"对话框中输入相关信息。

任务 2-3 输入"1221 其他应收款"科目的期初余额。相关信息:日期"2010-12-23",凭证号"付-11",部门"业务二部",个人名称"刘荣",摘要"出差借款",方向"借",期初余额"12 000 元"。

操作步骤

(1) 在"期初余额录入"对话框中,将光标移到"1221 其他应收款"科目的所在行,系统提示"个人往来",如图2-3所示。

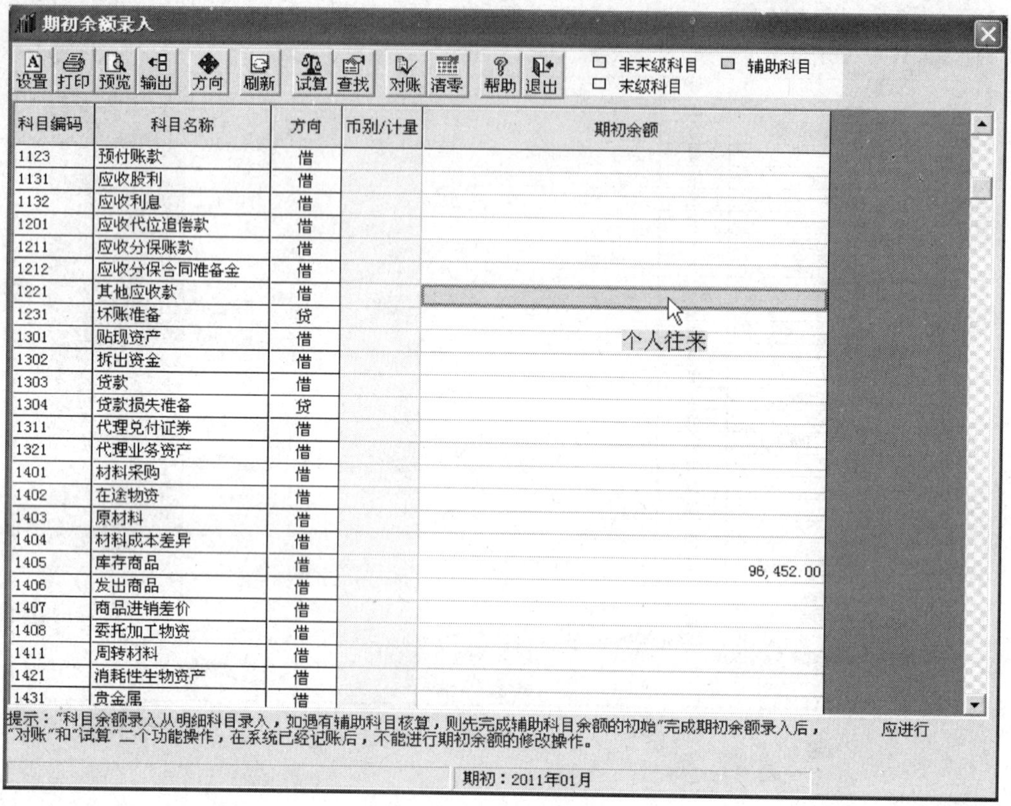

科目编码	科目名称	方向	币别/计量	期初余额
1123	预付账款	借		
1131	应收股利	借		
1132	应收利息	借		
1201	应收代位追偿款	借		
1211	应收分保账款	借		
1212	应收分保合同准备金	借		
1221	其他应收款	借		
1231	坏账准备	贷		个人往来
1301	贴现资产	借		
1302	拆出资金	借		
1303	贷款	借		
1304	贷款损失准备	贷		
1311	代理兑付证券	借		
1321	代理业务资产	借		
1401	材料采购	借		
1402	在途物资	借		
1403	原材料	借		
1404	材料成本差异	借		
1405	库存商品	借		96,452.00
1406	发出商品	借		
1407	商品进销差价	借		
1408	委托加工物资	借		
1411	周转材料	借		
1421	消耗性生物资产	借		
1431	贵金属	借		

提示:"科目余额录入从明细科目录入,如遇有辅助科目核算,则先完成辅助科目余额的初始"完成期初余额录入后,应进行
"对账"和"试算"二个功能操作,在系统已经记账后,不能进行期初余额的修改操作。

期初:2011年01月

图2-3 提示个人往来核算

（2）双击期初余额栏,打开"个人往来期初"对话框。

（3）单击【增加】按钮,将日期修改为"2010-12-23"。

（4）输入凭证号"付-11"或双击"凭证号"栏,系统打开"凭证类别参照"对话框。

（5）直接输入或双击后单击参照按钮,选择部门为"业务二部"、个人为"刘荣"、摘要为"出差借款"。

（6）系统默认方向为"借"、输入期初余额"12 000",如图2-4所示。

（7）完成输入后,单击【退出】按钮。

提示

- 只需录入最末级科目的余额和累计发生数即可,上级科目的余额和累计发生数由系统自动计算。
- 借贷方累计发生额直接录入,期初余额在辅助项中录入。
- 如果某科目涉及部门辅助核算,则必须按辅助项录入期初余额。具体操作步骤参照个人往来科目期初余额的录入。

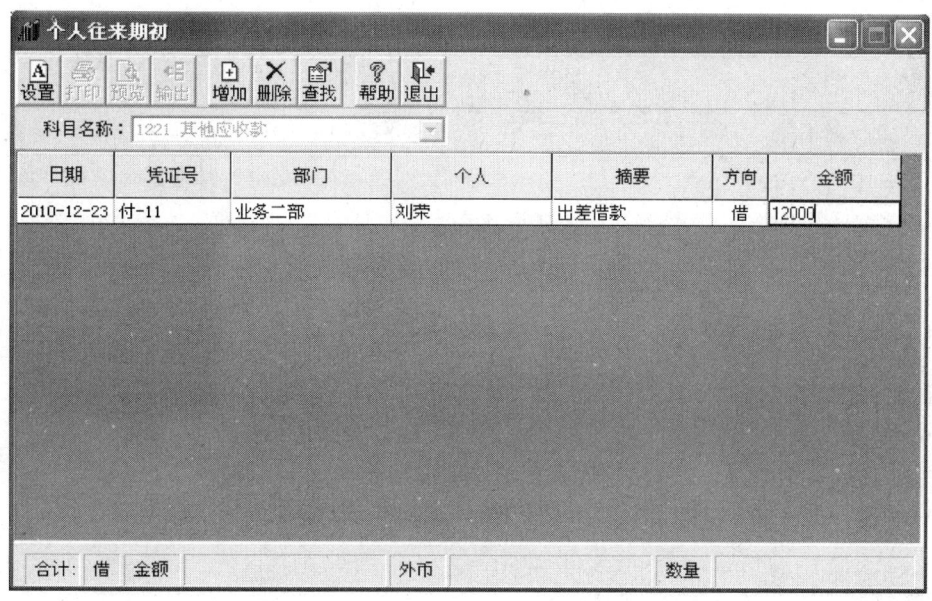

图 2-4 "个人往来期初"对话框

3．录入单位往来科目余额

如果某科目涉及客户或供应商辅助核算,则需在系统打开的"客户往来期初"或"供应商往来期初"对话框中输入相关的信息。

任务 2-4 输入"1122 应收账款"科目的期初余额"280 800"元,其中明细资料是:2010 年 11 月 18 日,销售给百威公司产品未收款(转账凭证 131 号)。输入"2202 应付账款"科目的期初余额为"108 110"元,其中明细资料是:2010 年 12 月 18 日,向鲁能公司采购材料的应付款(转账凭证 19 号)。

操作步骤

(1) 在"期初余额录入"对话框中,双击"1122 应收账款"科目的期初余额栏,打开"客户往来期初"对话框。

(2) 直接录入或单击,参照按钮选择,日期是"2010-12-18"、凭证号为"转-131"、客户为"百威公司"、摘要为"销售未收款"。

(3) 系统默认方向是"借"、输入金额为"280 800",如图 2-5 所示。

(4) 单击【退出】按钮。

(5) 以此方法继续录入"2202 应付账款"科目的期初余额"108 110"元。

4．调整余额方向

一般情况下,系统默认资产类科目余额为借方,负债和所有者权益类科目的余额方向为贷方。但是在实际工作中,有一部分会计科目与原有系统设置的余额方向不一致,在建立会计科目时也没有对其进行相应的调整,如"坏账准备"、"累计折旧"等科目的余额方向与同类科目默认的余额方向相反。在录入会计科目余额时,系统提供了调整余额方向的功能,即在还未录入会计科目余额时如果发现会计科目的余额方向与系统设置的方向不一致时可以调整其方向。

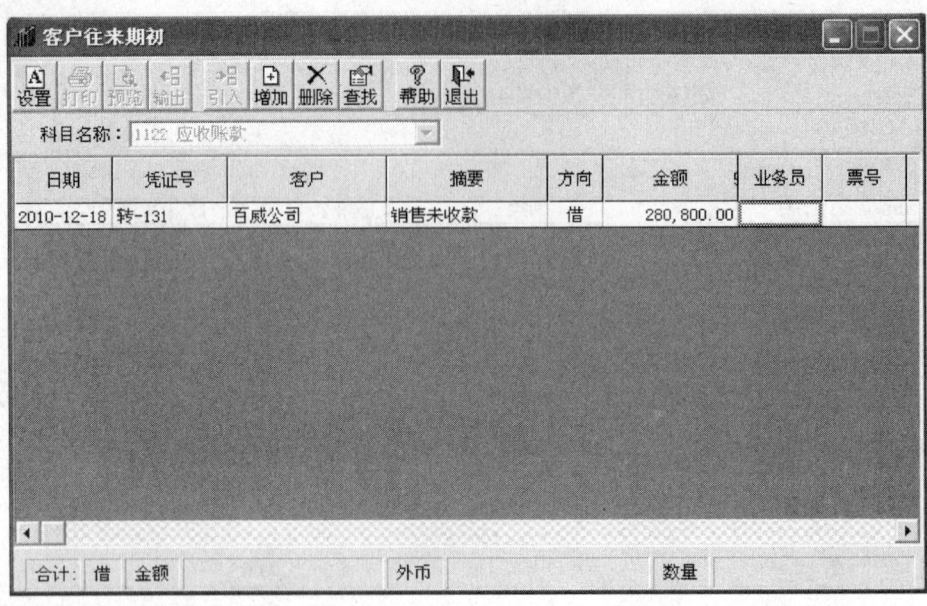

图 2-5 已录入的应收账款的期初余额

任务 2-5 将"材料成本差异"科目余额的方向由"借"调整为"贷"。

操作步骤

(1) 在"期初余额录入"对话框中，单击"材料成本差异"科目的所在行，再单击"方向"按钮，打开"调整余额方向"对话框，如图 2-6 所示。

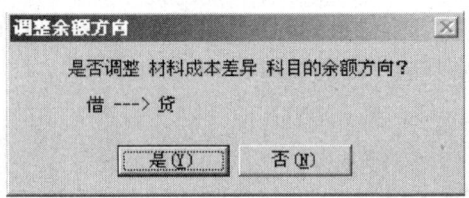

图 2-6 "调整余额方向"对话框

(2) 确定需要调整的方向，单击【是】按钮返回，此时将"材料成本差异"科目的余额方向调整为"贷"方。

 **提示**

- 总账科目与其下级明细科目的余额方向必须一致。
- 余额的方向应以科目属性或类型为准，而不以当前余额方向为准。

5. 试算平衡

将期初余额及累计发生额输入完成后，为了保证初始数据的正确性，必须依据"资产＝负债＋所有者权益"的原则进行平衡校验。

校验工作由计算机自动完成,校验完成后系统会自动生成一个校验的结果报告,如果试算结果不平衡,则应依次逐项进行检查和更正,然后,再进行平衡校验,直至平衡为止。

任务 2-6　进行期初余额试算平衡。

操作步骤

(1) 在"期初余额录入"对话框中,单击【试算】按钮。可查看期初余额试算平衡表,检查余额是否平衡,如图 2-7 所示。

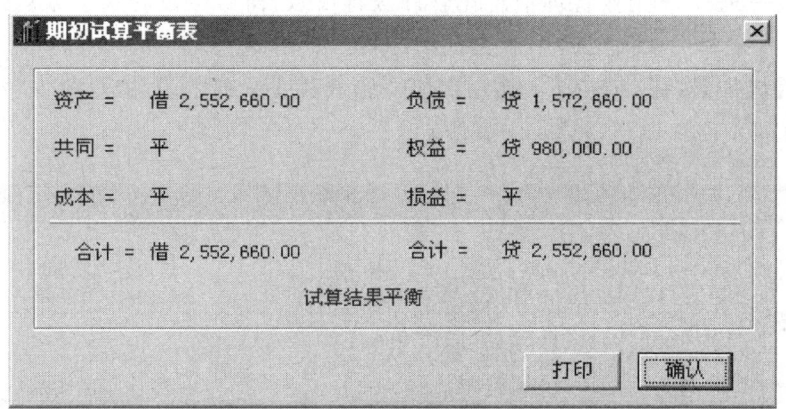

图 2-7　"期初试算平衡表"对话框

(2) 单击【确认】按钮。

 **提示**

- 如果期初余额试算不平衡,则可以填制凭证但不能记账。
- 已经记过账,则不能再录入和修改期初余额,也不能执行"结转上年余额"的功能。

2.3　日常业务处理

在总账系统中,当初始设置完成后,就可以开始进行日常业务的处理了。日常业务处理的任务主要包括填制凭证、审核凭证、出纳签字和记账,查询和打印输出各种凭证、总账和明细账,进行月末对账和结账等。

2.3.1　填制凭证

记账凭证是登记账簿的依据,是总账系统的唯一数据来源,而填制凭证也是最基础和最频繁的工作。在使用计算机处理账务后,电子账簿的准确与完整完全依赖于记账凭证,因而在实际工作中,必须确保准确完整地输入记账凭证。

1. 增加凭证

记账凭证一般包括两部分:一是凭证头部分,包括凭证类别、凭证编号、凭证日期和附

件张数等;二是凭证正文部分,包括摘要、科目、借贷方向和金额等。如果输入的会计科目有辅助核算要求,则应输入辅助核算内容;如果一个科目同时兼有多种辅助核算,则同时要求输入各种辅助核算的有关内容。

任务 2-7 以 CW2"刘家炜"(口令:000000)的身份登录 100 账套填制记账凭证。1 月 12 日,以现金支付车间小型设备修理费 580 元。

操作步骤

(1) 在"畅捷通 T3-企业管理信息化软件教育专版"窗口中,选择【总账】|【凭证】|【填制凭证】选项,或直接单击桌面上的填制凭证图标,进入"填制凭证"窗口。

(2) 单击【增加】按钮(或按 F5 键),增加一张新凭证。选择凭证类别为"付款凭证",确认凭证日期为"2011.01.12",如图 2-8 所示。

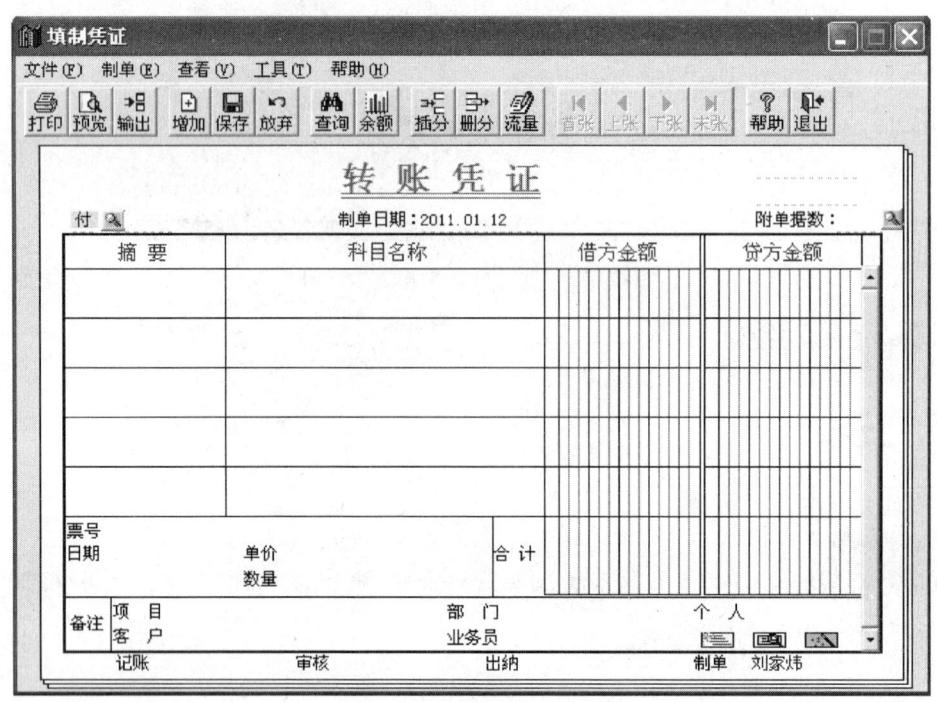

图 2-8 填制凭证头部分

(3) 在摘要栏录入"支付车间修理费",在科目名称栏输入制造费用科目的编码"5101"或单击参照按钮选择"5101 制造费用"科目,也可以直接输入科目名称"制造费用"。

(4) 输入借方金额"580",按 Enter 键,继续输入下一行。

(5) 在第二行科目名称栏输入库存现金科目的编码"1001"或单击参照按钮选择"1001 库存现金"科目,也可输入科目名称"库存现金"。输入贷方余额"580"(或单击"="键),单击【保存】按钮,系统会显示一张完整的凭证,如图 2-9 所示。

任务 2-8 1 月 12 日,销售一批商品,收到货税款共计 14 040 元,其中货款 12 000 元,应交增值税(销项税)2 040 元(附单据 2 张,转账支票号为 2524-366)。

操作步骤

(1) 在"畅捷通 T3-企业管理信息化软件教育专版"窗口中,选择【总账】|【凭证】|【填制

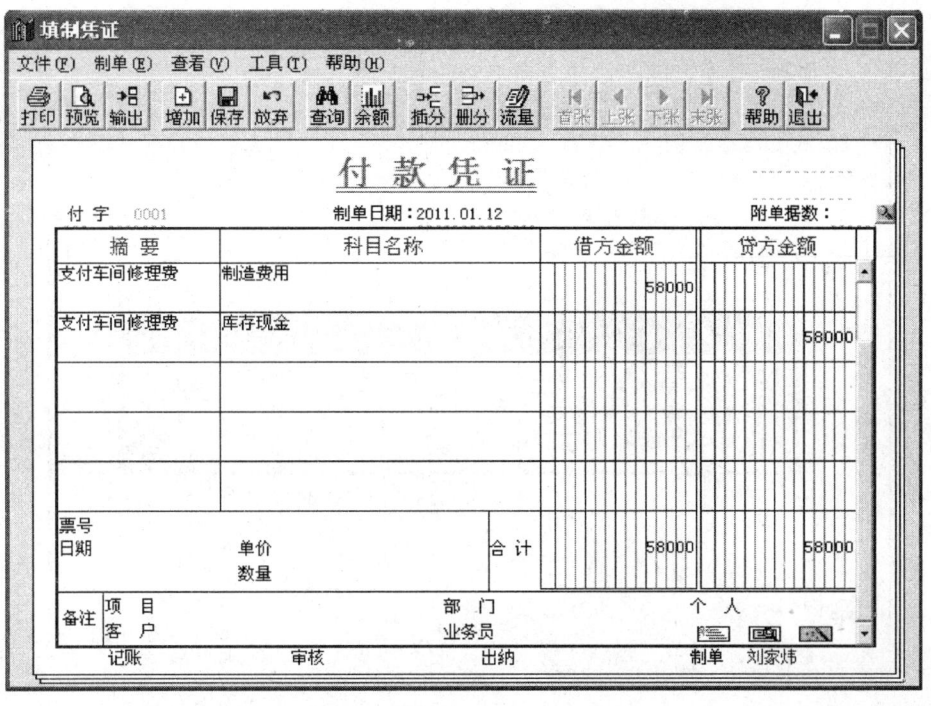

图 2-9　已保存的付款凭证

凭证】选项,或直接单击桌面上的填制凭证图标,进入"填制凭证"窗口。

（2）单击【增加】按钮（或按 F5 键）,增加一张新凭证。

选择凭证类别为"收款凭证",确认凭证日期为"2011.01.12",录入附单据数为"2"。

 **提示**

- 凭证类别为初始设置时已定义凭证的类别代码或名称。
- 采用自动编号时,计算机自动按月按类别进行连续编号。
- 采用序时控制时,凭证日期应大于或等于启用日期,但不能超过计算机的系统日期。
- 在"附单据数"处可以按 Enter 键通过,也可以输入单据数量。
- 凭证一旦保存,其凭证类别、凭证编号均不能修改。

（3）在摘要栏录入"收到销售商品款",在科目名称栏输入银行存款的编码"1002"或单击参照按钮选择"1002 银行存款"科目,也可以直接输入科目名称"银行存款"。单击 Enter 键,系统打开"辅助项"对话框。

（4）输入结算方式"2"或单击参照按钮选择"2 转账支票"。输入票号为"2524-366",如图 2-10 所示。

（5）单击【确认】按钮,返回。

（6）输入借方金额"14 040",单击 Enter 键,继续输入下一行。

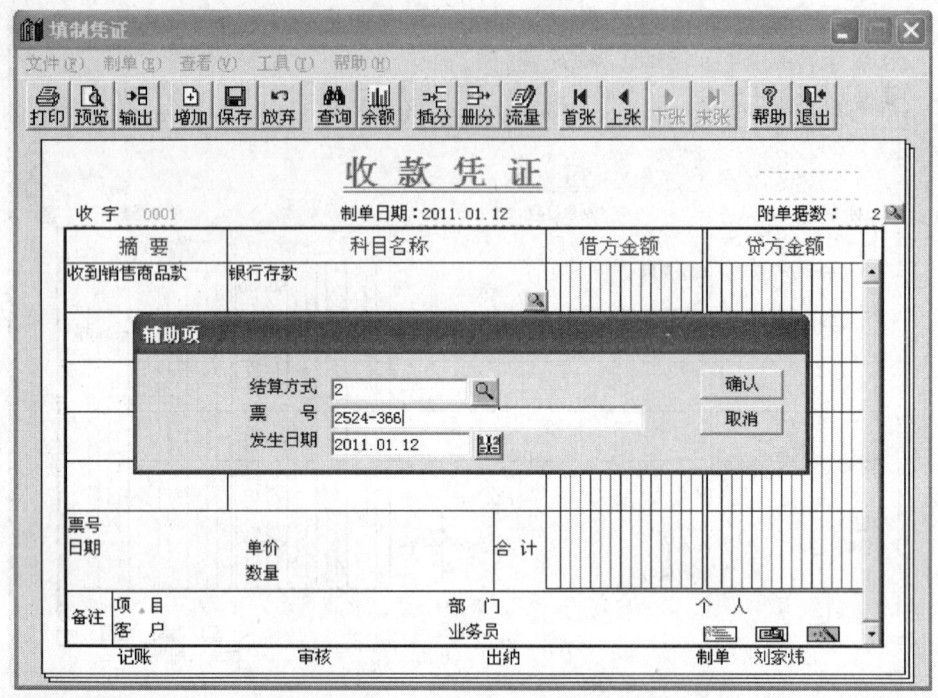

图 2-10　输入辅助信息

（7）在第二行科目名称栏输入主营业务收入的编码"6001"或单击参照按钮选择"6001 主营业务收入"科目，也可以直接输入科目名称"主营业务收入"，输入贷方金额为"12 000"，按 Enter 键，继续输入下一行。

（8）在第三行科目名称栏输入应交税费（销项税额）的编码"22210102"或单击参照按钮选择"22210102 销项税额"科目，也可以直接输入贷方金额"2 040"（或按"＝"键生成最后一条分录的金额）。

提示

- 正文中不同行的摘要可以相同也可以不同，但不能为空。每行摘要将随相应的会计科目在明细账、日记账中出现。完成新增分录后，按 Enter 键，系统将摘要自动复制到下一分录行。
- 科目编码必须是末级的。
- 金额不能为"零"，红字以"—"号表示。
- 由于在日常经济业务处理的过程中有很多业务内容是相同或类似的，因此，在填制凭证时会填写相同或类似的摘要。系统提供了设置常用摘要的功能，可以单击摘要栏的参照按钮设置常用摘要。

（9）单击【保存】按钮，系统显示一张完整的凭证，如图 2-11 所示。

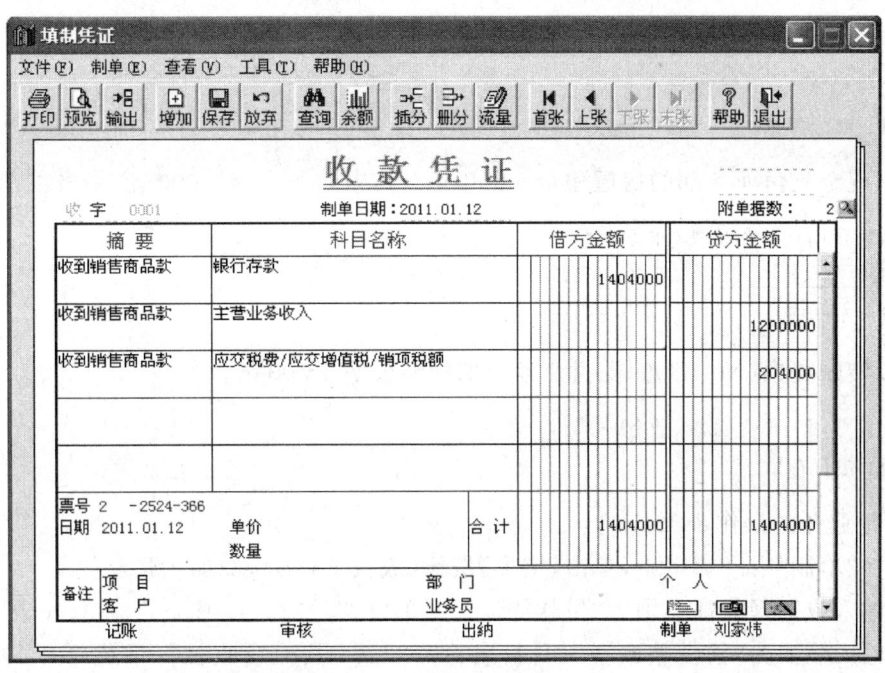

图 2-11 已保存的付款凭证

 提示

- 输入的结算方式、票号和发生日期将在进行银行对账时使用。
- 若当前分录的金额为其他所有分录的借贷方差额,则在金额处按"="键即可。
- 凭证填制完成后,只要继续增加凭证或退出当前凭证,凭证均可自动保存。

任务 2-9 1月15日,发生如下几笔业务。

1. 业务一部陈惠预借差旅费 5 000 元(单据共计 1 张)。

借:其他应收款(业务一部——陈惠)   5 000

  贷:库存现金   5 000

2. 收到百威公司的转账支票(No.22206),偿还前欠货款 280 000 元。

借:银行存款   280 000

  贷:应收账款(百威公司)   280 000

3. 以转账支票(No.3306)购买小型设备一台,收到一张增值税专用发票。其中货款 119 000 元,增值税额 20 230 元。

借:固定资产   119 000

   应交税费——应交增值税(进项税额)   20 230

  贷:银行存款   139 230

4. 以转账支票(No.3722)支付鲁能公司前欠货款 100 000 元。

借：应付账款 100 000

贷：银行存款 100 000

5. 以现金支付业务部的房屋租金 5 000 元。其中业务一部 2 000 元，业务二部 3 000 元。

借：销售费用——租赁费（业务一部） 2 000

（业务二部） 3 000

贷：库存现金 5 000

6. 以转账支票(No.3309)支付业务一部的办公费 1 200 元。

借：销售费用——办公费（业务一部） 1 200

贷：银行存款 1 200

第 1 笔业务的操作步骤：

(1) 在"填制凭证"窗口中，单击【增加】按钮(或按 F5 键)，增加一张新凭证。

(2) 输入或选择凭证类别为"付款凭证"、制单日期是"2011.01.15"、附单据数"1"。

(3) 输入摘要为"预借差旅费"、科目名称为"1221 其他应收款"，系统打开"辅助项"对话框。

(4) 单击"部门"栏参照按钮，选择"业务一部"，单击"个人"栏参照按钮，选择"陈惠"，如图 2-12 所示。

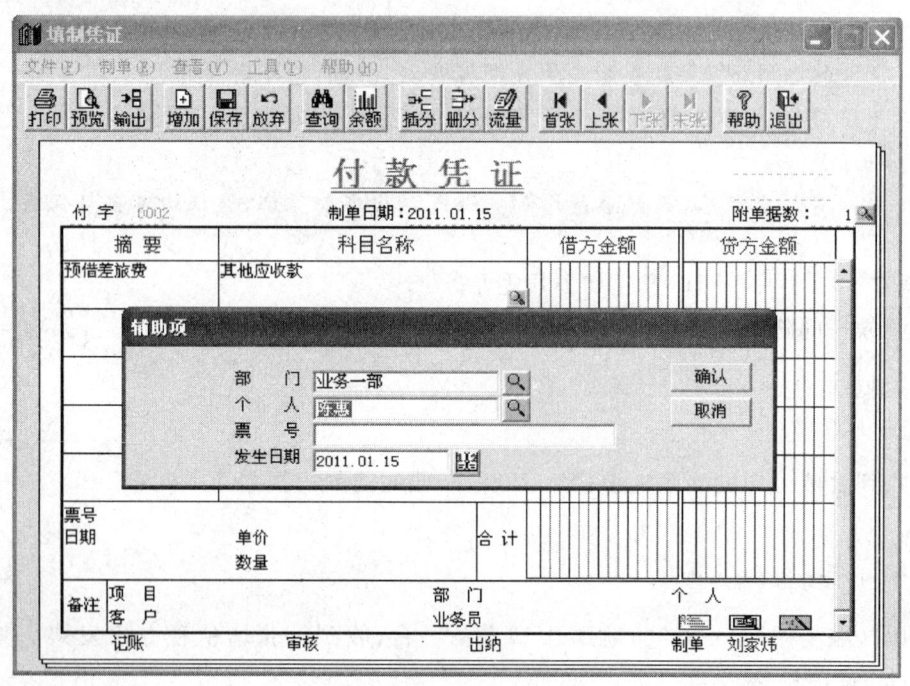

图 2-12 录入部门辅助项

(5) 单击【确认】按钮。

(6) 输入借方金额"5 000"，单击 Enter 键。

（7）在第二行科目名称栏输入编码"1001"，或单击参照按钮选择"1001 库存现金"科目，输入贷方金额"5 000"（或按"＝"键），单击 Enter 键，选择现金流量项目为"07 支付其他与经营活动有关的现金"。单击【保存】按钮，系统会显示一张完整的凭证。

第 2 笔业务的操作步骤：

（1）单击【增加】按钮（或按 F5 键），增加一张新凭证。

（2）输入或选择凭证类别"收款凭证"、制单日期"2011.01.15"。

（3）输入摘要为"收到百威公司还款"，科目名称"1002 银行存款"（转账支票方式，号为22206），录入借方金额"280 000"，单击 Enter 键，在第二行科目名称栏输入编码"1122"（即1122 应收账款），单击 Enter 键，选择客户为"百威公司"，输入贷方金额为"280 000"（或按"＝"键）。

（4）以此方法继续录入另外 4 笔业务的记账凭证。

 提示

> ● 当输入一个不存在的姓名时，应先编辑该人姓名及其他资料。在录入个人信息时，若不输入"部门名称"而只输入"个人名称"时，系统将根据所输入的个人名称自动输入其所属的部门。
> ● 其他辅助核算科目可以参照录入，不再赘述。

2. 修改凭证

输入凭证时，尽管系统提供了多种控制错误的手段，但误操作是在所难免的，记账凭证的错误，必然影响系统的核算结果。为更正错误，可以通过系统提供的修改功能对错误凭证进行修改。

对错误凭证进行修改，可分为"无痕迹"修改和"有痕迹"修改两种。

"无痕迹"修改，即不留下任何曾经修改的线索和痕迹。下列两种状态下的错误凭证可实现无痕迹修改。

（1）对已经输入但未审核的机内记账凭证进行直接修改。

（2）已通过审核但还未记账的凭证不能直接修改，可以先取消审核再修改。

即未经审核的错误凭证可通过"制单"功能直接修改。而已审核的凭证应先取消审核后，再通过凭证"制单"功能进行修改。"无痕迹"修改可以参照以下操作方法操作。

操作步骤

（1）在"填制凭证"对话框中，通过"查询"功能或单击【上张】或【下张】按钮，找到要修改的凭证。

（2）将光标移到需修改的地方即可直接修改。

（3）双击要修改的辅助项，即可直接修改"辅助项"对话框中的相关内容。

（4）在当前金额的相反方向，按空格键可修改金额方向。

（5）单击【插分】按钮，可在当前分录前增加一条分录。

(6) 若当前分录的金额为其他所有分录的借贷方差额,则在金额处按"＝"键即可。

(7) 单击【保存】按钮,保存当前修改的内容。

提示

- 若已采用制单序时控制,则修改的制单日期,不能在上一张凭证的制单日期之前。
- 若已选择不允许修改或作废他人填制的凭证权限控制,则不能修改或作废他人填制的凭证。
- 外部系统(如工资系统、固定资产系统等)传递来的凭证不能在总账系统中进行修改,只能在生成该凭证的系统中进行修改或删除。

任务 2-10 将第 0001 号付款凭证中的预借差旅费的金额修改为"5 500"元。

操作步骤

(1) 在"填制凭证"对话框中,单击【上张】或【下张】按钮,找到要修改的"付字 0002"凭证。

(2) 直接将借方金额修改为"5 500",将光标移到贷方金额栏录入贷方金额"5 500",或按"＝"键,如图 2-13 所示。

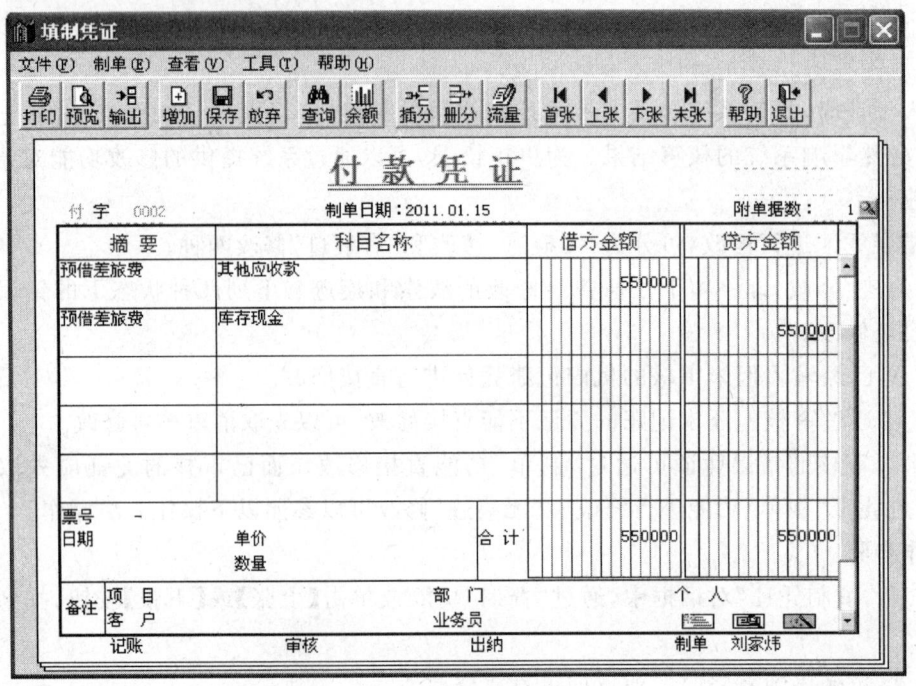

图 2-13 修改凭证

(3) 单击【保存】按钮。

"有痕迹"修改,即留下曾经修改的线索和痕迹,通过保留错误凭证和更正凭证的方式留

下修改痕迹。如果发现已记账凭证有错，则不能再对其进行修改，对此类错误的修改要求留下审计线索。这时可以采用红字冲销法或者补充登记法进行更正。

3. 冲销凭证

如果需要冲销某张已记账的凭证，可以选择【制单】|【冲销凭证】选项制作红字冲销凭证。

操作步骤

（1）在"填制凭证"窗口中，选择【制单】|【冲销凭证】选项，打开"冲销凭证"对话框。

（2）输入月份、凭证类别和凭证号。

（3）单击【确定】按钮，系统自动生成一张红字冲销凭证。

提示

- 进行红字冲销的凭证，必须是已经记账的凭证。
- 制作红字冲销凭证将错误凭证冲销后，需要再编制正确的蓝字凭证进行补充。
- 通过红字冲销法增加的凭证，应视同其为正常凭证进行保存和管理。

4. 作废及删除凭证

日常操作过程中，若遇到某张凭证需要作废时，可以使用"作废/恢复"功能，将这些凭证作废。

操作步骤

（1）在"填制凭证"窗口中，通过"查询"功能或单击【上张】或【下张】按钮，找到要删除的凭证。

（2）选择【制单】|【作废/恢复】选项。

（3）凭证左上角会显示"作废"字样，表示该凭证已作废。

提示

- 作废凭证仍将保留凭证内容及编号，只显示"作废"字样。
- 作废凭证不能修改，也不能审核。
- 在记账时，已作废的凭证将参与记账，否则月末无法结账，但系统不对作废凭证进行数据处理，即相当于一张空凭证。
- 账簿查询时，找不到作废凭证的数据。
- 若要恢复已作废的凭证，可选择【制单】|【作废/恢复】选项，取消作废标志，并将当前凭证恢复为有效凭证。

如果不想保留作废凭证，可以通过"整理凭证"功能，将其彻底删除，并对该作废凭证之后的未记账凭证进行重新编号。

操作步骤

(1) 在"填制凭证"窗口中,找到已注明"作废"的凭证。

(2) 选择【制单】|【整理凭证】选项,系统要求选择凭证期间,选择要整理的月份。

(3) 单击【确定】按钮,系统打开"作废凭证表"对话框。

(4) 选择要彻底删除的作废凭证,在"删除"栏双击打上"Y"标记。

(5) 单击【确定】按钮,系统将这些凭证从数据库中彻底删除并对之后的未记账凭证重新排号。

 **提示**

- 只能对未记账的凭证作凭证整理。
- 已记账凭证作凭证整理,应先取消记账,再作凭证整理。

任务 2－11 删除第 0003 号付款凭证。

操作步骤

(1) 在"填制凭证"窗口中,单击【上张】或【下张】按钮,找到要删除的"付字 0003"凭证。

(2) 选择【制单】|【作废/恢复】选项,在凭证左上角显示"作废"字样,如图 2－14 所示。

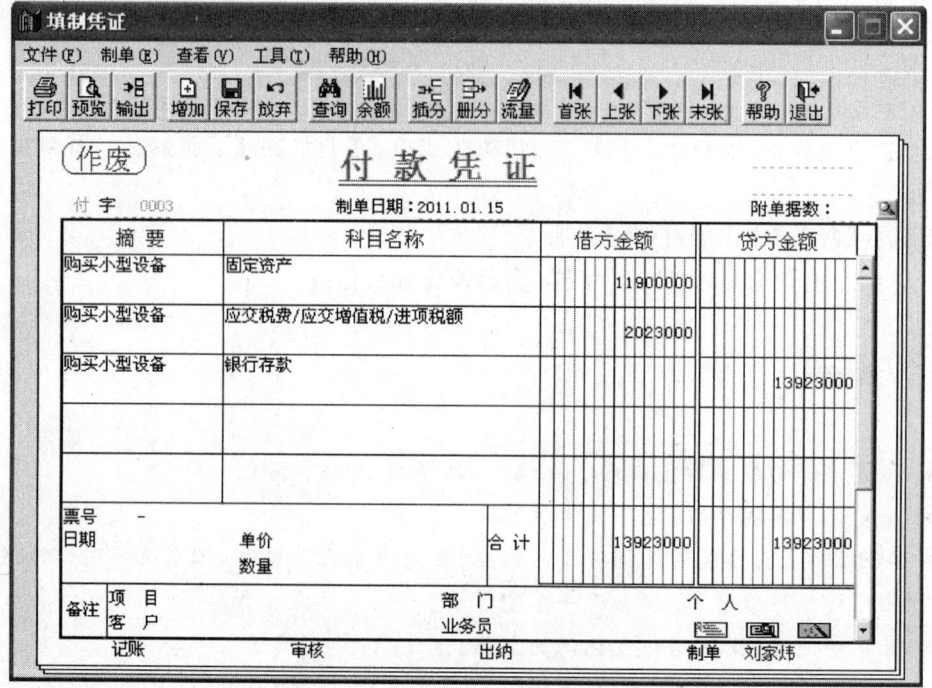

图 2－14　作废凭证

(3) 选择【制单】|【整理凭证】选项,出现"请选择凭证期间"对话框,如图 2－15 所示。

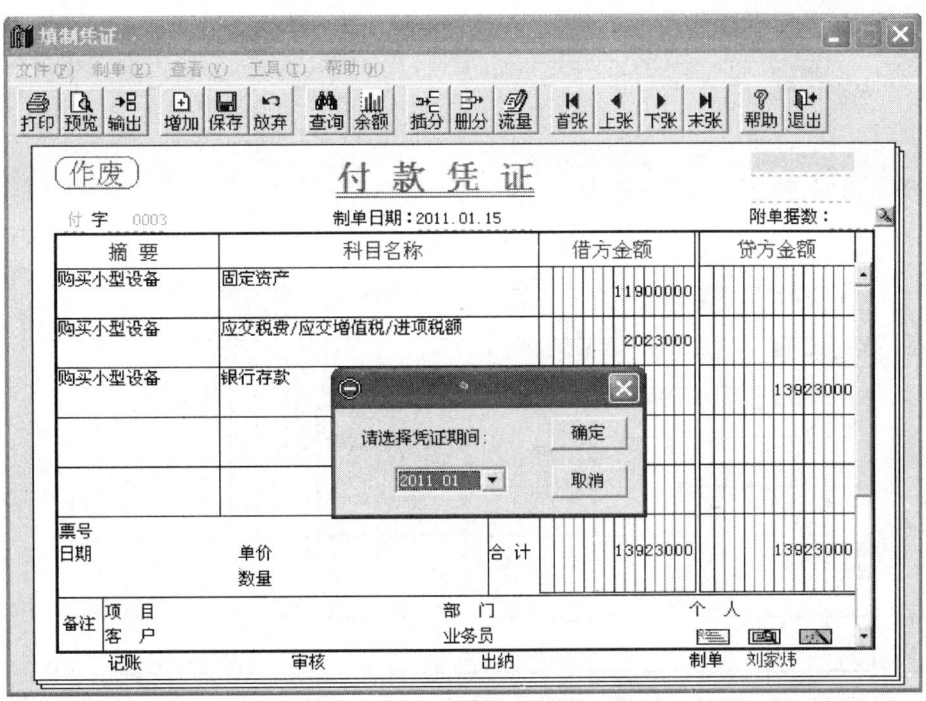

图 2-15　选择作废凭证的期间

（4）单击【确定】按钮，打开"作废凭证表"对话框，在"删除"栏双击打上"Y"标记，如图 2-16 所示。

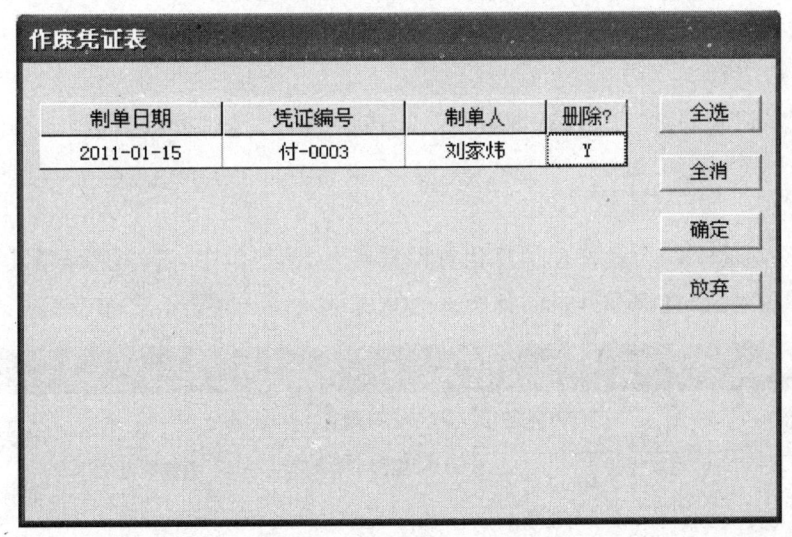

图 2-16　选择作废凭证

（5）单击【确定】按钮，系统提示"是否还需整理凭证断号"，如图 2-17 所示。

（6）单击【是】按钮，完成删除凭证的操作。

5. 查询凭证

在制单过程中，可以通过"查询"功能对凭证进行查看，以便随时了解经济业务发生的情

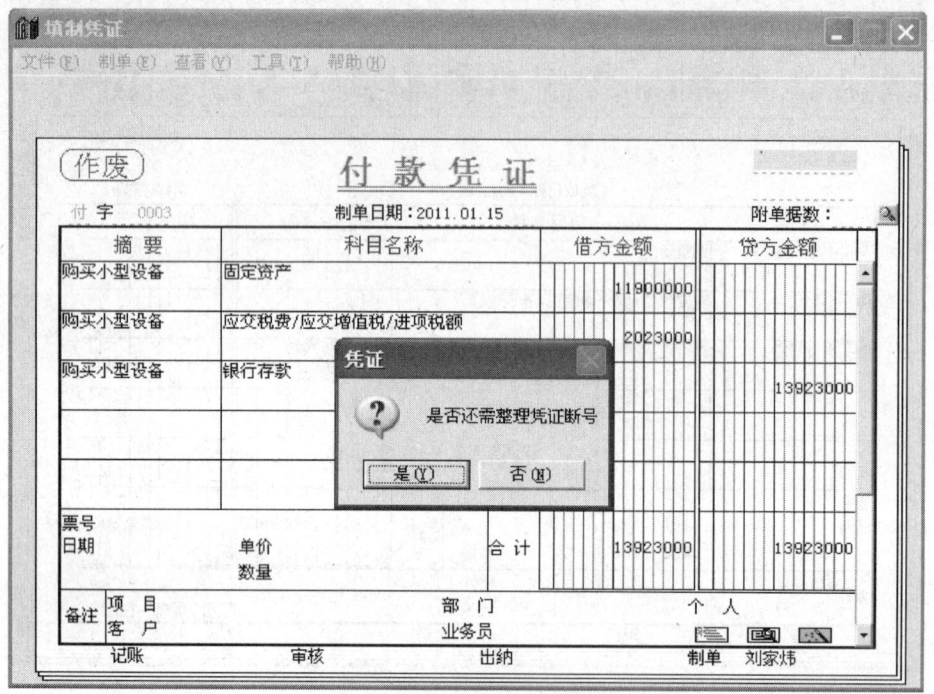

图 2-17　整理断号提示

况,保证填制凭证的正确性。

任务 2-12　查询 2011 年 1 月,尚未记账的 1 号付款凭证。

操作步骤

方法一:

在"填制凭证"窗口中,单击【查询】按钮或者选择【查看】|【查询】选项,打开"凭证查询"对话框。

方法二:

(1) 在"畅捷通 T3-企业管理信息化软件教育专版"窗口中,选择【总账】|【凭证】|【查询凭证】选项,打开"凭证查询"对话框,如图 2-18 所示。

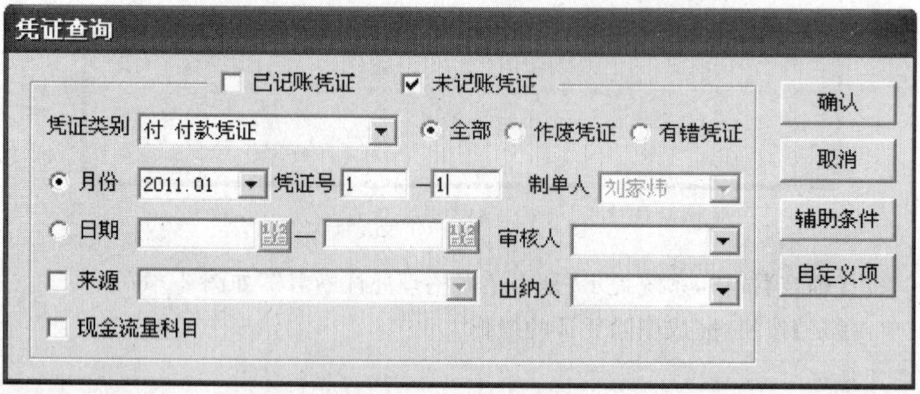

图 2-18　"凭证查询"对话框

（2）选择"未记账凭证"复选框。

（3）选择"凭证类别"下拉列表框中的"付款凭证"选项。

（4）输入凭证号"1"至"1"，其他栏目可以为空。

（5）单击【确认】按钮，打开"查询凭证"对话框，单击【确定】按钮，即可找到符合查询条件的凭证，如图 2-19 所示。

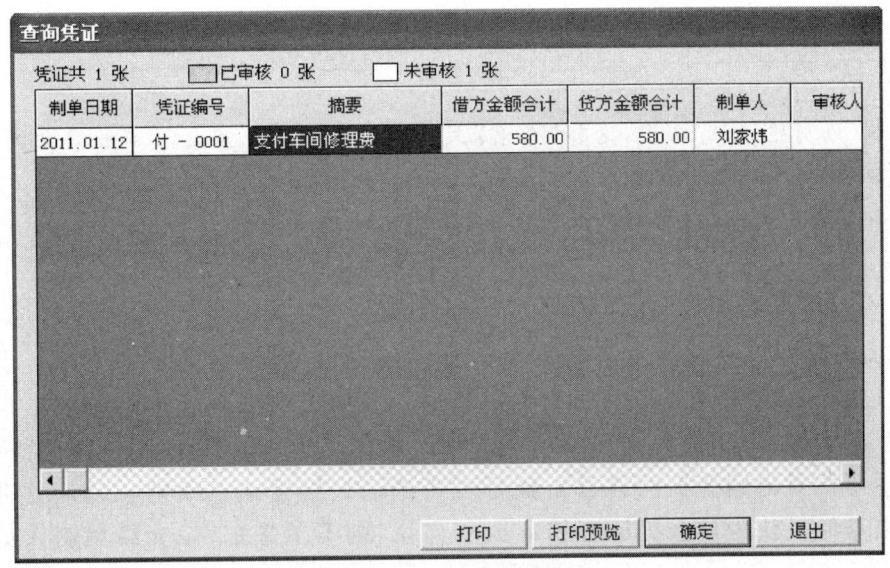

图 2-19 查找到的凭证

（6）单击【确定】按钮，打开 0001 号付款凭证，如图 2-20 所示。

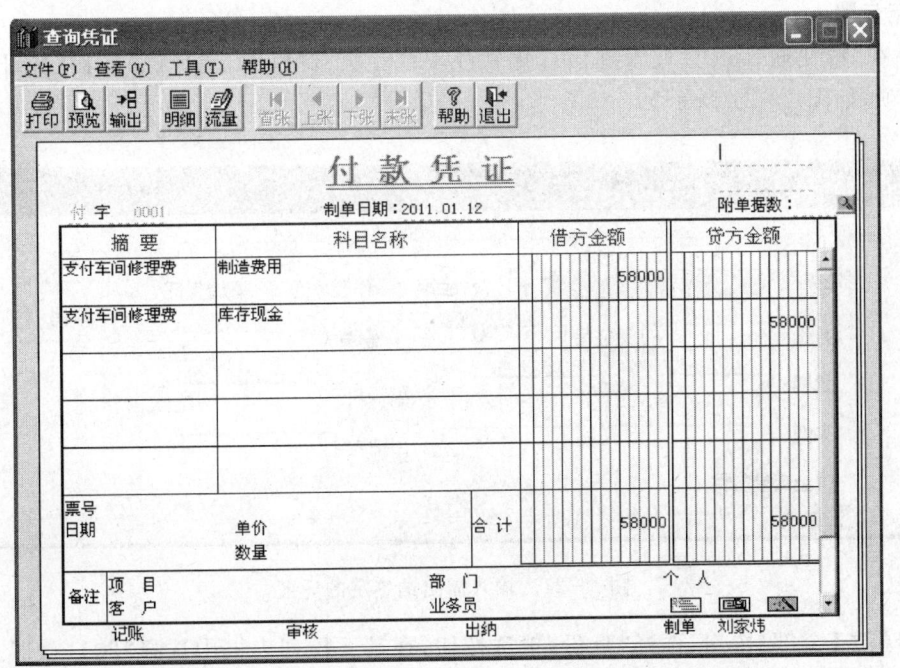

图 2-20 查找到的凭证

单击已查到凭证的右下方图标 （左一），将显示当前分录是第几条分录；单击凭证右下方的图标 [回处]（中间），则显示生成该分录的原始单据类型、单据日期及单据号；单击凭证右下方的图标 [×入]（右一），显示当前科目的自定义内容或辅助项内容。

在各会计分录间移动光标，备注栏将动态显示出该分录的辅助信息。

提示

- 在"填制凭证"窗口中，选择"查看"菜单中的选项可以查看当前科目最新余额、外部系统制单信息以及联查明细账等。
- 如果凭证尚未记账，则可以直接在填制凭证功能中查看。

2.3.2 出纳签字

为了加强企业库存现金收入与支出的管理，应加强对出纳凭证的管理。出纳凭证的管理可以采用多种方法，其中出纳签字就是主要的方法之一。出纳签字是指由出纳人员通过"出纳签字"功能对制单员填制的带有库存现金和银行存款科目的凭证进行检查核对，主要核对出纳凭证的科目金额是否正确。如果凭证正确则在凭证上进行出纳签字；经审查如果认为该张凭证有错误或有异议，则不予签字，应交给填制人员修改后再核对。

任务 2-13 以"CW3 王强"的身份登录 100 账套，将 2011 年 1 月份所填制的收付凭证进行出纳签字。

操作步骤

（1）在"畅捷通 T3-企业管理信息化软件教育专版"窗口中，选择【总账】|【凭证】|【出纳签字】选项，如图 2-21 所示。

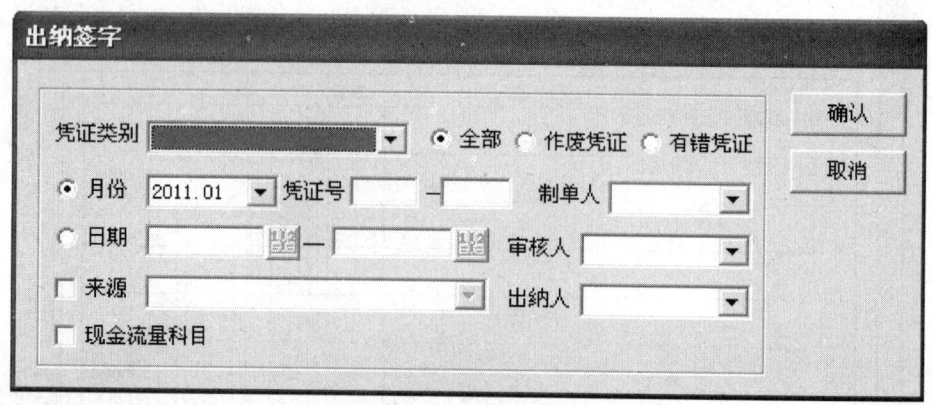

图 2-21 输入需出纳签字的凭证

（2）单击【全部】按钮，选择"月份"单选按钮，在其下拉列表框中选择"2011.01"。

（3）单击【确认】按钮，显示符合条件的凭证，如图 2-22 所示。

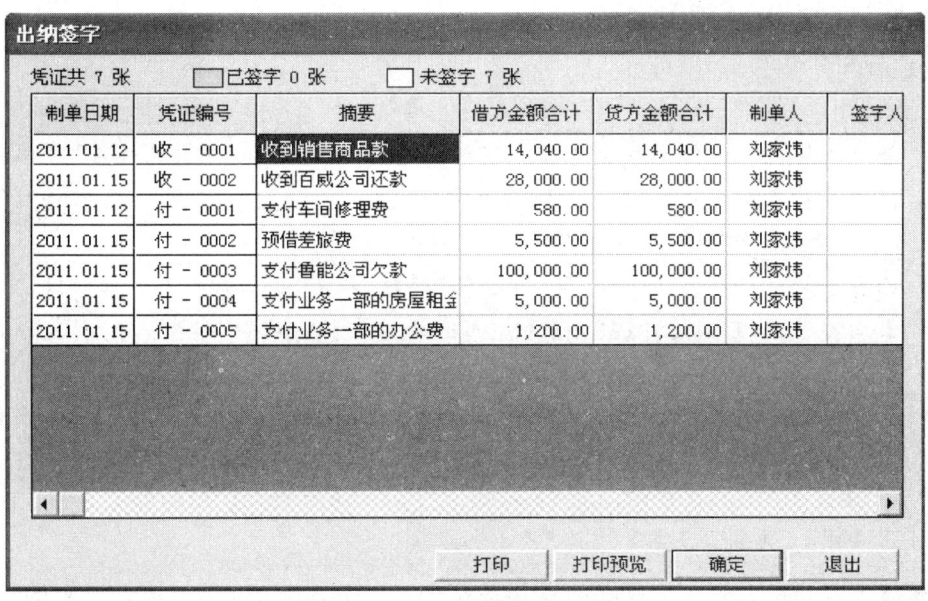

图 2-22 显示符合条件的凭证

（4）单击【确定】按钮，打开一张需签字的凭证。

（5）检查核对无误后，单击【签字】按钮，系统在凭证的"出纳"处自动签上出纳的姓名，如图 2-23 所示。

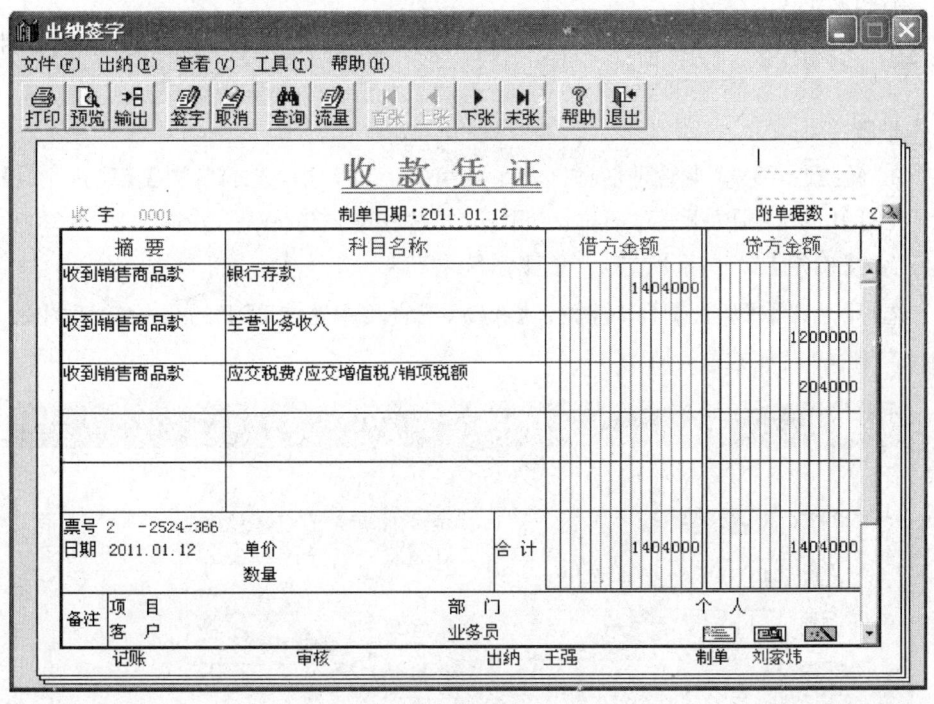

图 2-23 已进行出纳签字的凭证

（6）单击【下张】按钮，对其他的凭证进行签字处理。

提示

- 若对出纳凭证进行签字操作应做好两项准备。即在具有"出纳签字"权限的操作员和在系统初始化的科目设置中指定"库存现金"为"现金总账科目","银行存款"为"银行总账科目"。
- 已签字凭证仍有错误,则需单击"取消"按钮,取消签字,再由制单人修改。
- 出纳签字时,可以选择【签字】|【成批出纳签字】选项;取消签字时,则可以选择【签字】|【成批取消签字】选项,完成相应的操作。
- 凭证一经签字,不能被修改、删除,只有取消签字后才可以进行,取消签字只能由出纳本人进行操作。

2.3.3 审核凭证

审核凭证是指由具有审核权限的操作员按照会计制度规定,对制单人填制的记账凭证进行合法性检查。其目的是防止错误及舞弊。

凭证审核时,可直接由具有审核权限的操作员根据原始凭证,对未记账的凭证进行审核,对正确的记账凭证,发出签字指令,计算机会在凭证上填上审核人名字。按照有关规定,制单人和审核人不能是同一个人,如果当前操作员与制单人相同,则应通过重新注册功能更换操作员后再进行审核操作。

任务 2-14 以 CW1(张悦,口令:000000)的身份登录注册 100 账套,审核 1 月份填制的凭证。

操作步骤

(1) 在"畅捷通 T3-企业管理信息化软件教育专版"窗口中,选择【文件】|【重新注册】选项。

(2) 在打开的"注册总账"对话框的"用户名"栏中录入"CW1",并输入密码"000000"。

(3) 单击【确定】按钮,重新进入"总账系统"窗口。

(4) 选择【总账】|【凭证】|【审核凭证】选项,或直接单击桌面上的审核凭证图标,打开"凭证审核"对话框,如图 2-24 所示。

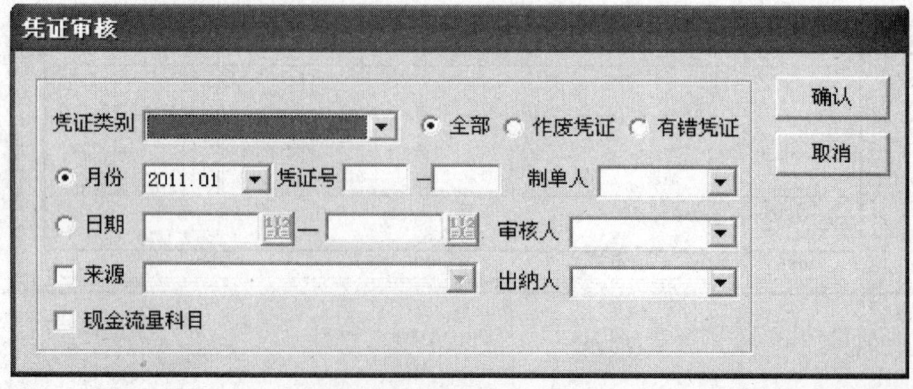

图 2-24 "凭证审核"对话框

（5）单击【确认】按钮，系统显示全部的记账凭证，如图 2-25 所示。

制单日期	凭证编号	摘要	借方金额合计	贷方金额合计	制单人	审核人
2011.01.12	收 - 0001	收到销售商品款	14,040.00	14,040.00	刘家炜	
2011.01.15	收 - 0002	收到百威公司还款	28,000.00	28,000.00	刘家炜	
2011.01.12	付 - 0001	支付车间修理费	580.00	580.00	刘家炜	
2011.01.15	付 - 0002	预借差旅费	5,500.00	5,500.00	刘家炜	
2011.01.15	付 - 0003	支付鲁能公司欠款	100,000.00	100,000.00	刘家炜	
2011.01.15	付 - 0004	支付业务一部的房屋租金	5,000.00	5,000.00	刘家炜	
2011.01.15	付 - 0005	支付业务一部的办公费	1,200.00	1,200.00	刘家炜	

凭证共 7 张　　已审核 0 张　　未审核 7 张

对照式审核　取消审核　打印　打印预览　确定　退出

图 2-25　显示符合条件的凭证

（6）单击【确定】按钮，打开待审核的记账凭证。

（7）对凭证进行检查并确定无误后，单击【审核】按钮；如认为有错误，可单击【标错】按钮。已审核的第 0001 号收款凭证如图 2-26 所示。

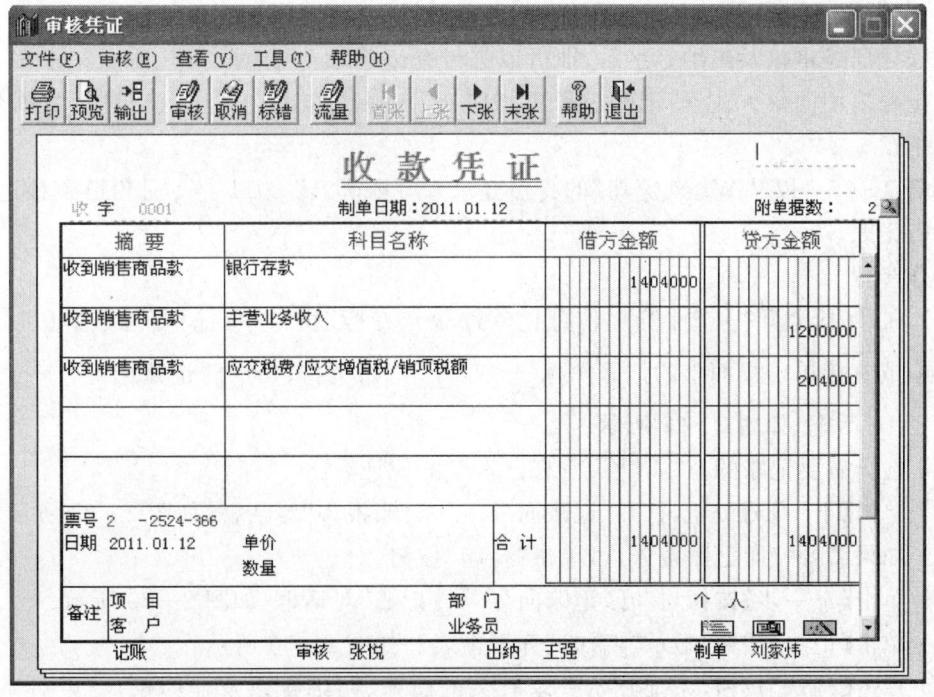

图 2-26　已审核的凭证

（8）以此方法继续审核其他的记账凭证。

提示

- 在确认一批凭证无错误时可以选择【审核】|【成批审核凭证】功能，可以完成成批审核的操作。
- 作废凭证不能被审核，也不能被标错。
- 审核人和制单人不能是同一个人。
- 凭证一经审核，不能被修改和删除，只有取消审核签字后才能进行修改或删除。
- 已标错的凭证不能被审核，需先取消标错后才能进行审核。

2.3.4 记账

记账是以会计凭证为依据，将经济业务全面、系统、连续地记录到具有账户基本结构的账簿中的一种方法。

在手工方式下，记账是由会计人员根据已审核的记账凭证及所附有的原始凭证逐笔或汇总后登记有关的总账和明细账等账簿。

在电算化方式下，记账是由有记账权限的操作员发出记账指令，由计算机按照预先设计的记账程序自动进行合法性检查、科目汇总并登记账簿等。

1. 记账

记账凭证经审核及出纳签字后，即可以进行登记总账、明细账、日记账及往来账等操作。本系统记账采用向导方式，使记账过程更加明确，记账工作由计算机自动进行数据处理，不用人工干预。

任务 2-15 以"CW2 刘家炜"的身份登录 100 账套，将 2011 年 1 月份已审核过的记账凭证进行记账。

操作步骤

（1）在"畅捷通 T3-企业管理信息化软件教育专版"窗口中，选择【总账】|【凭证】|【记账】选项，或直接单击桌面上的记账图标，打开"记账"窗口，打开"记账向导——选择本次记账范围"对话框，如图 2-27 所示。

（2）选择需要记账的范围，默认所有已审核的凭证。

（3）单击【下一步】按钮，打开"记账向导——记账报告"对话框，如图 2-28 所示。

（4）如果需要打印记账报告，可单击"打印"按钮。

（5）单击【下一步】按钮，打开"记账向导——记账"对话框，如图 2-29 所示。

（6）单击【记账】按钮，显示"期初试算平衡表"，如图 2-30 所示。

（7）单击【确认】按钮，系统开始登录有关的总账、明细账以及辅助账，结束后系统弹出"记账完毕！"的提示对话框，如图 2-31 所示。

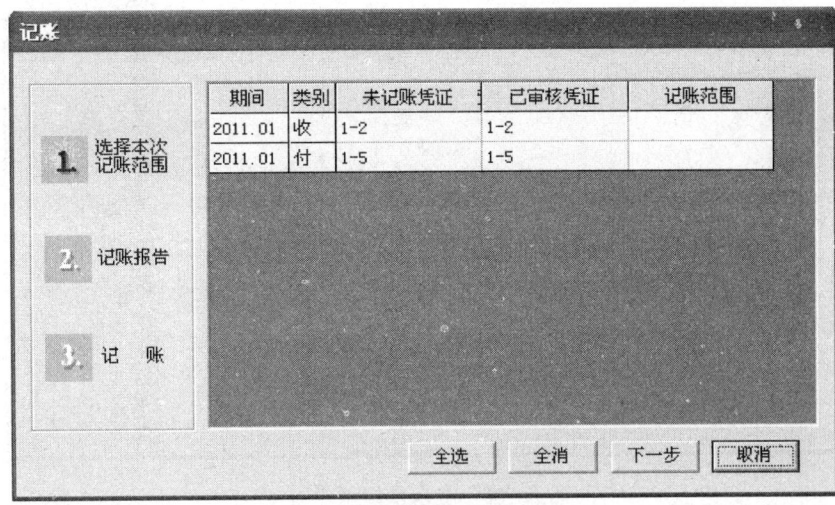

图 2-27　选择本次记账范围

图 2-28　记账报告

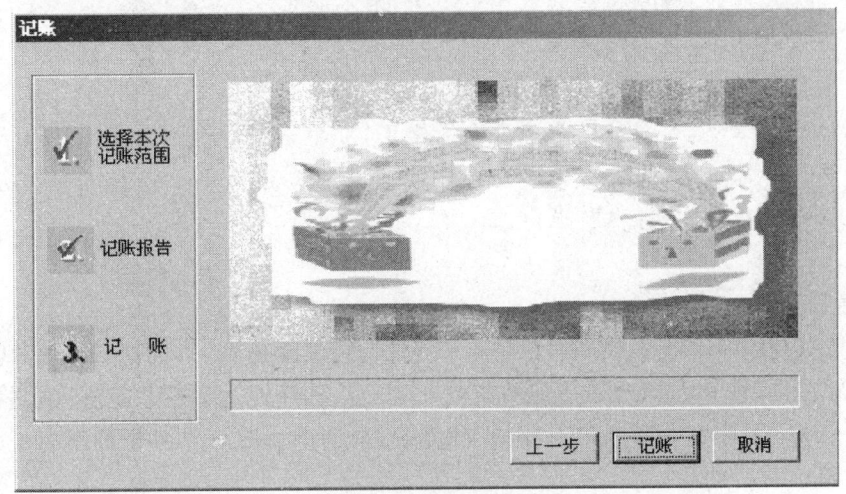

图 2-29　记账

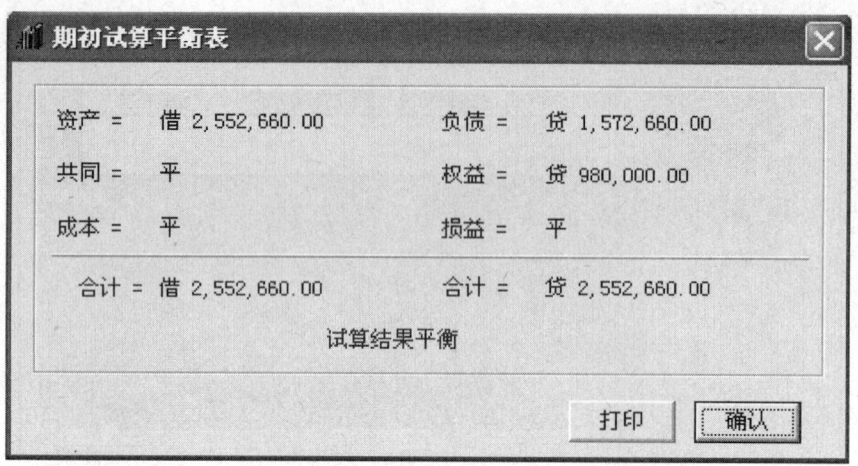

图 2-30 显示试算平衡表

图 2-31 记账完毕的提示

（8）单击【确定】按钮。

 **提 示**

- 记账范围可输入数字、"一"和","。
- 第一次记账时,若期初余额试算不平衡,则不能记账。
- 上月未结账,本月不能记账。
- 作废凭证不需审核可直接记账。
- 在记账过程中,如果发现某一步设置错误,可单击"上一步"按钮返回后进行修改。如果不想再继续记账,可单击"取消"按钮,取消本次记账工作。
- 在记账过程中,不得中断退出。

2. 取消记账

如果由于某种原因,事后发现本月已记账的凭证有错误且必须在本月进行修改,则可利用"恢复记账前状态"功能,将本月已记账的凭证恢复到未记账状态,然后进行修改、审核后再进行记账。

任务 2-16 以账套主管"CW1 张悦"的身份,取消 100 账套 1 月份的所有记账操作。

操作步骤

（1）在"畅捷通 T3-企业管理信息化软件教育专版"窗口中,选择【总账】|【期末】|【对

账】选项,打开"对账"对话框。

(2)单击"2011.01"月份所在行,按 Ctrl＋H 键,激活恢复记账前的状态功能,如图 2－32 所示。

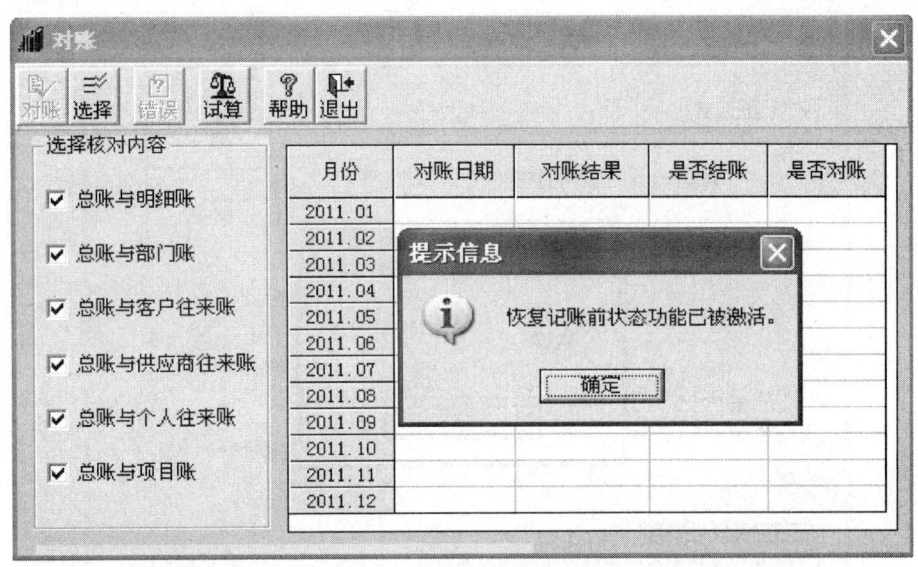

图 2－32 激活恢复记账前状态

(3)单击【确定】按钮。

(4)单击【退出】按钮,返回到"畅捷通 T3－企业管理信息化软件教育专版"窗口中。

(5)选择【总账】|【凭证】|【恢复记账前状态】选项,打开该窗口,选择"2011 年 01 月初状态"前的单选按钮,如图 2－33 所示。

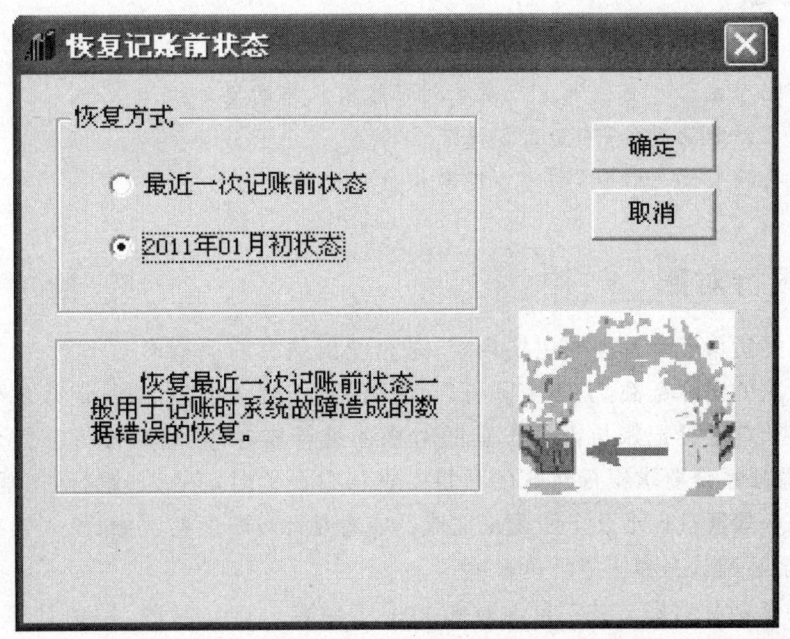

图 2－33 "恢复记账前状态"对话框

(6) 单击【确定】按钮，系统弹出"请输入主管口令"对话框。

(7) 输入主管的口令"000000"，单击【确认】按钮。

(8) 系统提示"恢复记账完毕!"提示对话框，如图 2-34 所示。

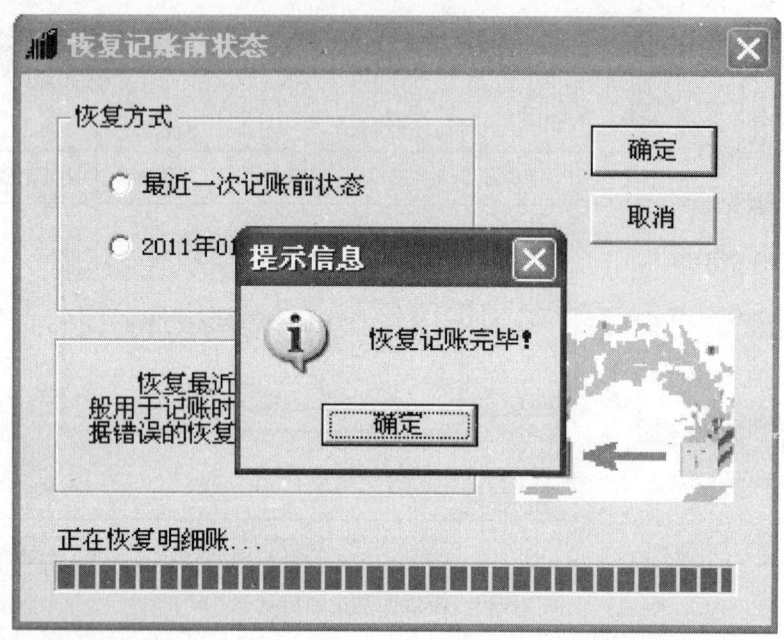

图 2-34　恢复记账完毕

(9) 单击【确定】按钮返回。

 **提示**

- 只有账套主管才有权限进行恢复到记账前状态的操作。
- 对于已结账的月份，不能恢复记账前状态。
- 如果再按 Ctrl＋H 键，则可以隐藏恢复记账前状态功能。

2.4　银行对账

　　银行对账是货币资金管理的主要内容，是企业出纳员的最基本工作之一。为了能够准确掌握银行存款的实际金额，了解实际可以动用的货币资金数额，防止记账发生差错，企业必须定期将银行存款日记账与银行出具的对账单进行核对，并编制银行存款余额调节表。在计算机中，总账系统要求银行对账的科目是在科目设置时定义为"银行账"辅助账类的科目。银行对账一般通过以下几个步骤来完成：录入银行对账期初金额、录入银行对账单、银行对账、编制余额调节表和核销已达账项。

　　系统提供了两种对账方式：自动对账和手工对账。自动对账，即由计算机进行银行对账，是计算机根据对账依据将银行日记账未达账项与银行对账单进行自动核对和勾销。

手工对账是对自动对账的补充。采用自动对账后,可能还有一些特殊的已达账项尚未勾对出来而被视作未达账项。为了彻底保证银行账能够准确,可以通过手工对账进行调整勾销。

2.4.1 录入银行对账期初数据

第一次使用银行对账功能前,系统要求录入日记账、对账单的期初余额及未达账项,在开始使用银行对账之后则由系统自动生成下一个月份的期初余额及未达账项,不再需要手工输入。

任务 2 - 17 由 CW3(王强,口令为 000000)进行银行对账。银行对账的启用日期为:2011 年 1 月 1 日。单位日记账最后一次银行对账期末余额为 293 230 元,没有未达账项;银行对账单中最后一次银行对账期末余额为 286 966 元,企业已收但银行未收的未达账项为2 300 元和 18 242 元,企业已付但银行未付的未达账项为 14 278 元。

操作步骤

(1) 由系统管理员"admin"已经在【系统管理】|【权限】|【权限】功能中设置了"CW3"拥有 100 账套"现金管理"的操作权限。

(2) 在"畅捷通 T3 -企业管理信息化软件教育专版"窗口中,选择【现金】|【设置】|【银行期初录入】选项,打开"银行科目选择"对话框,如图 2 - 35 所示。

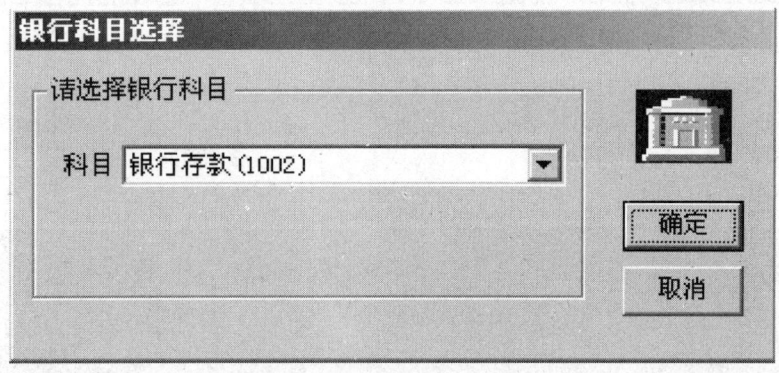

图 2 - 35 选择银行科目

(3) 选择"科目"下拉列表框中的"银行存款(1002)"选项。

(4) 单击【确定】按钮,打开"银行对账期初"对话框。

(5) 单击日期按钮,确定启用日期为"2011.01.01"。

(6) 在单位日记账中的调整前余额栏中输入"293 230",在银行对账单的调整前余额栏中输入"286 966",如图 2 - 36 所示。

(7) 单击"日记账期初未达项"按钮,打开"企业方期初"对话框,如图 2 - 37 所示。

(8) 单击【增加】按钮,选择日期为"2010.12.31",输入借方金额为"2 300",再单击【增加】按钮,选择日期为"2010.12.31",输入借方金额"18 242",再单击【增加】按钮,选择日期为"2010.12.31",输入贷方金额"14 278"。

(9) 单击【保存】按钮,保存已录入的数据。

(10) 单击【退出】按钮,返回"银行对账期初"对话框,系统显示调整前余额、未达账项及

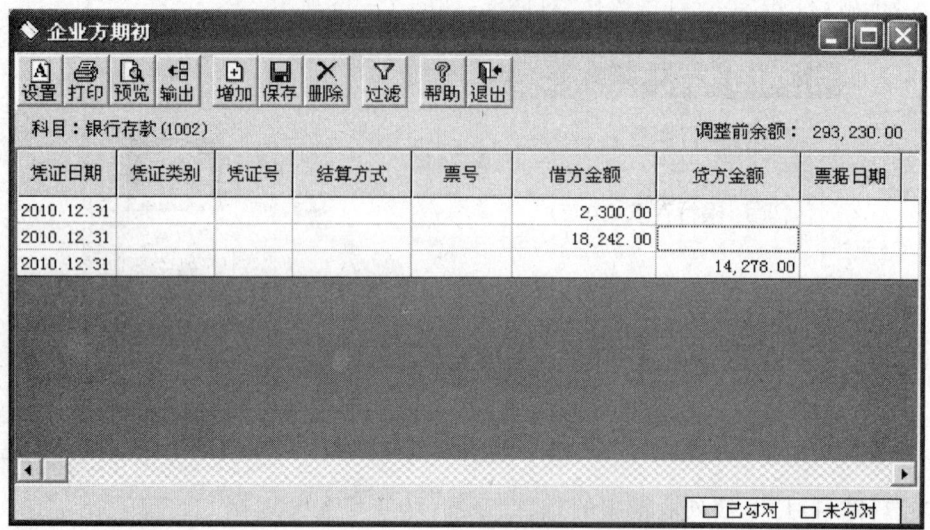

图 2-36 "银行对账期初"对话框

图 2-37 "企业方期初"对话框

调整后余额,如图 2-38 所示。

(11) 单击【退出】按钮。

 **提示**

在录入单位日记账、银行对账单期初未达账项后,请不要随意调整启用日期,尤其是向前调,这样可能会造成启用日期后的期初数不能再参与对账。

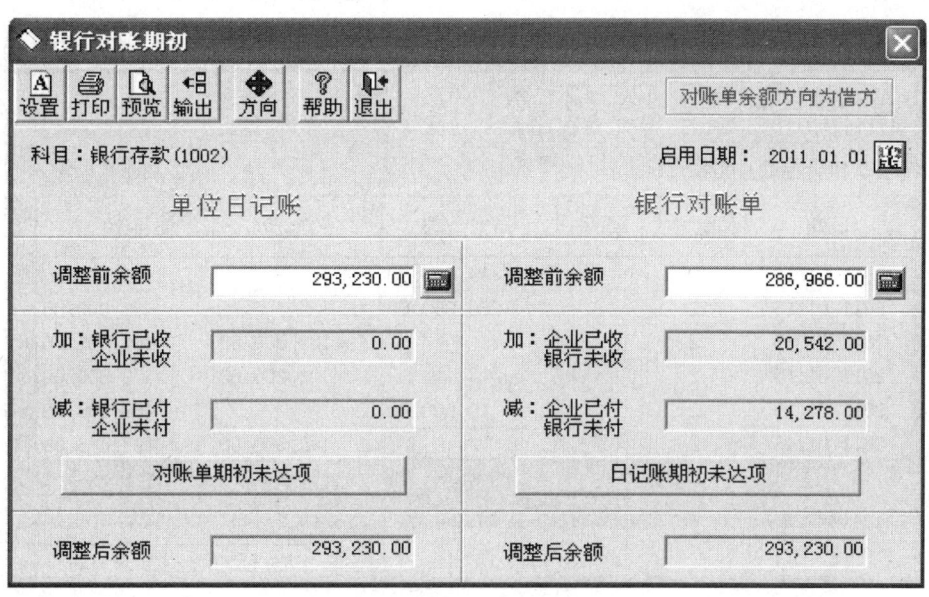

图 2-38 "银行对账期初"对话框

2.4.2 录入银行对账单

要实现计算机自动进行银行对账,在每月月末对账前,必须将银行开出的银行对账单输入计算机,存入"对账单文件"。

任务 2-18 收到银行对账单,如表 2-2 所示。

表 2-2   银 行 对 账 单

日 期	结算方式	借 方	贷 方	方 向	余 额
2011 年 1 月 12 日	转账支票	14 040		借	301 006
2011 年 1 月 15 日	转账支票	280 000		借	581 006
2011 年 1 月 15 日	转账支票		100 000	借	481 006
2011 年 1 月 15 日	转账支票		1 200	借	479 806
2011 年 1 月 30 日	转账支票	10 000		借	489 806
2011 年 1 月 31 日	转账支票		2 000	借	487 806

操作步骤

(1)在"畅捷通 T3-企业管理信息化软件教育专版"窗口中,选择【现金】|【现金管理】|【银行账】|【银行对账单】选项,打开"银行科目选择"对话框。

(2)选择"科目"下拉列表框中的"银行存款(1002)"选项。

(3)单击【确定】按钮,进入"银行对账单"窗口。

(4)单击【增加】按钮,输入日期为"2011.01.12"、结算方式"转账支票"、借方金额为"14 040"。

(5)单击【增加】按钮,继续输入对账单上的其他数据资料,如图 2-39 所示。

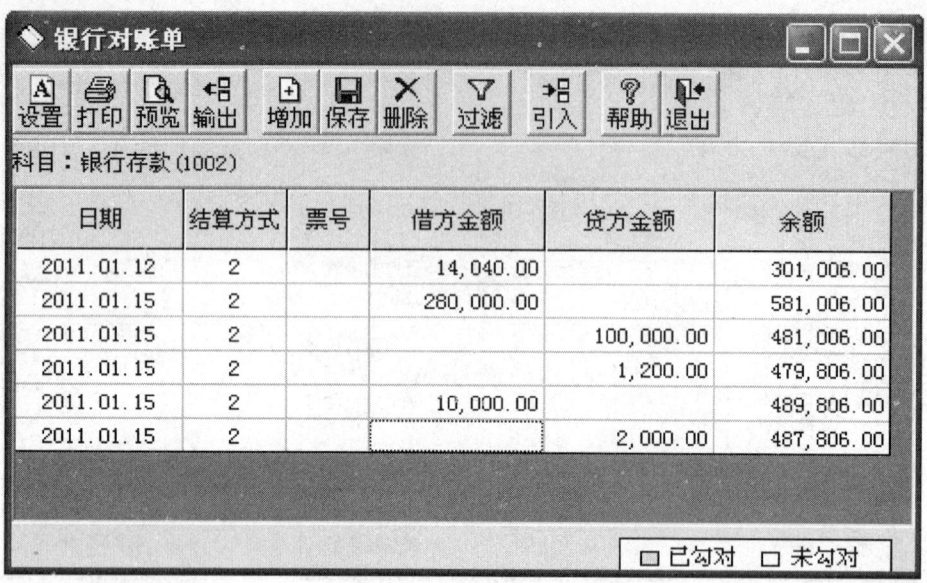

图 2-39　"银行对账单"窗口

(6) 单击【保存】按钮,再单击【退出】按钮。

 **提示**

● 输入每笔经济业务的金额后,单击 Enter 键,系统自动计算出该日的银行存款余额。

● 若企业在多家银行开户,则对账单应与其对应账号所对应的银行存款下的末级科目一致。

2.4.3　对账

银行对账采用自动对账与手工对账相结合的方式。自动对账是计算机根据对账依据自动进行核对和勾销,对账依据由用户根据需要选择。

1. 自动对账

任务 2-19　以最大条件对 1 月份的银行存款业务进行银行对账。

操作步骤

(1) 在"畅捷通 T3-企业管理信息化软件教育专版"窗口中,选择【现金】|【现金管理】|【银行账】|【银行对账】选项,打开"银行科目选择"对话框。

(2) 选择"科目"下拉列表框中的"银行存款(1002)"选项,默认系统选项为"显示已达账"。

(3) 单击【确定】按钮,进入"银行对账"窗口,如图 2-40 所示。

(4) 单击【对账】按钮,打开"自动对账——对账条件"对话框,如图 2-41 所示。

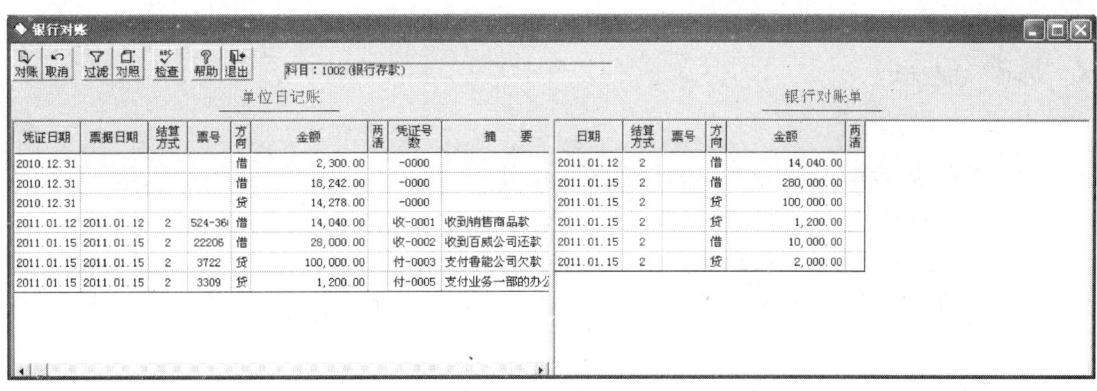

图 2-40 "银行对账"窗口

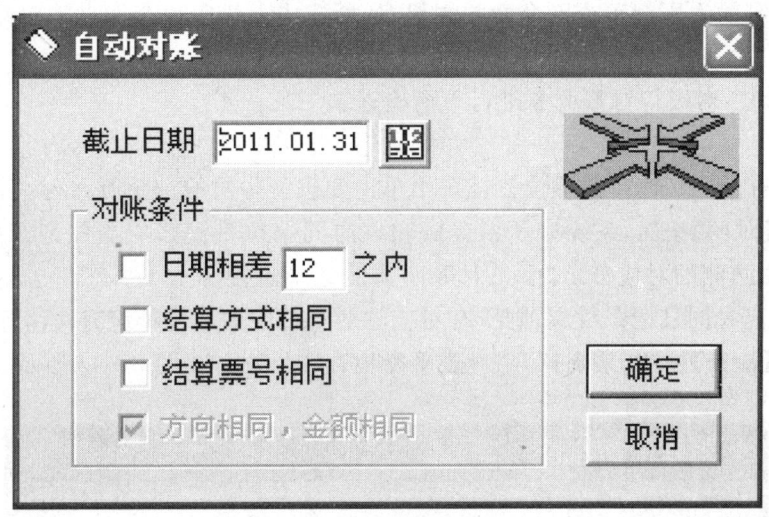

图 2-41 选择对账条件

（5）单击日期按钮,选择截止日期为"2011.01.31"。

（6）选中"日期相差 12 天之内"、"结算方式相同"、"结算票号相同"复选框,取消这三个对账条件的限制,以最大条件来进行银行对账。

（7）单击【确定】按钮,系统进行自动对账,并显示自动对账结果,如图 2-42 所示。

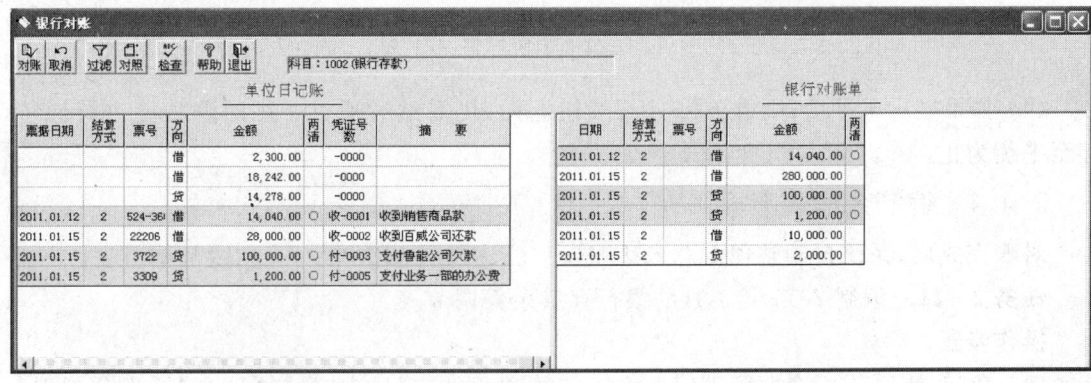

图 2-42 显示自动对账结果

 提示

- 对账条件中的方向、金额相同是必选条件。
- 对账截止日期可输可不输。
- 对于已达账项,系统自动在银行存款日记账和银行对账单双方的"两清"栏打上圆圈标志,其所在行背景色变为绿色。

2. 手工对账

由于系统中的银行未达账项是通过凭证处理自动形成的,期间有人工录入过程,可能存在有关项目内容输入不规范或不全面的情况,从而造成无法实现全面自动对账,此时可以采用系统提供的手工对账功能。

任务 2 - 20 对银行对账业务进行平衡检查。

操作步骤

(1) 在"银行对账"窗口的单位日记账中单击要进行勾对的记录所在行。

(2) 单击【对照】按钮,系统显示出金额和方向同单位日记账中当前记录相似的银行对账单,双击左右两侧的对应分录,手工对账两清的记录上便标上了"√"标志,如果在对账单中有两笔以上记录同日记账对应,则所有对应的对账单中的记录都应有两清标志。

(3) 单击【检查】按钮,系统打开"对账平衡检查"对话框,如图 2 - 43 所示。

平衡检查	单位日记账	银行对账单
收入合计	14,040.00	14,040.00
支出合计	101,200.00	101,200.00

图 2 - 43 "对账平衡检查"对话框

(4) 如果显示不平衡,则单击【确认】按钮返回,仍需继续通过手工对账功能进行调整,直至平衡为止。

2.4.4 编制余额调节表

对账完成后,系统自动整理汇总未达账项和已达账项,生成银行存款余额调节表。

任务 2 - 21 编制 2011 年 1 月的银行存款余额调节表。

操作步骤

(1) 在"畅捷通 T3 - 企业管理信息化软件教育专版"窗口中,选择【现金】|【现金管理】|

【银行账】|【余额调节表查询】选项,打开"银行存款余额调节表"窗口,如图 2-44 所示。

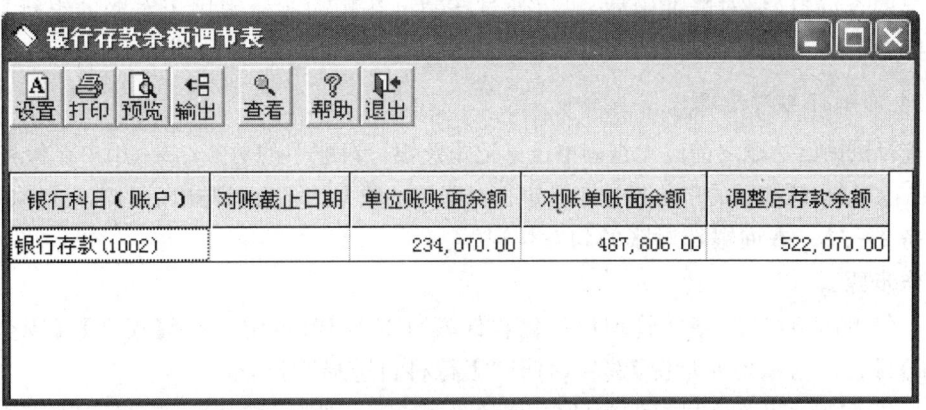

图 2-44 "银行存款余额调节表"窗口

(2)单击【查看】按钮,可查看详细的银行存款余额调节表,如图 2-45 所示。

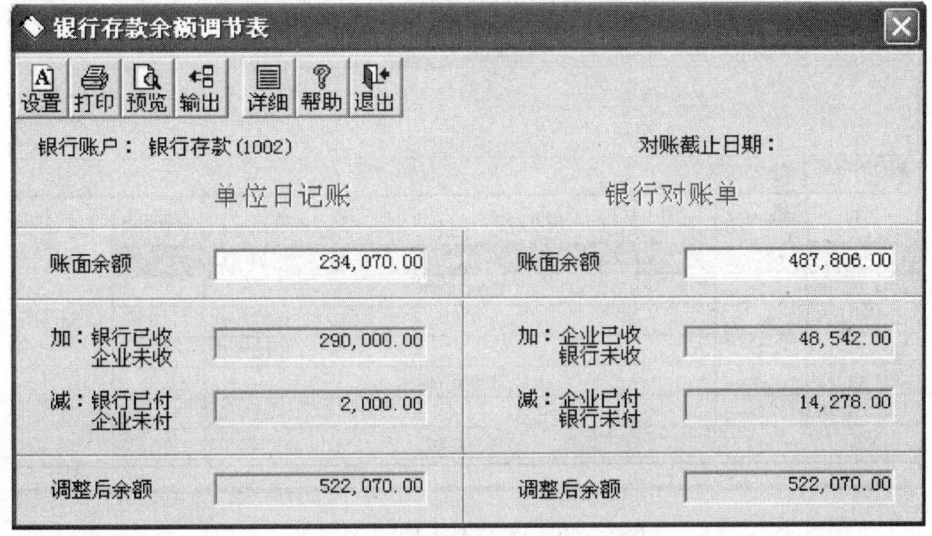

图 2-45 查看银行存款余额调节表

(3)单击【退出】按钮。

 **提示**

该表为截止到对账截止日期的余额调节表,若无对账截止日期,则为最新余额调节表。

2.4.5 核销已达账

在总账系统中,用于银行对账的银行日记账和银行对账单的数据是会计核算和财务管

理的辅助数据。正确对账后,已达账项数据无保留价值,因此,通过上述对账的结果和对账明细情况的查询,确信对账准确后,可以通过核销已达账功能核销用于对账的银行日记账和银行对账单的已达账项。

1. 查询银行勾对情况

在进行核销已达账之前应先查询单位日记账及银行对账单的对账结果,用户在检查无误后,可核销已达账项,核销后的单位日记账及银行对账单的数据将不再参与以后的银行存款勾对。

任务 2-22 查询银行对账的勾对情况。

操作步骤

(1) 在"畅捷通 T3-企业管理信息化软件教育专版"窗口中,选择【现金】|【现金管理】|【银行账】|【查询对账勾对情况】选项,打开"银行科目选择"对话框。

(2) 选择"科目"下拉列表框中的"银行存款(1002)"选项,选择"全部显示"单选按钮。

(3) 单击【确定】按钮,进入"查询银行勾对情况"窗口,打开"银行对账单",如图 2-46 所示。

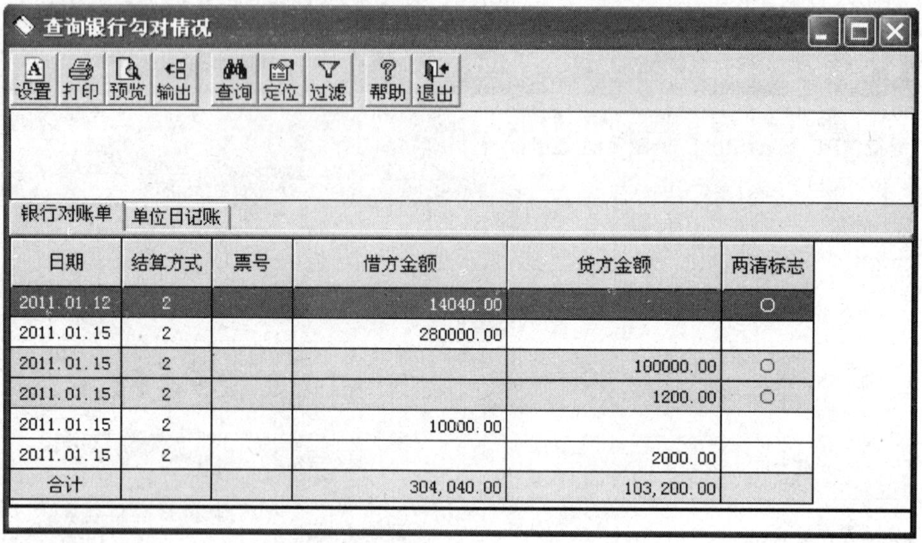

日期	结算方式	票号	借方金额	贷方金额	两清标志
2011.01.12	2		14040.00		○
2011.01.15	2		280000.00		
2011.01.15	2			100000.00	○
2011.01.15	2			1200.00	○
2011.01.15	2		10000.00		
2011.01.15	2			2000.00	
合计			304,040.00	103,200.00	

图 2-46 "银行对账单"勾对情况

(4) 单击【退出】按钮,返回"总账系统"窗口。

2. 核销银行账

核销用于对账的银行日记账和银行对账单的已达账项,核销后已达账项消失,不能被恢复。

如果银行对账不平衡,则不能使用核销银行账的功能。

核销银行账不影响银行日记账的查询和打印。

任务 2-23 核销已完成对账的银行账。

操作步骤

(1) 在"畅捷通 T3-企业管理信息化软件教育专版"窗口中,选择【现金】|【现金管理】|【银行账】|【核销银行账】选项,打开"核销银行账"对话框,如图 2-47 所示。

(2) 选择"核销银行科目"下拉列表框中的"银行存款(1002)"选项。

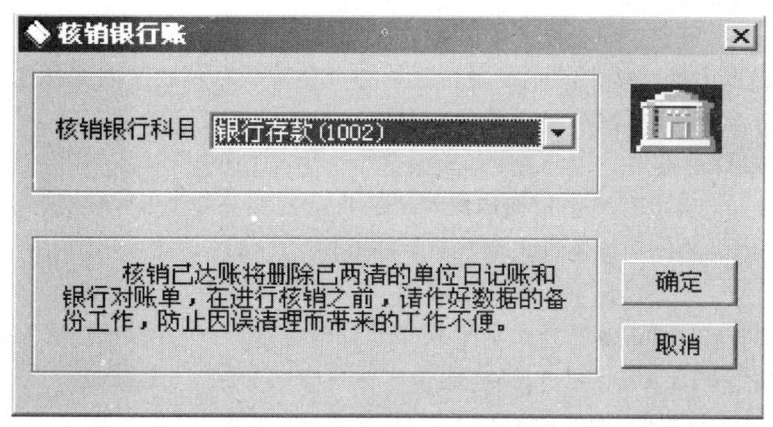

图 2-47　"核销银行账"对话框

（3）单击【确定】按钮，系统弹出"您是否确实要进行银行账核销？"的提示对话框，如图2-48所示。

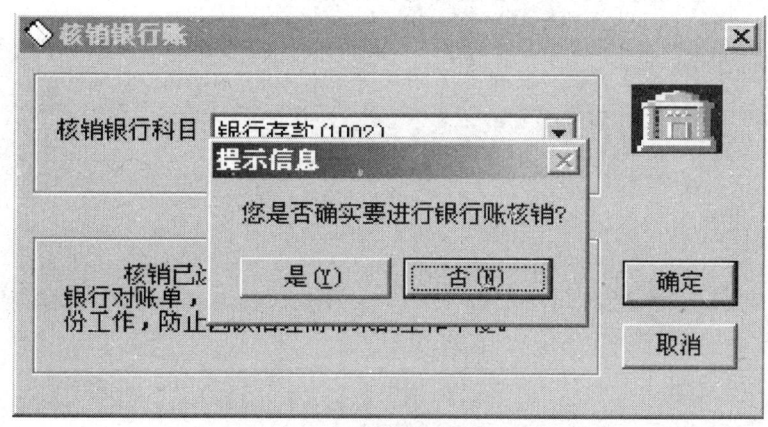

图 2-48　"核销银行账"的提示

（4）单击【否】按钮，单击【取消】按钮，暂不核销银行账。

注：此时已将完成现金管理业务处理的账套进行了备份，教师和学生均可以引入光盘中的账套进行下一步内容的学习和演练。文件名为"任务题用账套/（3）已完成现金管理的账套备份"。

2.5　期末处理

期末会计业务是指会计人员将本月所发生的日常经济业务全部登记入账后，在每个会计期末都需要完成一些特定的会计工作，主要包括：期末转账业务、试算平衡、对账以及结账等。由于各会计期间的许多期末业务均具有较强的规律性，因此由计算机来处理期末会计业务，不但可以规范会计业务的处理，还可以大大提高处理期末业务的工作效率。

2.5.1　定义转账凭证

转账凭证的定义提供了自定义转账凭证、对应结转、结转销售成本及结转期间损益等。

1. 自定义转账设置

由于各个企业的情况不同，必然会造成对各类成本费用的分摊结转方式不同。在电算化方式下,为了实现各个企业不同时期期末会计业务处理的通用性,用户可以自行定义自动转账凭证以完成每个会计期末的固定会计业务的自动转账。自定义转账凭证功能可以完成对各种费用的分配、分摊、计提、税金的计算及期间损益转账凭证的设置等。

1) 输入转账目录条件

任务 2-24 定义按月摊销长期待摊费用的自动转账分录。100 账套每月按期初"1801 长期待摊费用"10%的比例摊销计入"5101 制造费用"。

操作步骤

(1) 在"畅捷通 T3-企业管理信息化软件教育专版"窗口中,选择【总账】|【期末】|【转账定义】|【自定义结转】选项,打开"自动转账设置"对话框,如图 2-49 所示。

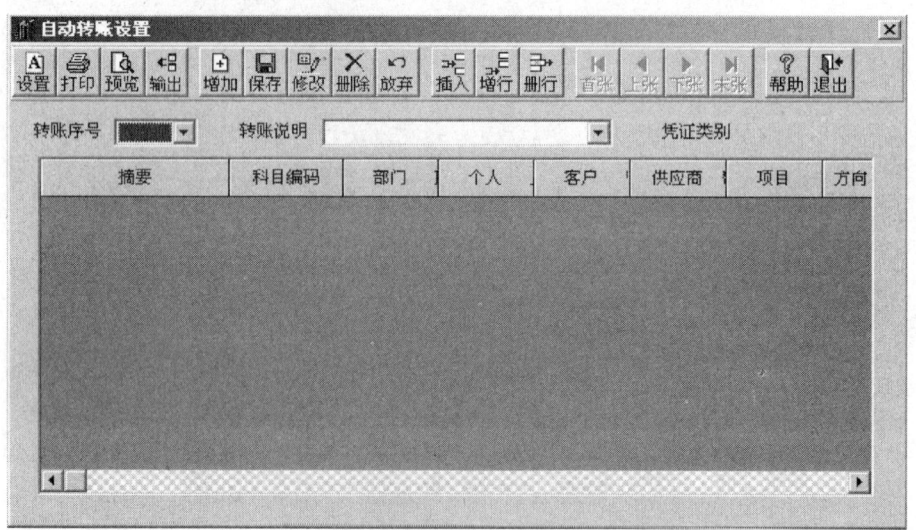

图 2-49 "自动转账设置"对话框

(2) 单击【增加】按钮,打开"转账目录"对话框,如图 2-50 所示。

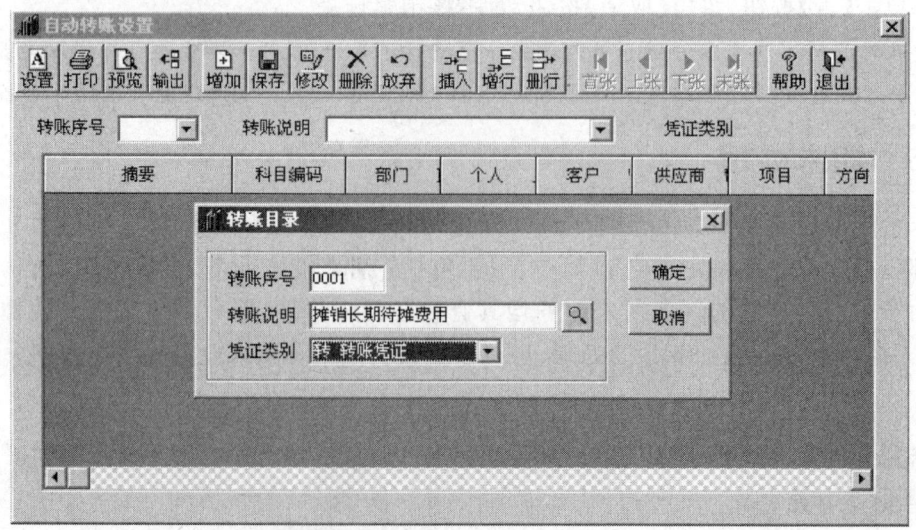

图 2-50 "转账目录"对话框

（3）输入转账序号"0001"、转账说明"摊销长期待摊费用"，选择"凭证类别"下拉列表框中的"转 转账凭证"选项。

提示

- 转账序号是指自定义转账凭证的代号，转账序号不是凭证号，可以任意定义，但只能输入数字和字母并且不能重号。
- 转账凭证号在执行自动转账时由系统生成，一张转账凭证对应一个转账序号。

2）定义借方转账分录信息

任务 2-25 摊销长期待摊费用业务的自动转账分录的借方信息为：科目"5101"、金额公式"JG（ ）"即结果函数。

操作步骤

（1）在"转账目录"对话框中，单击【确定】按钮，返回到"自动转账设置"对话框。

（2）输入科目编码"5101"，双击金额公式栏，出现参照按钮，单击参照按钮，打开"公式向导"对话框，如图 2-51 所示。

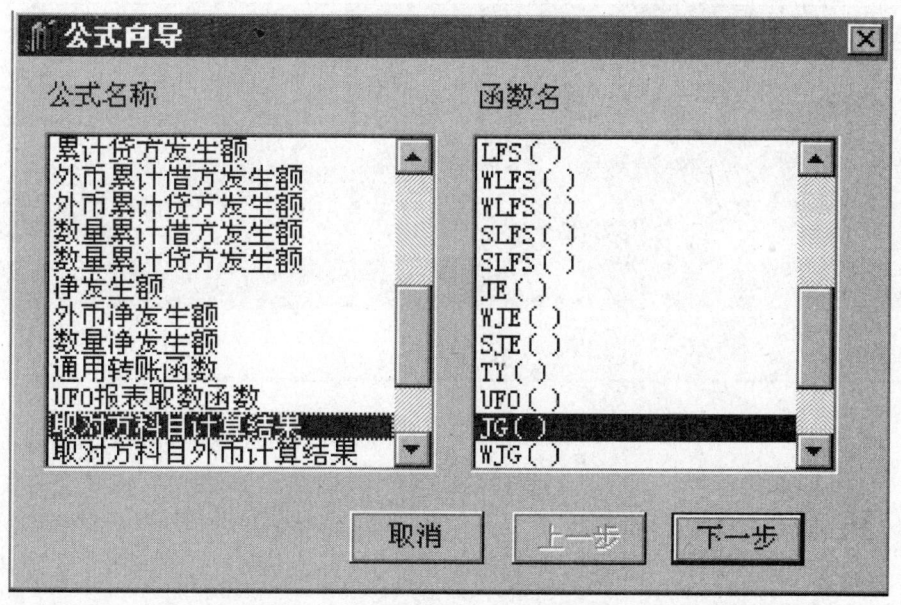

图 2-51 选择"取对方科目计算结果"函数

（3）选择公式名称"取对方科目计算结果"或函数名"JG（ ）"。

（4）单击【下一步】按钮，选择科目，如图 2-52 所示。

（5）单击【完成】按钮，返回"自动转账设置"对话框，如图 2-53 所示。

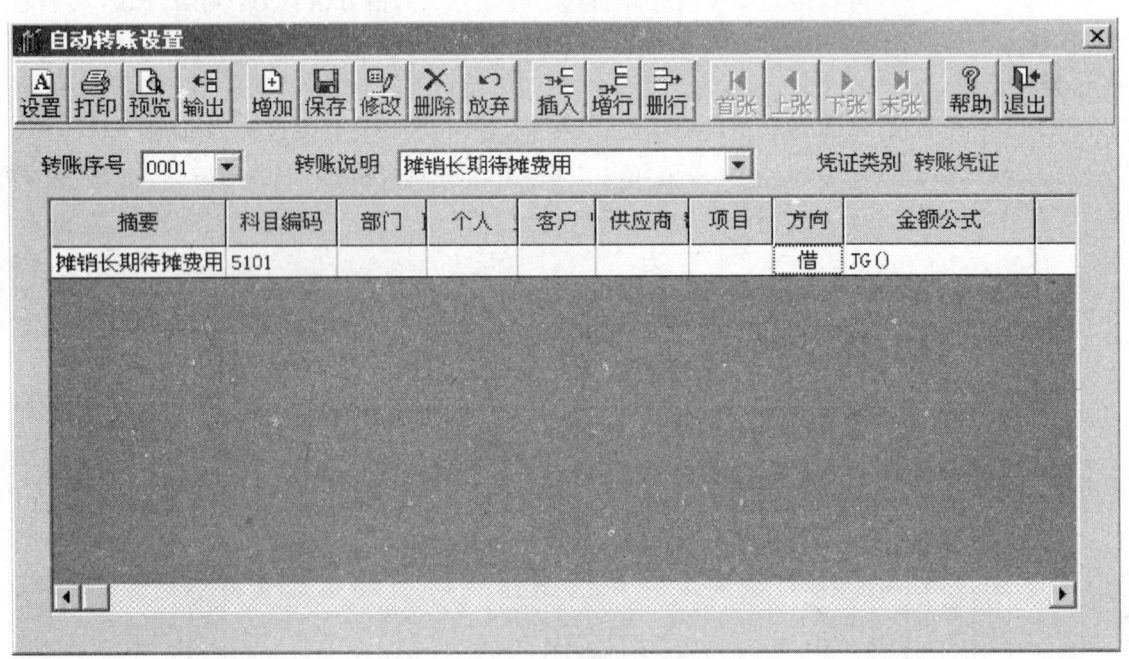

图 2-52 科目缺省

图 2-53 显示已输入的借方转账分录信息

提示

● 转账科目可以为非末级科目,部门可为空,表示所有部门。

● JG( )函数定义时,如果科目缺省,则取对方所有科目的金额之和。

● 如果公式的表达式明确,可直接输入公式。

3) 定义贷方转账分录信息

任务 2-26 摊销长期待摊费用业务的自动转账分录的贷方信息为:科目"1801"、金额公式"1801 科目的期初借方余额 10％"。

操作步骤

(1) 单击【增行】按钮,输入科目编码"1801",单击方向后的下三角按钮,选择"贷"选项,双击金额公式栏,出现参照按钮,单击按钮,打开"公式向导"对话框,如图 2-54 所示。

图 2-54　选择"期初余额"函数

(2) 选择公式名称"期初余额"或函数名"QC( )"。

(3) 单击【下一步】按钮。

(4) 输入或单击参照按钮选择科目"1801",确定期间为"月",方向为"借"。

(5) 选中"继续输入公式",再选择"乘"单选按钮,如图 2-55 所示。

(6) 单击【下一步】按钮,选择公式名称为"常数"。系统显示,如图 2-56 所示。

(7) 单击【下一步】按钮,系统显示,如图 2-57 所示。

(8) 输入常数为"0.1",单击【完成】按钮,返回"自动转账设置"对话框,如图 2-58 所示。

(9) 单击【保存】按钮,保存。

 **提示**

- 输入公式时,如果公式的表达式不太明确,可采用向导方式输入金额公式。
- 在函数公式中,选择期初、期末时,方向一般为空,应避免由于出现反向余额时发生取数错误。
- 可以直接在"金额公式"栏中输入公式、运算符号及常数。

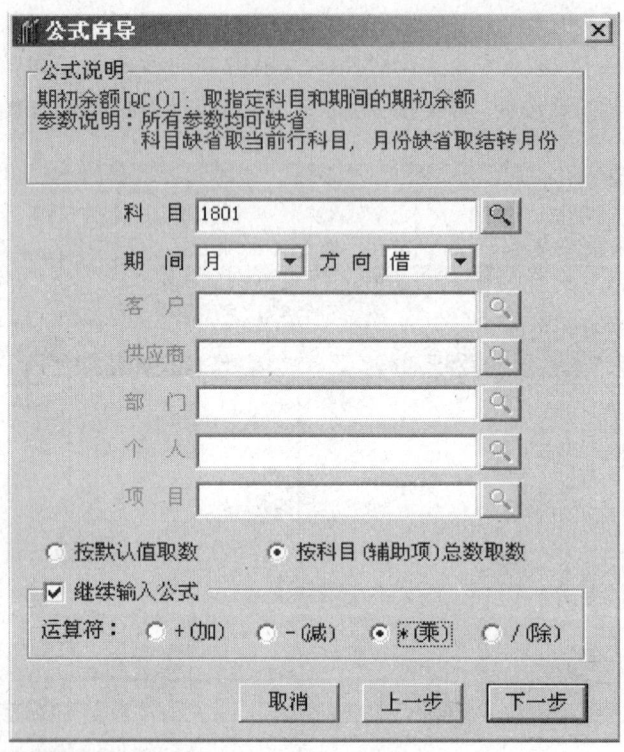

图 2-55　指定科目、期间、方向

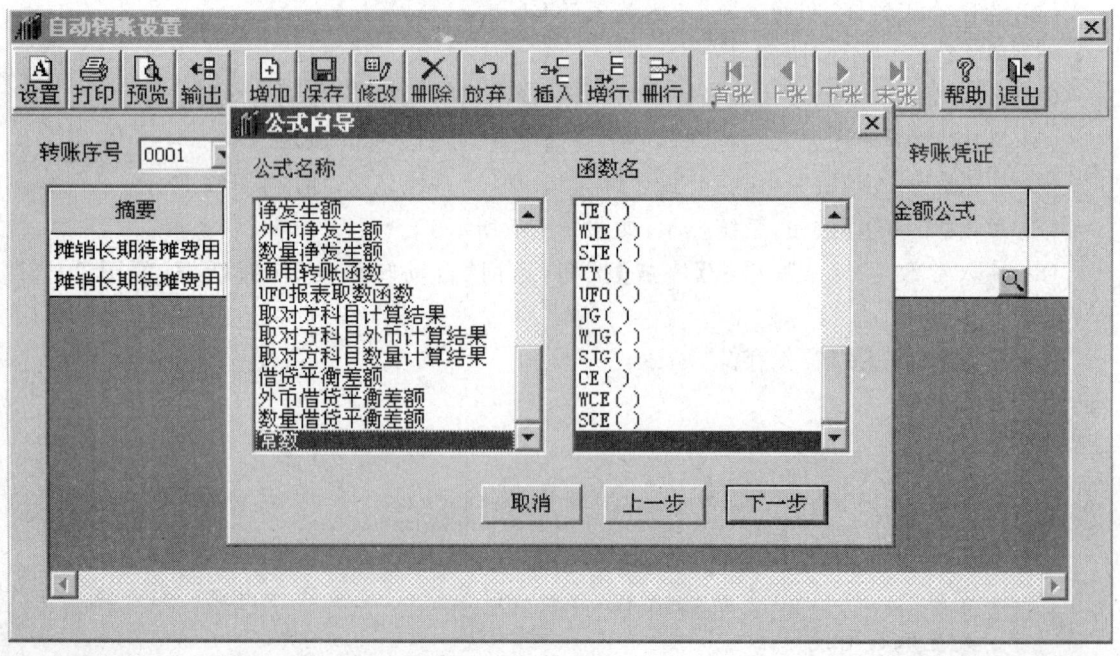

图 2-56　选择"常数"

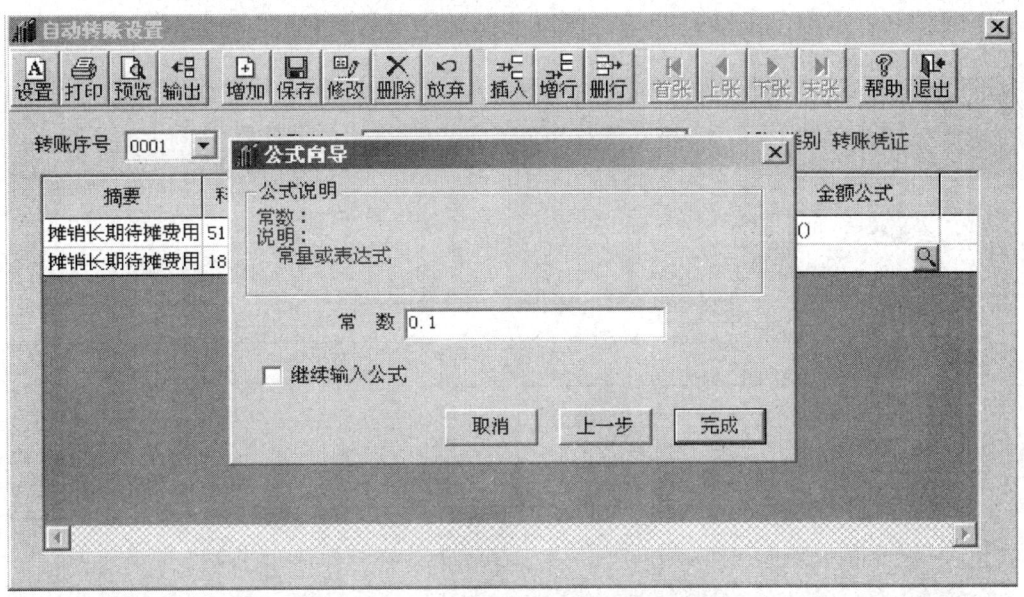

图 2-57 输入常数

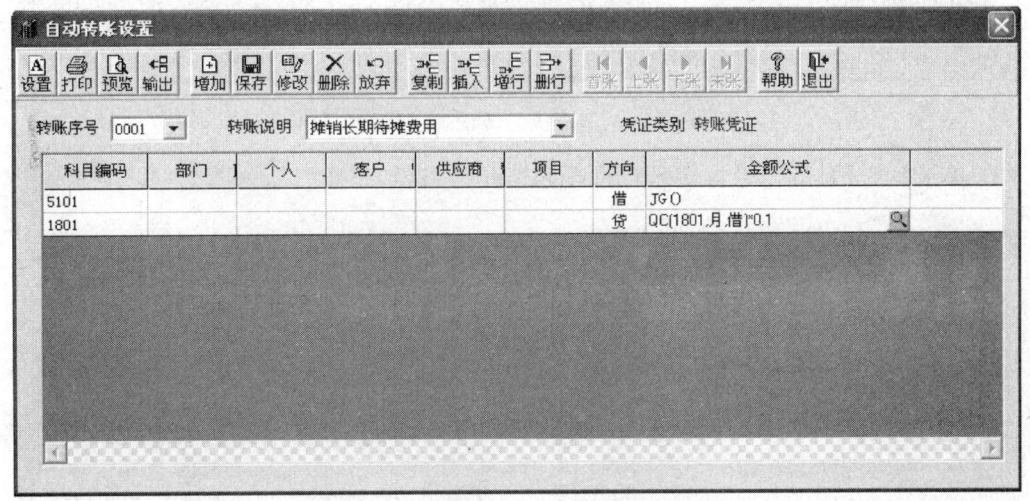

图 2-58 全部自定义转账凭证的内容

2. 对应结转设置

对应结转可以进行两个科目一对一的结转,也可以进行科目的一对多结转。对应结转的科目可以是上级科目,但必须要与其下级科目的科目结构一致(相同明细科目)。

任务 2-27 定义"制造费用 5101"结转至"生产成本 5001",系数为"1"。

操作步骤

(1)在"畅捷通 T3-企业管理信息化软件教育专版"窗口中,选择【期末】|【转账定义】|【对应结转】选项,打开"对应结转设置"对话框。

(2)输入编号"0001",选择"凭证类别"下拉列表框中的"转 转账凭证"选项,输入摘要"结转制造费用"。

(3) 直接输入或单击参照按钮,选择转出科目编码"5101",如图 2-59 所示。

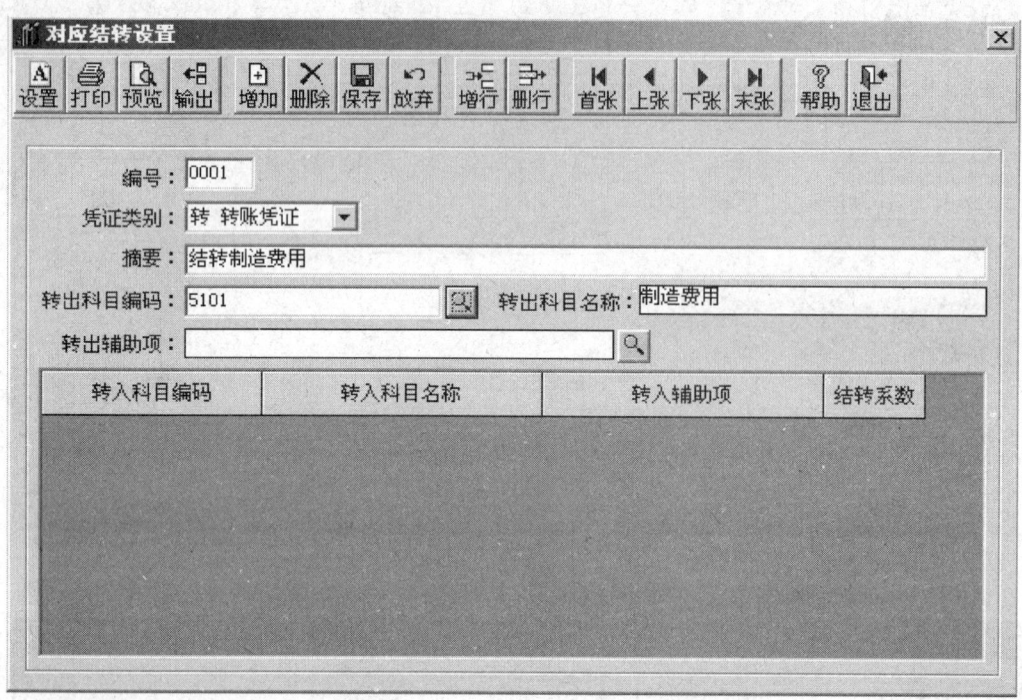

图 2-59 "对应结转设置"对话框

(4) 单击【增行】按钮,输入转入科目编码"5001"、结转系数"1",如图 2-60 所示。

图 2-60 "对应结转设置"对话框

（5）单击【保存】按钮。

提示

- 对应结转只结转期末余额。
- 一张凭证可定义多行,转出科目及辅助项必须一致,而转入科目及辅助项可以不同。
- 如果同一凭证的转入科目有多个,并且结转系数之和为1,则最后一笔结转金额为转出科目余额减当前凭证已转出的余额。

3. 期间损益设置

本功能用于在一个会计期间终了将损益类科目的余额结转到"本年利润"科目中,从而及时反映企业利润的盈亏情况。

任务 2 - 28 定义将期间损益结转至"4103 本年利润"的结转期间损益的转账凭证。

操作步骤

（1）在"畅捷通 T3 -企业管理信息化软件教育专版"窗口中,选择【期末】|【转账定义】|【期间损益】选项,打开"期间损益结转设置"对话框。

（2）选择"凭证类别"下拉列表框中的"转 转账凭证"选项,直接输入或单击参照按钮,选择本年利润科目"4103",如图 2 - 61 所示。

图 2 - 61 "期间损益结转设置"对话框

（3）单击【确定】按钮。

提示

- 如果损益科目与本年利润科目都有辅助核算,则辅助账类型必须相同。
- 本年利润科目必须为末级科目,且为本年利润入账科目的下级科目。

2.5.2 生成转账凭证

在完成转账凭证定义后,每月月末只需执行"生成转账凭证"功能即可快速生成转账凭证,在此生成的转账凭证将自动追加到未记账凭证中。由于转账是按照已记账凭证的数据进行计算的,所以在进行月末转账工作之前,必须先将所有未记账凭证进行记账,否则,将影响生成的转账凭证数据的正确性。

任务 2 - 29 生成摊销长期待摊费用的自定义转账凭证。

操作步骤

(1)在"畅捷通 T3 -企业管理信息化软件教育专版"窗口中,选择【总账】|【期末】|【转账生成】选项,打开"转账生成"对话框。

(2)选择"结转月份"下拉列表框中的"2011.01"选项。

(3)选择"自定义转账"单选按钮。

(4)双击"是否结转"栏,或单击【全选】按钮,如图 2 - 62 所示。

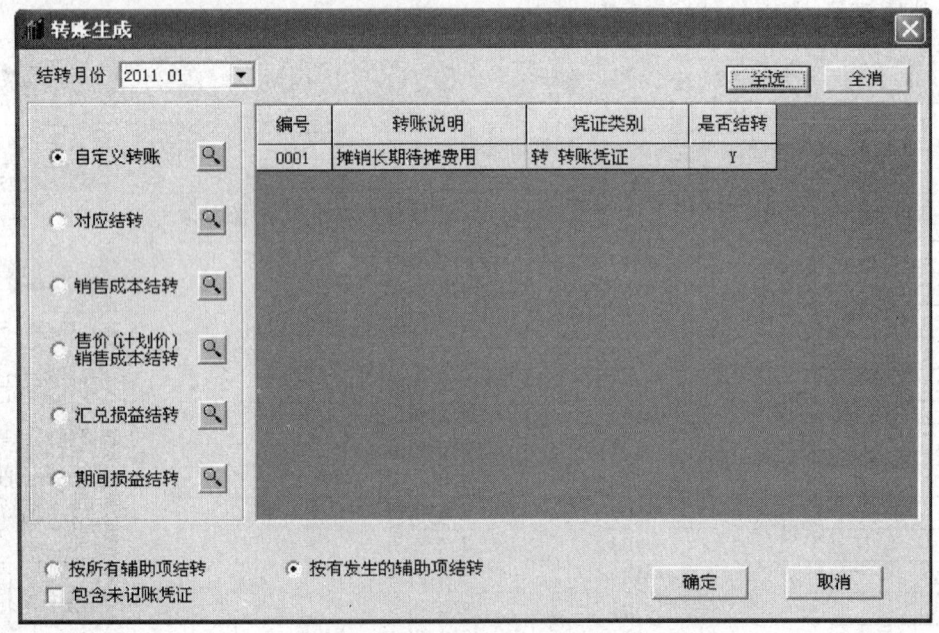

图 2-62 "转账生成"对话框

(5)单击【确定】按钮,系统显示生成的转账凭证。

(6)单击【保存】按钮,如图 2 - 63 所示。

系统自动将当前凭证追加到未记账凭证中。将操作员更换为"CW2",审核该凭证并记账。

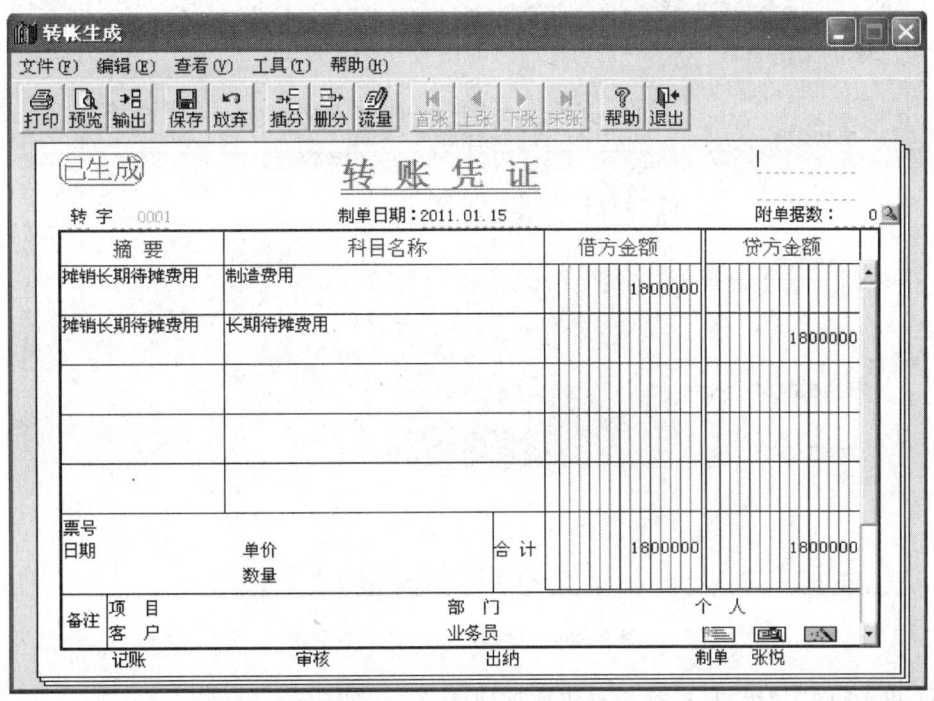

图 2-63 显示生成的转账凭证

 **提示**

- 转账生成之前,提示转账月份为当前会计月份。
- 进行转账生成之前,请将相关经济业务的记账凭证登记入账。否则,必须在录入查询条件时选择"包含未记账凭证"才能查询到完整的数据资料。
- 若凭证类别、制单日期和附单据数与实际情况有出入,可直接在当前凭证上进行修改,然后再保存。
- 转账凭证每月只生成一次。
- 生成的转账凭证,仍需审核才能记账。
- 在生成凭证时必须提示业务发生的先后次序,否则计算金额时就会发生差错。

任务 2-30 生成制造费用转入生产成本的对应结转的转账凭证。

操作步骤

(1)在"畅捷通 T3-企业管理信息化软件教育专版"窗口中,选择【总账】|【期末】|【转账生成】选项,打开"转账生成"对话框。

(2)选择"结转月份"下拉列表框中的"2011.01"选项。

(3)选择"对应结转"单选按钮。

(4)双击"是否结转"栏,或单击【全选】按钮,如图 2-64 所示。

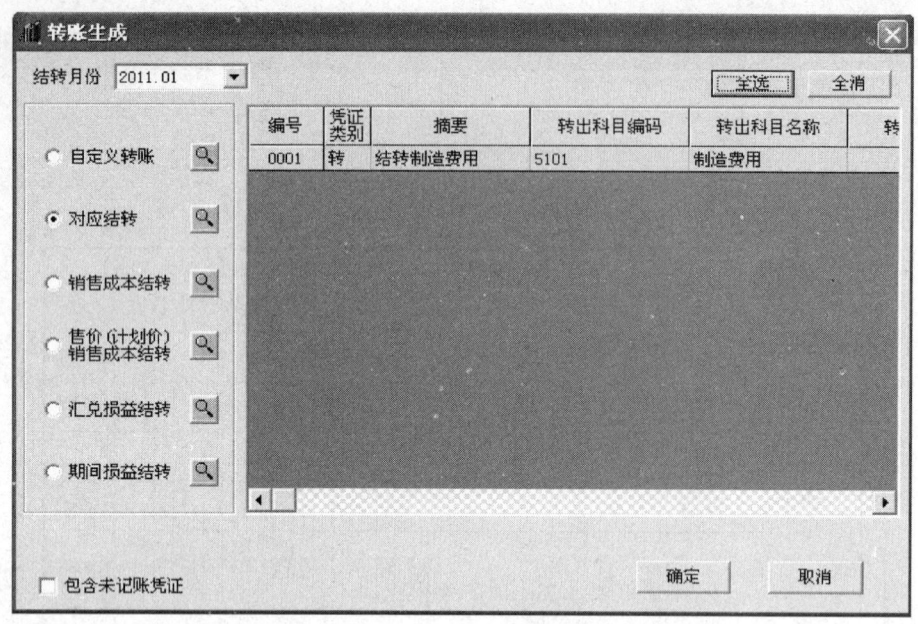

图 2-64　显示已设置的转账凭证

（5）单击【确定】按钮，系统显示生成的转账凭证，如图 2-65 所示。

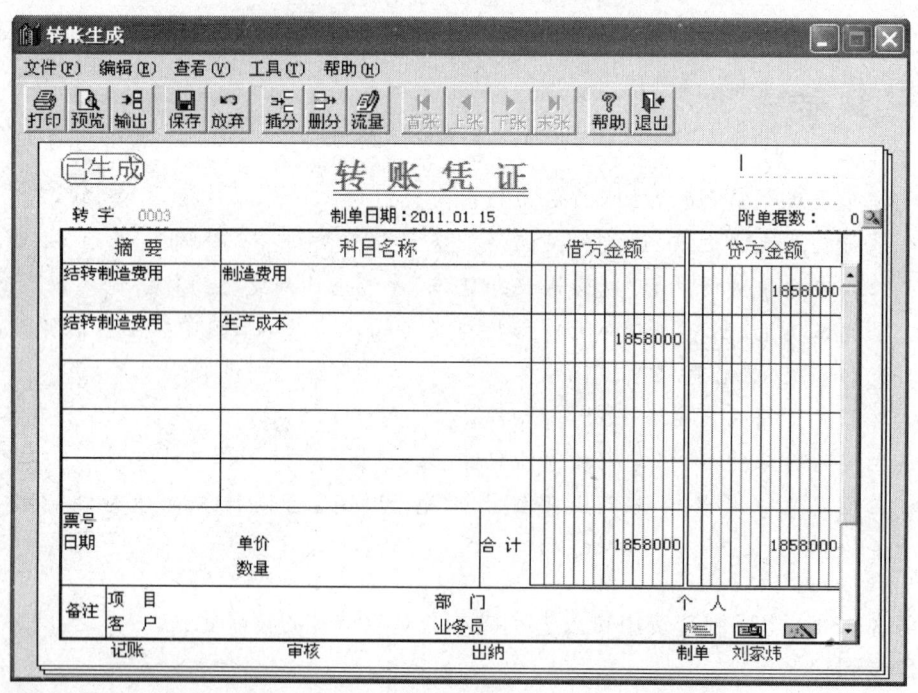

图 2-65　自动生成的制造费用转入生产成本的凭证

（6）单击【文件】重新注册，将操作员更换为"CW2"。将已生成的结转制造费用的凭证审核并记账。

任务 2-31　编制结转 1 月份期间损益的转账凭证。

操作步骤

（1）在"畅捷通 T3 - 企业管理信息化软件教育专版"窗口中，选择【总账】|【期末】|【转账生成】选项，打开"转账生成"对话框。

（2）选择"结转月份"下拉列表框中的"2011.01"选项。

（3）选择"期间损益结转"单选按钮。

（4）单击【全选】按钮。

（5）单击【确定】按钮，系统显示生成的转账凭证，如图 2 - 66 所示。

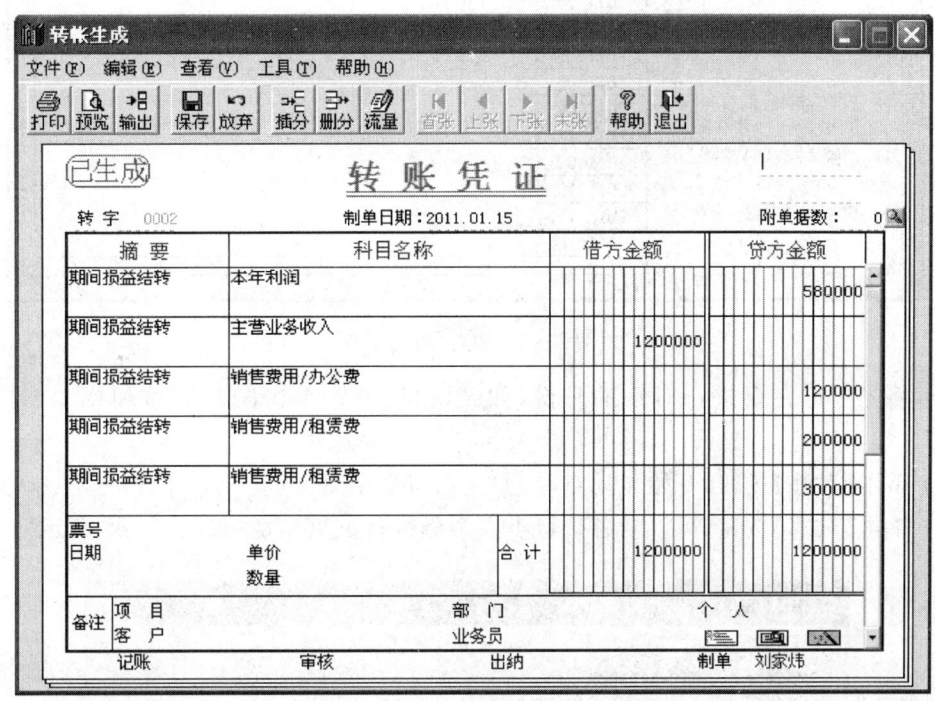

图 2 - 66　自动生成的期间损益结转的凭证

（6）单击【文件】重新注册，将操作员更换为"CW2 刘家炜"。将已生成的结转期间损益的凭证审核并记账。

2.5.3　月末结账

在会计期末，除了对收入、费用类账户余额进行结转外，还要进行对账和结账，并在结账之前进行试算平衡检查。

1. 对账

对账是对账簿数据进行核对，以检查记账是否正确、账面是否平衡。它主要是通过核对总账与明细账、总账与辅助账的数据来完成账账核对。为了保证账证、账账相符，应经常使用"对账"功能进行对账，至少 1 个月一次，一般可在月末结账前进行。

任务 2 - 32　将 2011 年 1 月份的业务进行对账。

操作步骤

（1）在"畅捷通 T3 - 企业管理信息化软件教育专版"窗口中，选择【总账】|【期末】|【对

账】选项,打开"对账"对话框,如图 2-67 所示。

图 2-67 "对账"对话框

(2) 将光标定在要进行对账的月份,如:"2011.01",单击"选择"按钮或双击"是否对账"栏。

(3) 单击【对账】按钮,开始自动对账,并显示对账结果。

(4) 单击【试算】按钮,可以对各科目类别余额进行试算平衡,如图 2-68 所示。

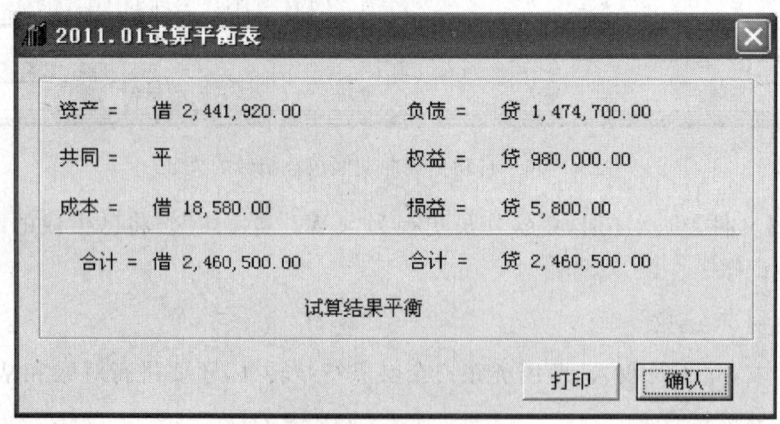

图 2-68 试算平衡表

(5) 单击【确认】按钮返回,再单击【退出】按钮,完成对账工作。

2. 结账

结账指每月月末计算和结转各账簿的本期发生额和期末余额,并终止本期账务处理工作的过程。结账只能每月进行一次。要正确地完成结账工作,必须按照系统对结账工作的要求来进行。

任务 2-33 将 2011 年 1 月的业务进行结账处理。

操作步骤

（1）在"畅捷通 T3 - 企业管理信息化软件教育专版"窗口中，选择【总账】|【期末】|【结账】选项，或直接单击桌面上的月末结账图标 ![月末结账]，打开"结账——开始结账"对话框，如图 2 - 69 所示。

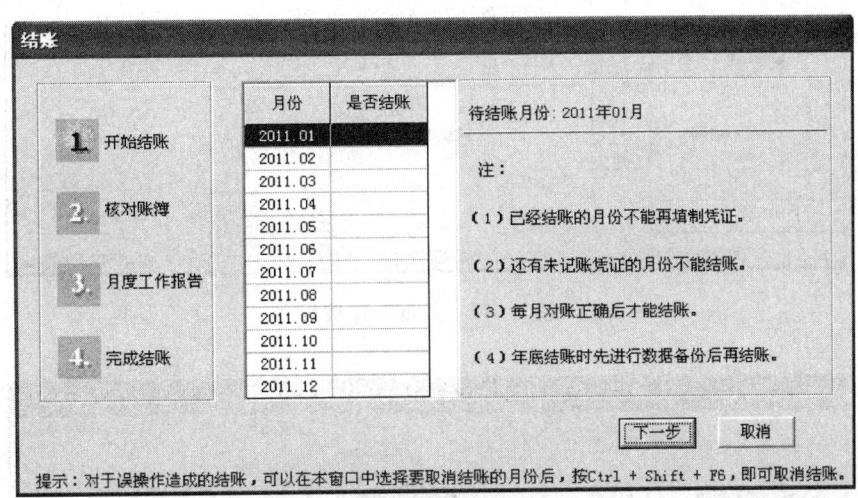

图 2 - 69　开始结账

（2）单击要结账月份"2011.01"。

（3）单击【下一步】按钮，打开"结账——核对账簿"对话框。

（4）单击"对账"按钮，系统对要结账的月份进行账账核对，如图 2 - 70 所示。

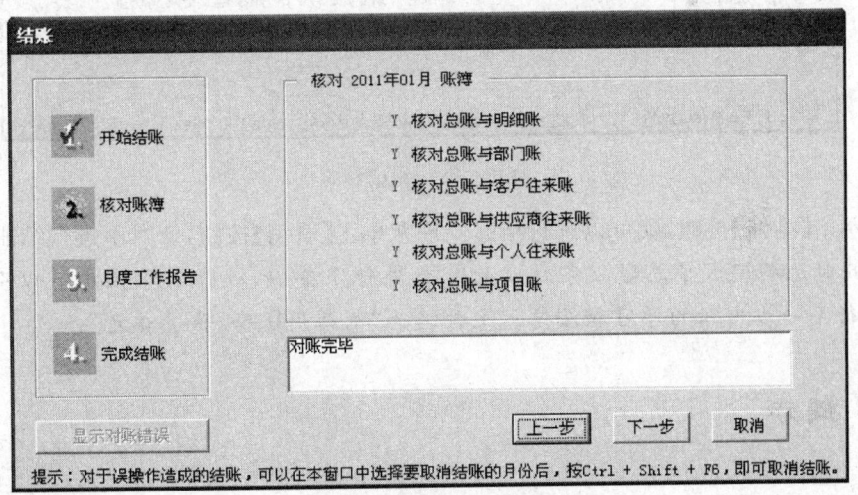

图 2 - 70　显示对账结果

（5）单击【下一步】按钮，打开"结账——月度工作报告"，如图 2 - 71 所示。

（6）若需打印，则单击"打印月度工作报告"按钮。

（7）查看工作报告，单击【下一步】按钮，打开"结账——完成结账"对话框，如图 2 - 72 所示。

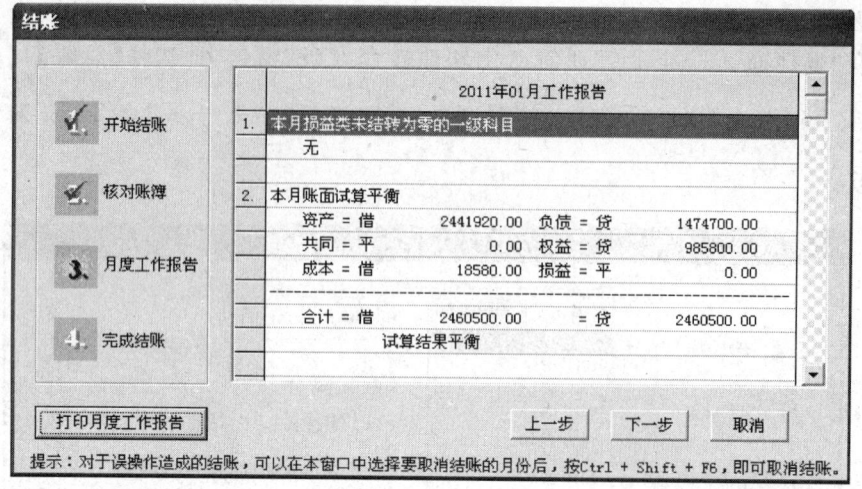

图 2-71　月度工作报告

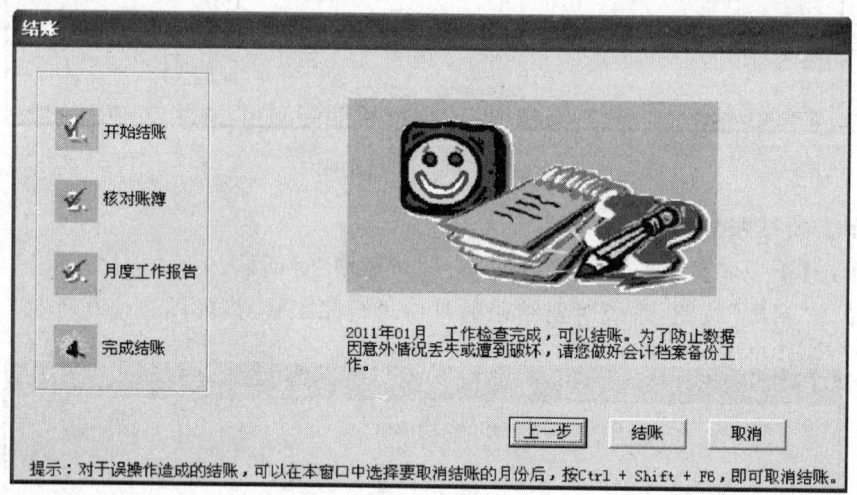

图 2-72　完成结账

（8）单击【结账】按钮，就可以进行结账。现在单击【取消】按钮，暂时不进行结账的操作。

注：此时已将完成了总账业务处理的账套进行了备份，教师和学生均可以引入光盘中的账套进行下一步内容的学习和演练。文件名为"例题用账套/第2单元"。

 提示

- 结账只能由有结账权限的人进行。
- 本月还有未记账凭证时，不能结账。
- 结账必须按月连续进行，上月未结账，本月也不能结账，但可以填制和审核凭证。
- 若总账与明细账对账不符，则不能结账。

- 如果与其他系统联合使用,其他子系统未全部结账,本系统不能结账。
- 已结账月份不能再填制凭证。
- 结账前,要进行数据备份。在结账的过程中,可以单击"取消"按钮取消正在进行的结账操作。
- 取消结账功能键为:Ctrl+Shift+F6。

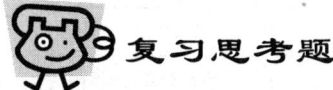

复习思考题

1. 如果总账系统期初余额不平衡对日常工作有何影响?
2. 在什么情况下不能删除会计科目?
3. 已经进行出纳签字的凭证发现有错误应该怎么办?
4. 银行对账的工作主要有哪些?
5. 进行出纳签字的前提有哪些?
6. 在填制凭证时,"F5"、"一"、"="键有什么作用?
7. 何谓凭证的"无痕迹"及"有痕迹"修改?
8. 应如何删除错误的记账凭证?
9. 应如何在查询包含未记账凭证的总账时联查明细账和记账凭证?
10. 应如何修改已审核的记账凭证?
11. 应如何修改已记账的记账凭证?

实验二　总账管理

一、实验前准备

系统中已经安装了畅捷通 T3-企业管理信息化软件教育专版,完成了实验一的操作。可以引入光盘中"上机实验备份/实验一备份"继续操作。将系统日期调整为 2011 年 1 月 30 日。

二、任务

根据所给资料由 200 账套的账套主管陈凡(用户名:KJCF,密码:111)完成 200 账套的总账系统初始化和审核凭证的操作;由会计王晶晶(用户名:KJWJJ,密码:111)完成填制凭证和记账的操作;由出纳刘静(用户名:CNLJ,密码:111)完成出纳签字及其他任务的操作。

三、具体任务

(一)总账系统初始化

1. 设置 200 账套总账系统的参数。设置"出纳凭证必须经由出纳签字"和不"允许修改、作废他人填制的凭证"。

2. 录入如表 2-3 所示的期初余额。

表 2 – 3   期 初 余 额

科 目 名 称	方 向	期 初 余 额
库存现金	借	123 610
银行存款	借	234 500
发出商品	借	569 222
应收账款(沿都公司)	借	128 700
固定资产	借	1 917 780
累计折旧	贷	952 222
短期借款	贷	800 000
应付账款(海力公司)	贷	121 590
实收资本	贷	1 100 000

(二) 日常业务处理

1. 2011 年 1 月 12 日,企业发生如下经济业务。

(1) 行政部马之遥预借差旅费 6 000 元。

(2) 收到沿都公司转账支票(No.12306),偿还前欠货款 128 700 元。

(3) 以转账支票(No.23409)偿还海力公司前欠货款 121 590 元。

(4) 销售给新标公司商品一批,收到转账支票一张(No.9008,257 400.00 元)。其中,货款 220 000 元,税款 37 400 元。

(5) 以现金支付财务部的办公用品费 962 元。

(6) 以现金支付财务部王晶晶报销差旅费 1 623 元(无借款)。

(7) 以现金支付生产车间的设备修理费 421 元。

2. 2011 年 1 月 18 日,企业发生如下经济业务。

(1) 销售给和静公司商品一批,货款 17 250 元及税款 2 935.5 元均未收到。

(2) 销售给沿都公司商品一批,货款 20 700 元及税款 3 519 元均未收到。

(3) 向海力公司购买材料一批,已入库。货款 21 000 元及税款 3 570 元均未支付。

(4) 生产车间为加工产品领用材料一批,其成本为 21 000 元。

(5) 验收入库产品一批,总成本为 35 000 元。

(三) 期末业务处理

(1) 企业每月末均将"制造费用"科目余额全部转入"生产成本"科目。

提示:可以设置对应结转的转账凭证,其转出科目为"制造费用",转入科目为"生产成本"。

(2) 企业每月末均将损益类科目的发生额转入"本年利润"科目。

第3单元　财务报表

 **学习目标**

了解财务报表的主要功能及其作用。

能够完成自定义报表的设计并生成报表数据；能够利用报表模板生成报表数据。能够了解在出现操作错误时的处理思路和方法。

财务报表是通用电子表格软件，既可以独立使用，也可以和财务管理软件的其他模块结合使用，适用于各行业的财务、会计、人事、计划、统计、税务及物资等部门。

财务报表管理系统的主要功能包括提供各行业报表模板：文件管理功能、格式管理功能、数据处理功能、图表功能、打印功能和二次开发功能。

1．提供各行业报表模板

系统中提供了40个行业的标准财务报表模板。如果标准行业报表仍不能满足需要，系统还提供了自定义模板的功能，可以根据本单位的实际需要定制模板。

2．文件管理功能

系统提供了各类文件管理功能，除了能完成一般的文件管理外，财务报表电子表的数据文件还能转换为不同的文件格式：如 ACCESS 文件、MS 文件、EXCEL 文件以及 LOTUS1-2-3 文件。

3．格式管理功能

系统提供的格式设计功能，可以设置报表尺寸、组合单元、画表格线（包括斜线）、调整行高列宽、设置字体和颜色以及设置显示比例等，可以制作出满足各种要求的报表。

4．数据处理功能

财务报表以固定的格式管理大量的不同表页，能将多达 99 999 张具有相同格式的报表资料统一在一个报表文件中进行管理，并且在每张表页之间建立有机的联系。

此外还提供了排序、审核、舍位平衡以及汇总功能；提供了绝对单元公式和相对单元公式，可以方便、迅速地定义计算公式；提供了种类丰富的函数，在系统向导的引导下轻松地从财务及其他子系统中提取数据，生成财务报表。

5．图表功能

采用"图文混排"，可以很方便地进行图形数据组织，制作包括直方图、立体图、圆饼图及

折线图等 10 种图式的分析图表。可以编辑图表的位置、大小、标题、字体和颜色等,并打印输出图表。

6. 打印功能

采用"所见即所得"的打印方式,报表和图形都可以打印输出。提供"打印预览",可以随时观看报表或图形的打印效果。打印报表时,可以打印格式或数据,并设置表头和表尾,可以在 0.3～3 倍之间缩放打印,也可以横向或纵向打印等。

7. 二次开发功能

系统提供了批选项和自定义菜单,自动记录选项窗口中输入的多个选项,可将具有规律性的操作过程编制成批选项文件。提供了 Windows 风格的自定义菜单,综合利用批选项,可以在短时间内开发出本企业的专用系统。

3.1 报表格式设计

定义一张报表,首先应该定义报表数据的载体——报表格式。不同的报表,格式定义的内容也会不同,但一般情况下报表格式应该包括报表表样、单元类型及单元风格等内容。

3.1.1 启动财务报表

在使用财务报表系统处理报表之前,首先应启动财务报表系统,并建立一张空白的报表,然后在这张空白报表的基础上设计报表的格式。

任务 3-1 2011 年 1 月 10 日,以 CW1(张悦,口令:000000)的身份,登录注册 100 账套的"财务报表"系统并新增一张报表。

操作步骤

(1) 选择【开始】|【程序】|【畅捷通 T3 系列管理软件】|【畅捷通 T3】|【畅捷通 T3-企业管理信息化软件教育专版】,或者直接单击桌面上的畅捷通 T3-企业管理信息化软件教育专版的图标 ![图标],打开"注册〖控制台〗"对话框。

(2) 在"用户名"栏录入"CW1",在"密码"栏录入"000000",选择"账套"下拉列表框中的"[100]惠通股份有限公司"选项及"会计年度"下拉列表框中的"2011"选项,选择"操作日期"为"2011-01-31"。

(3) 单击【确定】按钮,打开"畅捷通 T3-企业管理信息化软件教育专版"窗口。

(4) 单击"财务报表",打开"畅捷通 T3-财务报表(试用版)"窗口,如图 3-1 所示。

(5) 选择【文件】|【新建】选项,或单击"新建"图标 ![图标],建立一张新的报表,如图 3-2 所示。

提示

- 建立新表后,将得到一张系统默认格式的空表,默认报表名为"Report1.rep"。
- 建立空白报表后,里面没有任何内容,所有单元的类型均默认为数值单元。
- 新报表建立后,默认的状态栏为格式状态。

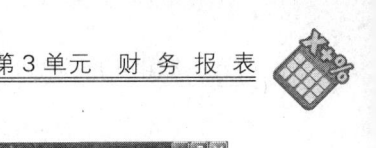

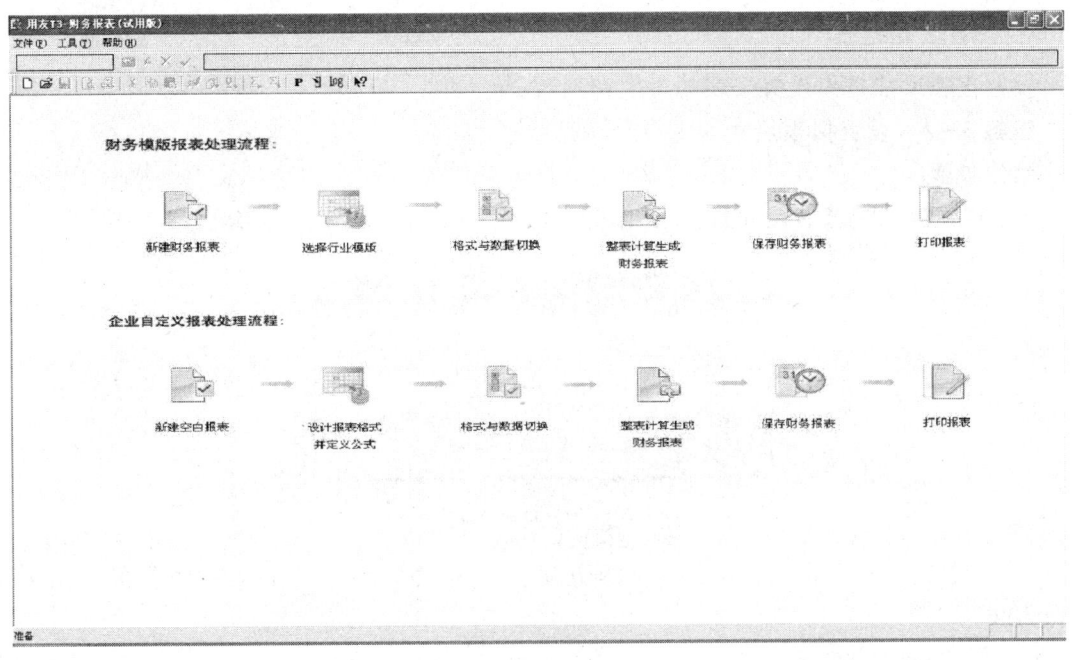

图 3-1 "财务报表"窗口

图 3-2 新增一张报表

3.1.2 设计表样

设计表样主要包括设计报表的表格、输入报表的表间项目及定义项目的显示风格、定义单元属性。通过设置报表表样可以确定整张报表的大小和外观。

报表表样设置的具体内容一般包括：设置报表尺寸、定义报表行高列宽、画表格线、定义组合单元、输入表头表体表尾内容、定义显示风格以及单元属性等。

1. 设置报表尺寸

设置报表尺寸是指设置报表的行数和列数。

任务3-2 设置报表尺寸为12行6列。

操作步骤

(1) 选择【格式】|【表尺寸】选项,打开"表尺寸"对话框,如图3-3所示。

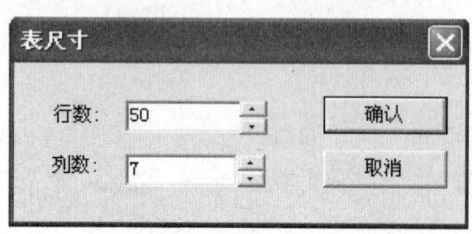

图3-3 "表尺寸"对话框

(2) 直接输入或单击"行数"文本框的微调按钮,选择"12",将"列数"文本框的微调按钮选择为"6"。

(3) 单击【确认】按钮。

提示

> 设置完报表的尺寸之后,还可以选择【格式】菜单中的【插入】或【删除】选项增加或减少行或列来调整报表大小。

2. 定义报表的行高和列宽

如果报表中某些单元的行或列要求比较特殊,则需要调整行高或列宽。

任务3-3 定义报表第1行行高为12 mm,第2~12行的行高为8 mm。

操作步骤

(1) 将光标移动到A1单元单击,拖动鼠标至F1单元(即选中第1行),选择【格式】|【行高】选项,打开"行高"对话框。

(2) 直接输入或单击"行高"文本框的微调按钮,选择"12",单击【确认】按钮。

(3) 选中第2~12行,选择【格式】菜单中的【行高】选项,打开"行高"对话框,直接输入或选择"8",单击【确认】按钮。

任务3-4 将第1列(A列)和第4列(D列)列宽定义为44 mm;第2列(B列)、第3列(C列)、第5列(E列)和第6列(F列)的列宽定义为20 mm。

操作步骤

(1) 将光标移到A1单元并单击,拖动鼠标至A12单元(即选中第1列),选择【格式】|【列宽】选项,打开"列宽"对话框,如图3-4所示。

(2) 直接输入或单击"列宽"文本框的微调按钮,选择"44",单击【确认】按钮。

(3) 用同样的方法继续设置其他列的列宽。

图 3-4　"列宽"对话框

提示

　　行高和列宽的定义,可以通过菜单操作,也可以直接利用鼠标拖动某行或某列来调整。

3.画表格线

　　报表的尺寸设置完成之后,在数据状态下,该报表是没有任何表格线的,所以为了满足查询和打印的需要,还需要画上表格线。

任务 3-5　将 A4:F12 画上网线。

操作步骤

（1）将光标移动到 A4 单元单击,拖动鼠标至 F12 单元,选择需要画线的区域 A4:F12。

（2）选择【格式】菜单中的【区域画线】选项,打开"区域画线"对话框,如图 3-5 所示。

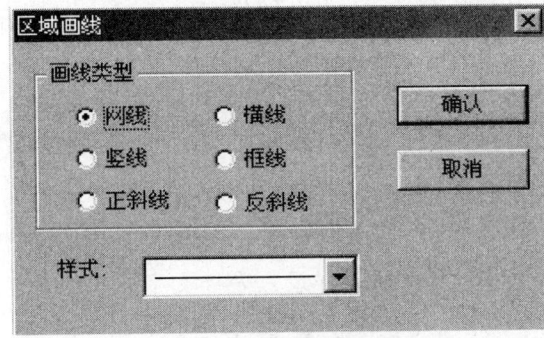

图 3-5　"区域画线"对话框

（3）单击"网线"单选按钮,确定画线类型和样式。

（4）单击【确认】按钮。

提示

　　画好的表格线在格式状态下变化并不明显。操作完以后可以在数据状态下查看效果。

4. 定义组合单元

在一个单元中有些内容,如标题、编制单位、日期及货币单位等信息可能会容纳不下,因此,为了实现这些内容的输入和显示,需要定义组合单元。

任务3-6 将单元A1:F1组合成一个单元。

操作步骤

(1) 将光标移动到A1单元并单击,拖动鼠标至F1单元,选择需要合并的区域A1:F1。

(2) 选择【格式】|【组合单元】选项,打开"组合单元"对话框,如图3-6所示。

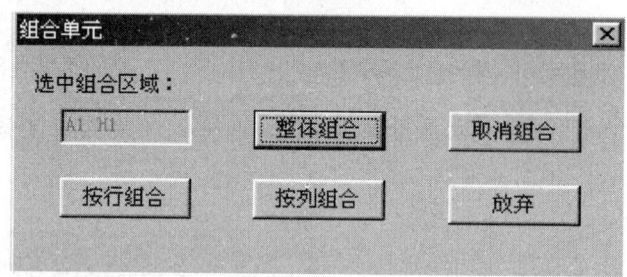

图3-6 "组合单元"对话框

(3) 单击【按行组合】或【整体组合】按钮。

 **提示**

- 组合单元可以用该区域名或者区域中的任一单元名来表示。
- 组合单元实际上就是一个大的单元,所有针对单元的操作都对组合单元有效。
- 若要取消定义的组合单元,可以在"组合单元"对话框中,单击"取消组合"按钮实现。

5. 输入表间项目

报表表间项目指报表的文字内容,主要包括表头内容、表体项目和表尾项目等。

任务3-7 根据如表3-1所示的表样录入表样文字。

表3-1　　　　　　　　　　　　　　　**报　表　表　样**

	A	B	C	D	E	F
1	资产负债表					
2						
3						
4	资产	期末余额	年初余额	负债及所有者权益	期末余额	年初余额
5	一、流动资产					
6	货币资金					
7	交易性金融资产					
8	应收票据					

操作步骤

（1）将光标移到 A1 单元，录入"资产负债表"。

（2）将光标移到 A4 单元，录入"资产"。

（3）将光标移到 A5 单元，录入"一、流动资产"。

（4）重复以上操作，录入完成所有表样文字。

 **提示**

- 在输入报表项目时，编制单位、日期一般不需要输入，财务报表系统将其单独设置为关键字。
- 项目输入完之后，默认的格式均为普通宋体12号，居左。
- 一个表样单元最多能输入63个字符或31个汉字，允许换行显示。

6. 定义单元格属性

单元格属性主要指单元类型、数字格式及边框样式等内容的设置。

任务3-8 分别将区域 B6：C12 和 E6：F12，设置为数值型的单元类型和逗号的数字格式。

操作步骤

（1）将光标移到 B6 单元格并单击，拖动鼠标至 C12 单元（即选中 B6：C12），选择【格式】|【单元格属性】选项，打开"单元格属性"对话框，如图3-7所示。

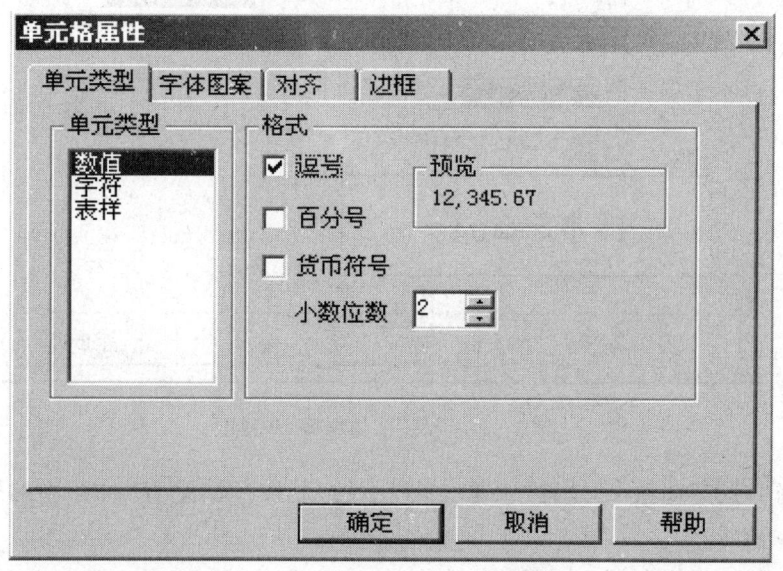

图3-7 "单元格属性"对话框

（2）选择"单元类型"中的"数值"单选按钮，选中"格式"中的"逗号"复选框。

（3）单击【确认】按钮。用同样的方法继续设置 E6：F12 的单元格属性。

会计电算化实用教程

 **提示**

- 新建报表时,所有单元的单元属性均默认为数值型。
- 格式状态下,将输入的内容均默认为"表样"单元。

7. 设置单元风格

单元风格主要指的是单元内容的字体、字号、字型、对齐方式以及颜色图案等设置。设置单元风格会使报表更符合阅读习惯,而且更加美观清晰。

任务3-9 将"资产负债表"设置字体为"宋体"、字型为"粗体"、字号为"14"、水平方向和垂直方向居中。

操作步骤

(1) 将光标移到 A1 单元(即"资产负债表"所在单元)并单击,选择【格式】|【单元格属性】选项,打开"单元格属性"对话框,选择"字体图案"选项卡。

(2) 选择"字型"下拉列表框中的"粗体"选项,然后选择"字号"下拉列表框中的"14"选项,如图 3-8 所示。

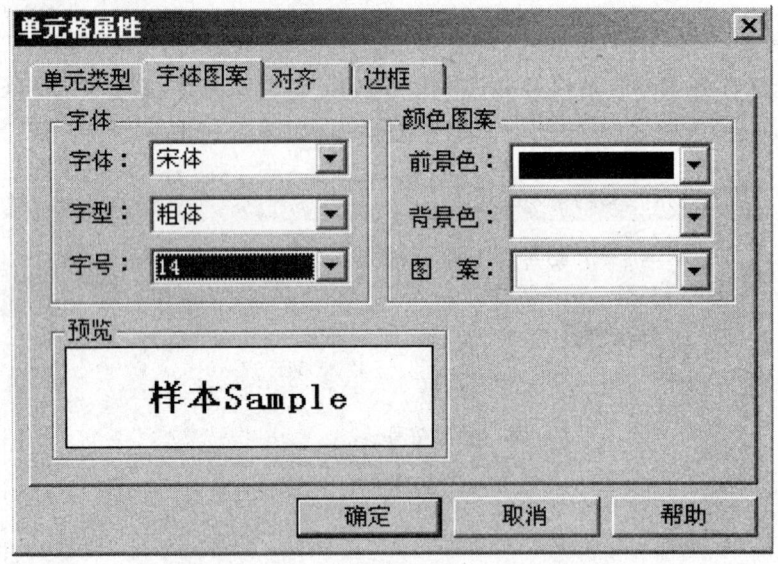

图 3-8 设置"字体图案"对话框

(3) 选择"对齐"选项卡,选择"水平方向"中的"居中"及"垂直方向"中的"居中"单选按钮,如图 3-9 所示。

(4) 单击【确定】按钮。

任务3-10 将"资产"、"期末余额"、"年初余额"、"负债及所有者权益"、"期末余额"、"年初余额"设置字体为"宋体"、字型为"斜体"、字号为"14"、水平方向和垂直方向居中。

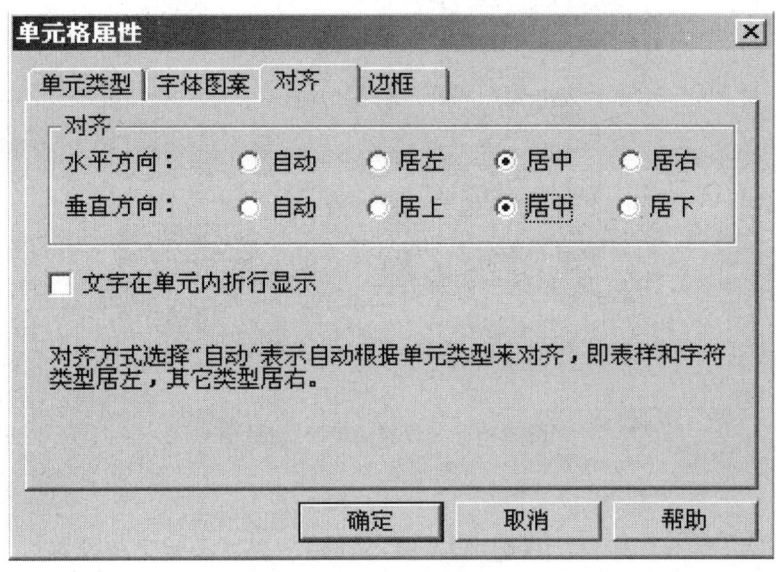

图 3-9　设置"对齐"方式对话框

操作步骤

（1）将光标移到 A4 单元（即"资产"所在单元）并单击，拖动鼠标至 F4 单元，即用鼠标选中 A4:F4 单元格。

（2）选择【格式】|【单元格属性】选项，打开"单元格属性"对话框，单击"字体图案"选项卡。

（3）选择"字型"下拉列表框中的"斜体"选项，然后选择"字号"下拉列表框中的"14"选项，单击"水平方向"中的"居中"及"垂直方向"中的"居中"单选按钮。

（4）单击【确定】按钮。

 **提　示**

设置完成后可以在预览窗口里查看效果。

3.1.3　设置关键字

关键字主要有六种：单位名称、单位编号、年、季、月以及日，另外还可以根据自己的需要自定义关键字。

任务 3-11　在 A3 单元中定义"单位名称"，在 D3 单元中定义"年"。

操作步骤

（1）将光标移到 A3 单元并单击，选择【数据】|【关键字】|【设置】选项，打开"设置关键字"对话框，如图 3-10 所示。

（2）选择"单位名称"单选按钮，单击【确定】按钮，完成 A3 单元关键字的设置。

（3）将光标移到 D3 单元并单击，选择【数据】|【关键字】|【设置】选项，打开"设置关

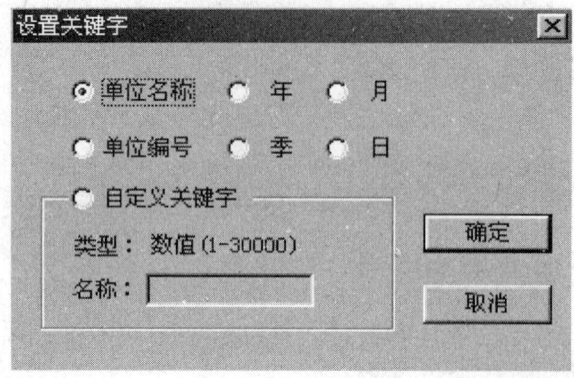

图 3-10 "设置关键字"对话框

字"对话框。

(4) 选择"年"单选按钮,单击【确定】按钮,完成 D3 单元关键字的设置。

 **提 示**

- 关键字在格式状态下定义,而关键字的值则在数据状态下录入。
- 每张报表可以同时定义多个关键字。
- 关键字如年、月等会随同报表数据一起显示,在定义关键字时既要考虑编制报表的需要,又要考虑打印的需要。
- 如果关键字的位置设置错误,可以选择【数据】|【关键字】|【取消】选项。取消后再重新设置。
- 关键字在一张报表中只能定义一次,即同一张报表中不能有重复的关键字。

3.1.4　编辑公式

在财务报表中,由于各种报表之间存在着密切的数据间的逻辑关系,所以报表中各种数据的采集、运算的勾稽关系的检测就用到了不同的公式,报表主要有计算公式、审核公式和舍位平衡公式。

计算公式是指为报表单元赋值的公式,利用它可以将单元赋值为数值或字符。对于需要从报表本身或其他如总账、工资、固定资产及核算等模块中取数以及一些小计、合计和汇总等数据的单元,都可以利用单元公式进行取数。

由于报表中的各个数据之间一般都存在某种勾稽关系,可以利用这种勾稽关系定义审核公式来进一步检验报表编制的结果是否正确。

生成报表的数据往往非常庞大,不方便读者阅读,另外在报表汇总时,各个报表的货币计量单位有可能不统一,这时,需要将报表的数据进行位数转换,将报表单位数据由个位转换为百位、千位或万位,如将"元"单位转换为"千元"或"万元"单位,这种操作称为进(舍)位操作。

1. 定义单元公式

在定义公式时,可以直接输入单元公式,也可以利用函数向导定义单元公式。

直接输入公式

任务 3－12　直接输入 C6 单元"货币资金"的"期末余额"的计算公式。

操作步骤

（1）将光标移动到 C6 单元并单击。

（2）选择【数据】|【编辑公式】|【单元公式】选项,打开"定义公式"对话框,如图 3－11 所示。

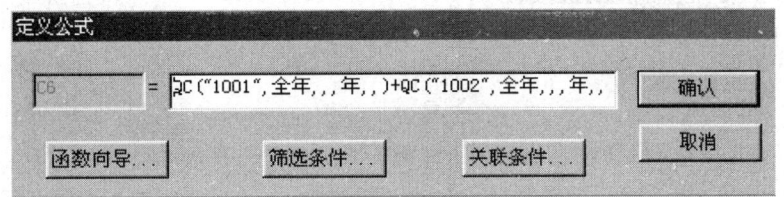

图 3－11　"定义公式"对话框

（3）直接输入总账期末函数公式:直接输入"货币资金"和"期末余额"的取数公式"QM（"1001",月,,,年,,）＋ QM（"1002",月,,,年,,）＋ QM（"1012",月,,,年,,）"。

（4）单击【确认】按钮。

提示

　　在输入单元公式时,凡是涉及数学符号和标点符号的均须输入英文半角字符,否则系统将认为公式输入错误而不能被保存。

利用函数向导输入公式

如果用户对财务报表的函数不太了解,直接定义单元公式有困难,可以利用函数向导引导输入公式。

任务 3－13　使用"函数向导"录入 C8 单元（即"应收票据"年初余额单元）公式。

操作步骤

（1）将光标移动到 C8 单元并单击。

（2）选择【数据】|【编辑公式】|【单元公式】选项,打开"定义公式"对话框。

（3）单击"函数向导"按钮,打开"函数向导"对话框。

（4）在函数分类选项区选择"用友账务函数"选项,在函数名选项区选择"期初（QC）"选项,如图 3－12 所示。

（5）单击【下一步】按钮,打开"用友账务函数"对话框,如图 3－13 所示。

（6）单击"参照"按钮,打开"账务函数"对话框,如图 3－14 所示。

（7）单击"科目"栏右侧的【…】按钮,选择"1121 应收票据"选项。

（8）单击【确定】按钮。

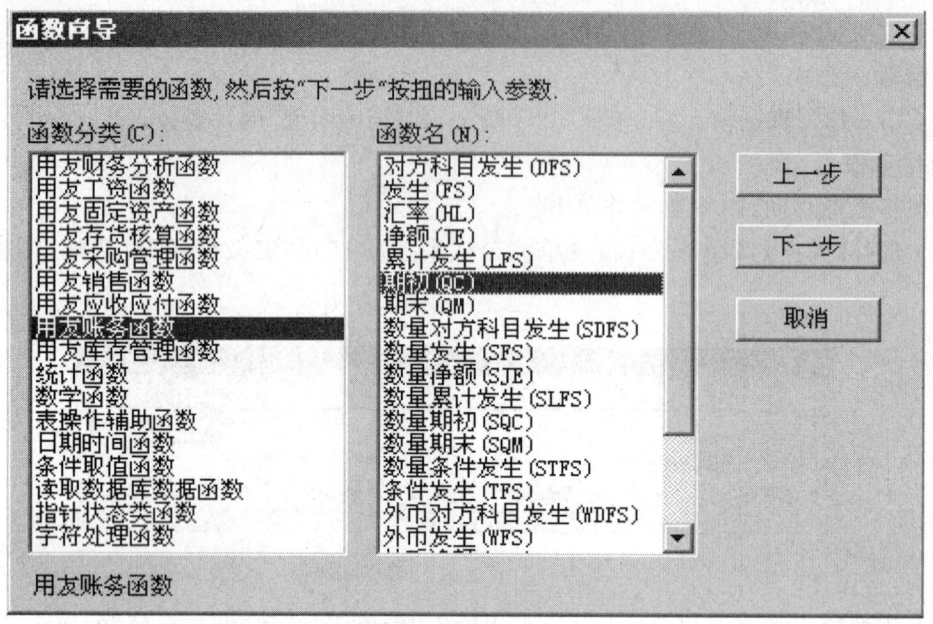

图 3-12 "函数向导"对话框

图 3-13 "用友账务函数"对话框

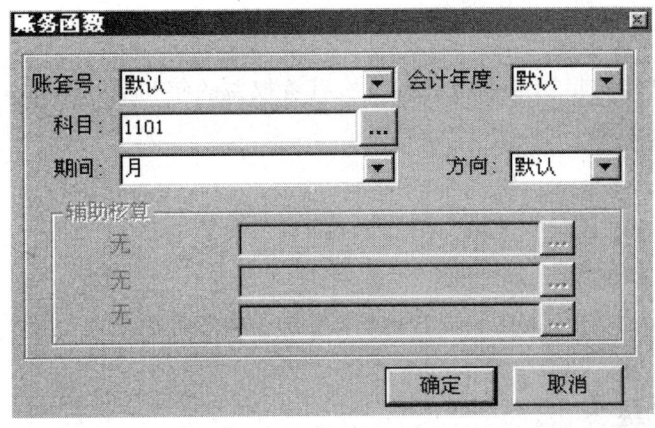

图 3-14 "账务函数"对话框

 提示

- 账套号和会计年度如果选择默认,以后在选择取数账套时,需要进行账套初始工作。如果直接输入,则不需再进行账套初始。
- 如果输入的会计科目有辅助核算,还可以输入相关辅助核算内容。如果没辅助核算,则"辅助核算"选择框呈灰色,不可输入。

2. 定义审核公式

在一般的报表中,有关项目之间或同其他报表之间存在一定的勾稽关系,可以根据这些关系定义审核公式。

任务 3-14 资产总计的年初数＝负债及所有者权益的年初数。

操作步骤

(1) 选择【数据】|【编辑公式】|【审核公式】选项,打开"审核公式"对话框,如图 3-15 所示。

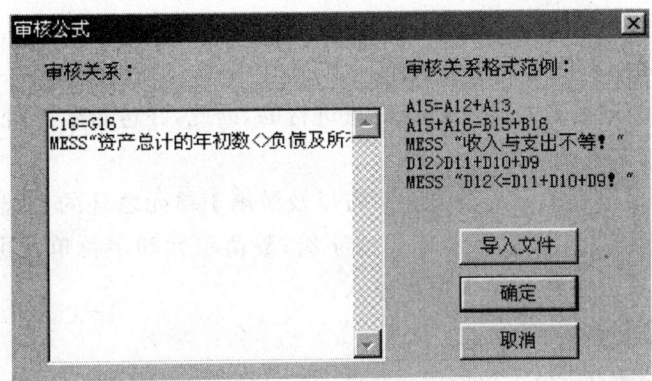

图 3-15 "审核公式"对话框

（2）在"审核关系"列表框中输入：

C16＝G16

MESS"资产总计的年初数＜＞负债及所有者权益的年初数"

（3）单击【确定】按钮。

提示

审核公式在格式状态下进行编辑，在数据状态下执行。

3.1.5 保存报表

报表的格式设置完成之后，为了确保今后能够随时调出使用并生成报表数据，应将会计报表的格式保存起来。

任务 3-15 将报表文件保存为"资产负债表"。

操作步骤

（1）在格式设计状态下，选择【文件】|【保存】选项（或者按 Ctrl＋S 键），打开"保存为"列表框。

（2）在"文件名"文本框中输入"资产负债表"。

（3）单击【保存】按钮。

提示

- ".REP"为用友报表文件专用扩展名。
- 如果没有保存就退出，系统将弹出"是否保存报表？"对话框。

3.2　报表数据处理

报表数据处理主要包括生成报表数据、审核报表数据和舍位平衡操作等工作，数据处理工作必须在数据状态下进行。处理时，计算机会根据已定义的单元公式、审核公式和舍位平衡公式自动进行取数、审核及舍位等操作。

报表数据处理一般是针对某一特定表页进行的，因此，在进行数据处理时还涉及表页的操作，如增加、删除、插入和追加表页等。

报表的数据包括报表单元的数值和字符以及游离于单元之外的关键字。数值单元能生成数字，而字符单元既能生成数字又能生成字符；数值单元和字符单元可以由公式生成，也可以由键盘输入。关键字则必须由键盘录入。

3.2.1 进入报表数据状态

进入报表数据处理状态既可以使用菜单进入，也可以直接使用【数据/格式】切换按钮进入。

任务 3-16 进入"资产负债表"数据状态。

操作步骤

方法一:

(1) 选择【文件】|【打开】选项,打开"打开"对话框。

(2) 在"打开"对话框中,选择"资产负债表",单击【打开】按钮。

方法二:直接在资产负债表的格式状态下,单击报表左下角的【数据/格式】按钮,进入报表的数据状态。

3.2.2 录入关键字

关键字是表页定位的特定标识,在格式状态下设置完成关键字以后,只有在数据状态下对其实际赋值才能真正成为表页的鉴别标志,为表页间、表间的取数提供依据。

任务 3-17 录入关键字的内容:年为"2011",月为"1",日为"31"。

操作步骤

(1) 选择【数据】|【关键字】|【录入】选项,打开"录入关键字"对话框。

(2) 输入年为"2011",月为"1",日为"31"。

(3) 单击【确认】按钮,系统弹出"是否重算第 1 页?"提示对话框,如果此时就要生成有关报表数据,则单击【是】按钮,否则单击【否】按钮退出。

提示

- 每一张表页均对应不同的关键字,输出时随同单元一起显示。
- 日期关键字可以确认报表数据取数的时间范围,即确定数据生成的具体日期。

3.2.3 整表重算

当完成报表的格式设计并完成账套初始和关键字的录入后,便可以计算指定账套并指定报表时间的报表数据了。计算报表数据是在数据处理状态下进行的,它既可以在录入完成报表的关键字后直接计算,也可以使用菜单功能来计算。

任务 3-18 计算惠通股份有限公司 2011 年 1 月的资产负债表数据。

操作步骤

(1) 选择【数据】|【表页重算】选项,系统弹出"是否重算第 1 页?"提示对话框,如图 3-16所示。

图 3-16 表页重算提示对话框

（2）单击【是】按钮，系统经过自动计算生成了惠通股份有限公司2011年1月的资产负债表数据。

3.3　报表模板

在自定义报表时，可以设计出个性化的报表，但如果对于一些会计实务上常用的、格式基本固定的财务报表进行逐一自定义无疑费时、费力。针对这种情况，用友财务报表系统为用户提供了多个行业的各种标准财务报表格式。用户可以套用系统提供的标准报表格式，并在标准格式基础上根据自己单位的具体情况加以局部修改，免去从头至尾建立报表、定义格式公式的繁琐工作。

利用报表模板可以迅速建立一张符合需要的财务报表。另外，对于一些本企业常用但报表模板没有提供标准格式的报表，在定义完这些报表以后可以将其定制成报表模板，以后使用时可以直接调用。

3.3.1　调用报表模板并生成报表数据

系统中提供了多个行业的标准财务报表模板。报表模板即建立一张标准格式的会计报表。如果用户需使用系统内的报表模板，则可以直接调用。

任务3-19　调用执行"一般企业"（2007年新会计准则）会计制度的"资产负债表"模板，并将未分配利润的计算公式修改为"QM（"4104"，月,,,,年,,)＋ QM（"4103"，月,,,,年,,)"。

操作步骤

（1）在财务报表窗口中，选择【文件】|【新建】选项，打开"新建"对话框。

（2）在左侧的"模板分类"栏中，单击选中"一般企业"（2007年新会计准则），在右侧的"一般企业"（2007年新会计准则）栏中选中"资产负债表"，如图3-17所示。

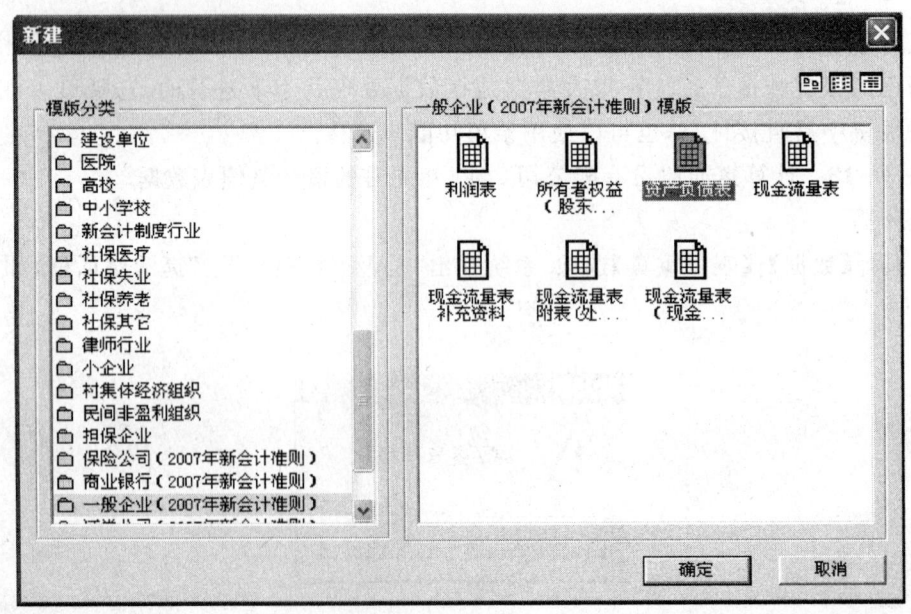

图3-17　"报表模板"对话框

（3）单击【确定】按钮，打开"资产负债表"（格式状态）窗口。

（4）系统弹出"模板格式将覆盖本表格式！是否继续？"提示对话框，单击【确定】按钮，出现如图 3-18 所示的"资产负债表"模板。

资产负债表

| | | | | | 会企01表 |
| | | | | | 单位：元 |

单位名称：xxxxxxxxxxxxxxxxxxxxxx年　　　xx 月　　　　　　　　xx 日

资　　　产	期末余额	年初余额	负债及所有者权益（或股东权益）	期末余额	年初余额
流动资产：			流动负债：		
货币资金	公式单元	公式单元	短期借款	公式单元	公式单元
交易性金融资产	公式单元	公式单元	交易性金融负债	公式单元	公式单元
应收票据	公式单元	公式单元	应付票据	公式单元	公式单元
应收账款	公式单元	公式单元	应付账款	公式单元	公式单元
预付款项	公式单元	公式单元	预收款项	公式单元	公式单元
应收利息	公式单元	公式单元	应付职工薪酬	公式单元	公式单元
应收股利	公式单元	公式单元	应交税费	公式单元	公式单元
其他应收款	公式单元	公式单元	应付利息	公式单元	公式单元
存货	公式单元	公式单元	应付股利	公式单元	公式单元
一年内到期的非流动资产	公式单元	公式单元	其他应付款	公式单元	公式单元
其他流动资产			一年内到期的非流动负债		
流动资产合计	公式单元	公式单元	其他流动负债	公式单元	公式单元
非流动资产：			流动负债合计	公式单元	公式单元
可供出售金融资产	公式单元	公式单元	非流动负债：		
持有至到期投资	公式单元	公式单元	长期借款	公式单元	公式单元
长期应收款	公式单元	公式单元	应付债券	公式单元	公式单元
长期股权投资	公式单元	公式单元	长期应付款	公式单元	公式单元
投资性房地产	公式单元	公式单元	专项应付款	公式单元	公式单元
固定资产	公式单元	公式单元	预计负债	公式单元	公式单元

图 3-18　调用的"资产负债表"模板

提示

　　如果需要的报表格式或公式与调用的模板有所不同，可以在格式状态下直接修改，然后再进行系统初始、录入关键字和计算报表数据。

（5）将光标移至 E34"未分配利润"单元，单击【数据】|【编辑公式】|【单元公式】选项，打开"定义公式"对话框。将未分配利润的计算公式修改为"QM（"4104"，月，，，年，，）＋ QM（"4103"，月，，，年，，）"，如图 3-19 所示。

定义公式

| E34 | = | QM（"4104"，月，，，年，，）+QM（"4103"，月，，，年，，） | 确认 |
| | | | 取消 |

函数向导...　　　筛选条件...　　　关联条件...

图 3-19　修改未分配利润单元的计算公式

（6）单击【确认】按钮。

（7）单击左下角的【格式】按钮，进入资产负债表的数据状态。选择【数据】|【关键字】|【录入】选项，打开"录入关键字"对话框，如图 3-20 所示。

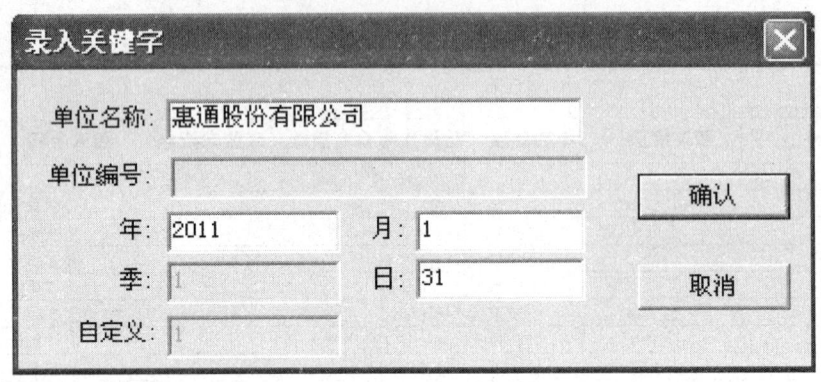

图 3-20　录入关键字

（8）单击【确认】按钮，出现"是否重算第 1 页？"的提示。

（9）单击【是】按钮，生成了资产负债表的数据，如图 3-21 所示。

report2					
	A	B	C	D	E	F
1	资产负债表					
2						会企01表
3	单位名称：惠通股份有限公司	2011 年	1 月		31 日	单位：元
4	资　　产	期末余额	年初余额	负债及所有者权益（或股东权益）	期末余额	年初余额
5	流动资产：			流动负债：		
6	货币资金	242,990.00	313,230.00	短期借款	900,000.00	900,000.0
7	交易性金融资产			交易性金融负债		
8	应收票据			应付票据		
9	应收账款	252,800.00	280,800.00	应付账款	8,110.00	108,110.0
10	预付款项			预收款项		
11	应收利息			应付职工薪酬		
12	应收股利			应交税费	2,040.00	
13	其他应收款	17,500.00	12,000.00	应付利息		
14	存货	115,032.00	96,452.00	应付股利		
15	一年内到期的非流动资产			其他应付款		
16	其他流动资产	演示数据		一年内到期的非流动负债		
17	流动资产合计	628,322.00	702,482.00	其他流动负债		
18	非流动资产：			流动负债合计	910,150.00	1,008,110.0
19	可供出售金融资产			非流动负债：		
20	持有至到期投资			长期借款	564,550.00	564,550.0
21	长期应收款			应付债券		
22	长期股权投资			长期应付款		
23	投资性房地产			专项应付款		
24	固定资产	1,670,178.00	1,670,178.00	预计负债		
25	在建工程			递延所得税负债		
26	工程物资			其他非流动负债		

图 3-21　生成数据的资产负债表

提示

● 利用模块文件生成财务数据之前,要保证所有的凭证都已经记账。
● 生成资产负债表之前,要保证对由工资和固定资产模块传递到总账模块凭证上的相关科目数据进行对应结转和期间损益结转,否则,资产负债表不平衡。

3.3.2 自定义报表模板

用户除了使用系统中的会计报表模板外还可以根据本单位的实际需要定制内部报表模板,并将自定义的模板加入系统提供的模板库内,也可以根据本行业的特征,增加或删除各个行业及其内置的模板。

自定义报表模板主要需要定义报表的所属行业及报表名称。

任务 3－20 自定义报表模板。

操作步骤

(1) 在财务报表窗口中,设计出要定制为模板的会计报表。

(2) 选择【格式】|【自定义模板】选项,打开"自定义模板"对话框。

(3) 单击【增加】按钮,打开"定义模板"对话框,输入模板所属的行业名称,单击【确定】按钮返回"自定义模板"对话框。

(4) 单击【下一步】按钮,再单击【增加】按钮,选择要定义为报表模板的报表路径和报表文件。

(5) 单击【添加】按钮,再单击【完成】按钮,该报表便定制为一个会计报表模板。

提示

如果不再需要某张报表,则可以在此状态下删除。

复习思考题

1. 在报表的格式状态下可以完成哪些初始设置?
2. 应如何将财务报表中的关键字向左或向右偏移?
3. 应如何修改单元公式?
4. 在报表数据处理状态下可以完成哪些操作?

实验三　财务报表

一、实验前准备

系统中已经安装了畅捷通 T3-企业管理信息化软件教育专版，完成了实验二的操作。可以引入光盘中"上机实验备份/实验二备份"继续操作。将系统日期调整为 2011 年 1 月 31 日。

二、任务

根据所给资料由 200 账套的账套主管陈凡(用户名：KJCF，密码：111)完成 200 账套的所有报表任务的操作。

三、具体任务

（一）自定义报表

1. 自定义如表 1 所示的报表。

表1

	利　润　表	
1	利　润　表	
2	编制单位：　　　　　　　年　　　月	
3	项　目	本　期　金　额
4	一、营业收入	
5	减：营业成本	
6	营业税金及附加	
7	销售费用	
8	管理费用	
9	财务费用	
10	加：投资收益(损失以"—"号填列)	
11	二、营业利润(亏损以"—"号填列)	
12	加：营业外收入	
13	减：营业外支出	
14	三、利润总额(亏损总额以"—"号填列)	
15	减：所得税费用	
16	四、净利润(净亏损以"—"号填列)	

2. 报表中的计算公式。

位　　　置	单　元　公　式
B4	FS("6001",月,"贷",,年)＋FS("6051",月,"贷",,年)
B5	FS("6401",月,"借",,年)＋FS("6402",月,"借",,年)
B6	FS("6403",月,"借",,年)
B7	FS("6601",月,"借",,年)
B8	FS("6602",月,"借",,年)
B9	FS("6603",月,"借",,年)
B10	FS("6111",月,"借",,年)
B11	B4－B5－B6－B7－B8－B9＋B10
B12	FS("6301",月,"贷",,年)
B13	FS("6711",月,"借",,年)
B14	B11＋B12－B13
B15	FS("6801",月,"借",,年)
B16	B14－B15

（二）利用报表模板生成会计报表

1. 生成信谊股份有限公司 2011 年 1 月 31 日的"资产负债表"。

2. 生成信谊股份有限公司 2011 年 1 月份的"利润表"。

第4单元 薪资管理

 **学习目标**

了解工资系统的主要功能,包括工资系统初始化、日常业务处理和期末业务处理的主要功能及其作用。

能够根据企业的需要进行工资系统初始化,进行工资计算与分配等日常业务处理和期末业务处理。能够了解在出现操作错误时的处理思路和方法。

薪资管理是每一个单位财会部门最基本的业务之一,不仅关系到每个职工的切身利益,也是影响产品成本的重要因素。手工进行工资核算,需要占用财会人员大量的精力和时间,并且容易出错,因此采用计算机进行工资核算可以有效地提高工资核算的准确性和及时性。使用计算机进行工资核算之前,需要进行工资系统的初始设置,用于建立工资系统的应用环境。在进行初始设置之前,应进行必要的数据准备,如规划企业职工的编码规则、进行人员类别的划分、整理好设置的工资项目及核算方法,并准备好部门档案、人员档案、基本工资数据等基本信息。

 **提示**

- 在启动工资系统前应先在系统管理中设置相应的账套。
- 在启动工资系统前应已建立账套,或在建立账套后已经启用了100账套的"工资"系统。
- 进入工资系统的日期必须大于等于工资系统的启用日期。

4.1 工资系统初始化

4.1.1 设置工资账套参数

1. 启用工资系统

由于在建立100账套后尚未启用工资系统,所以,此时不能对工资系统进行任何操作,应在启用系统后对工资系统进行系统初始化及日常业务处理等操作。

任务 4-1 由 100 账套的主管"CW1 张悦"(密码：000000)启用"工资"系统，启用日期为 2011 年 1 月 1 日。

操作步骤

(1) 选择单击【开始】|【程序】|【畅捷通 T3 系列管理软件】|【畅捷通 T3】|【系统管理】，或者直接单击桌面上的"系统管理"图标 ，打开"畅捷通 T3 -企业管理信息化软件教育专版〖系统管理〗"窗口。

(2) 在"系统管理"窗口中，选择【系统】|【注册】选项，打开"注册〖控制台〗"对话框。在"用户名"栏录入"CW1"，如图 4-1 所示。

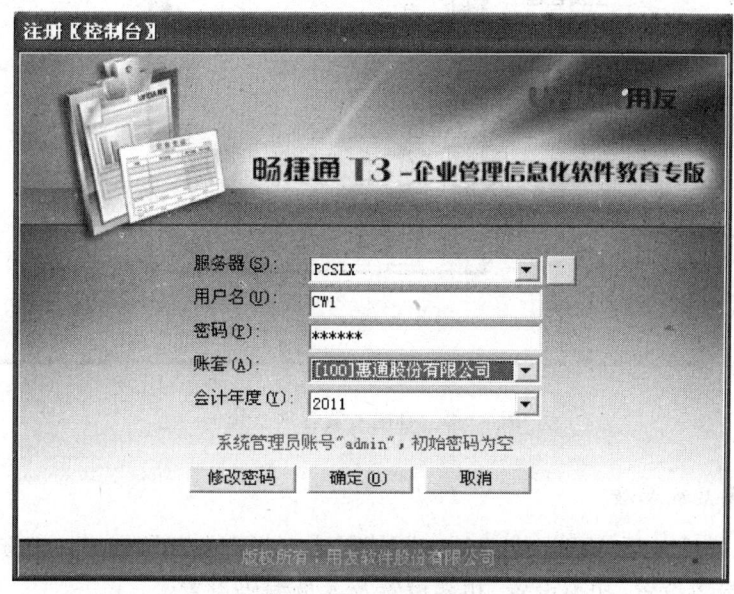

图 4-1 以账套主管的身份登录系统管理

(3) 单击【确定】按钮，打开系统管理窗口。

(4) 选择【账套】|【启用】选项，打开"系统启用"对话框。

(5) 选中"工资管理"复选框，在弹出的"日历"对话框中，选择"2011 年 1 月 1 日"，如图 4-2 所示。

(6) 单击【确定】按钮。

提示

　　如果 100 账套已对 1 月份的总账进行了月末结账处理，那么若要将工资系统的启用月份定为 1 月份，则应先对总账系统进行取消结账处理，否则，工资系统等只能在总账结账月份之后启用(取消结账的方法是在【总账】|【期末】|【结账】功能中，选中已结账月份后，按 Ctrl＋Shift＋F6 键，并输入账套主管的口令，按提示操作即可)。

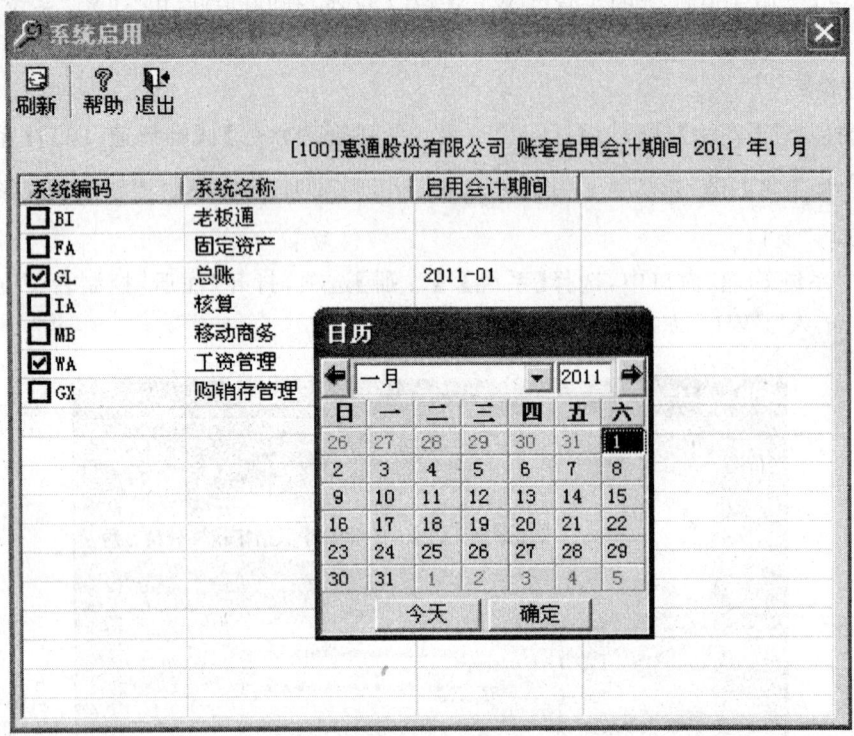

图 4 - 2 启用工资管理系统

2. 设置工资系统参数

初次进入工资系统后应根据企业的实际情况建立相应的工资账套。工资账套的建立分为四个步骤,即参数设置、扣税设置、扣零设置及人员编码设置。

任务 4 - 2 由 CW1 建立工资账套的参数。将工资账套的参数设置为只有一个工资类别;扣税设置为"从工资中代扣个人所得税";不进行扣零设置;工资账套的启用日期为"2011年1月1日",人员编码长度为"5"位。

操作步骤

(1) 以 CW1 注册进入"畅捷通 T3 -企业管理信息化软件教育专版"。

(2) 在"畅捷通 T3 -企业管理信息化软件教育专版"窗口中,选择【工资】选项,打开"建立工资套——参数设置"对话框,如图 4 - 3 所示。

(3) 选择"单个"单选按钮。然后单击【下一步】按钮。打开"建立工资套——扣税设置"对话框,选择"是否从工资中代扣个人所得税"复选框,如图 4 - 4 所示。

(4) 单击【下一步】按钮,打开"建立工资套——扣零设置"对话框,如图 4 - 5 所示。

(5) 单击【下一步】按钮,打开"建立工资套——人员编码"对话框,将"人员编码长度"修改为"5",将本账套的启用日期修改为"2011 - 01 - 01",如图 4 - 6 所示。

(6) 单击【完成】按钮,系统提示"是否以 2011 - 01 - 01 为当前工资类别的启用日期?"如图 4 - 7 所示。

(7) 单击【是】按钮。

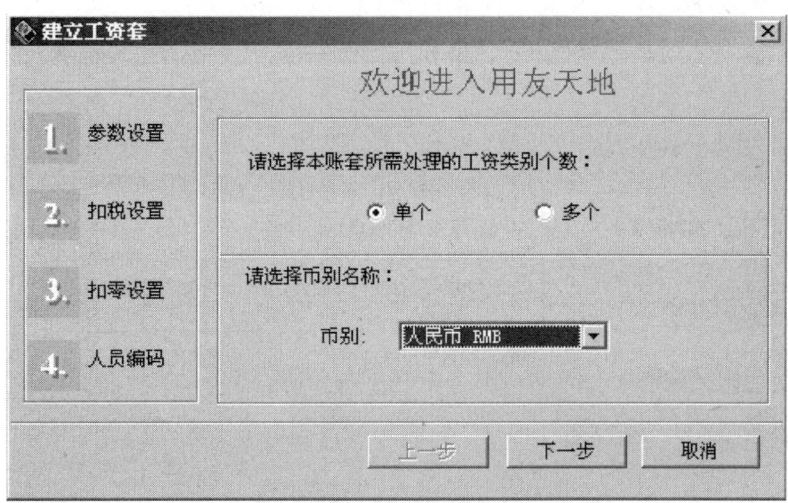

图 4 - 3 设置工资类别个数

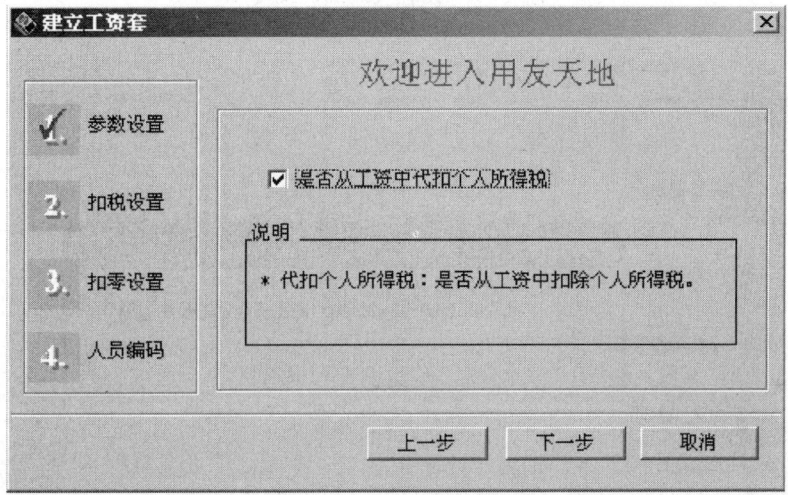

图 4 - 4 设置是否从工资中代扣个人所得税

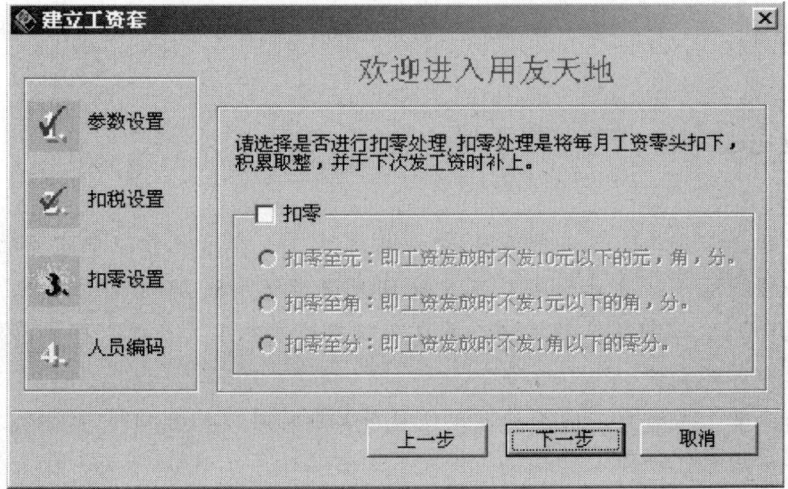

图 4 - 5 设置扣零

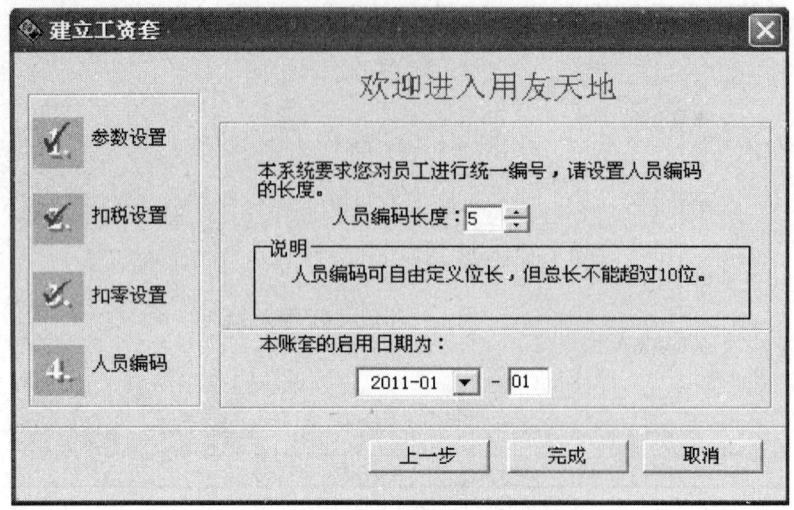

图 4 - 6　设置人员编码长度

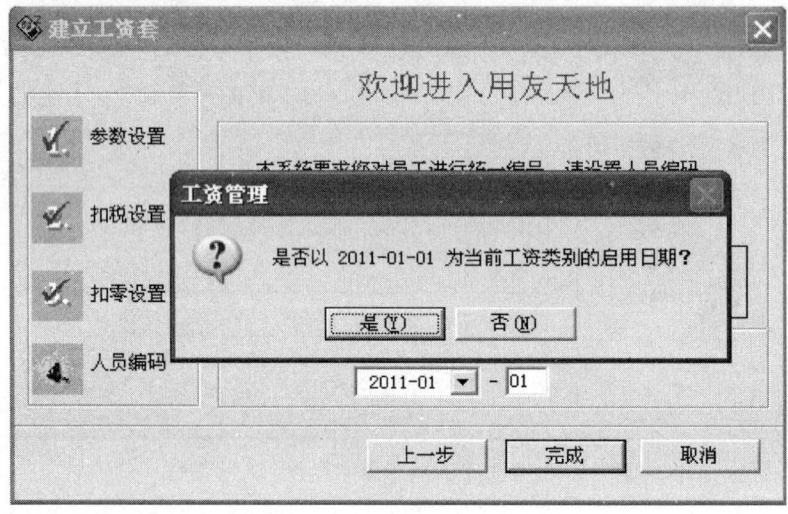

图 4 - 7　确认工资系统启用日期的提示

 提示

- 工资账套与企业账套概念不同,企业核算账套是在系统管理中建立的,针对整个畅捷通T3-企业管理信息化软件教育专版系统,而工资账套只针对畅捷通T3-企业管理信息化软件教育专版系统中的工资系统。即工资账套是企业核算账套的一个组成部分。
- 如果企业中所有员工的工资发放项目与工资计算方法都相同,那么可以对全部员工进行统一的工资核算方案,对应地选择系统提供的单工资类别应用方案。

- 如果企业存在下列情况之一，则需要选择系统提供的多工资类别应用方案。首先，企业存在不同类别的人员，他们的工资发放项目不同、计算公式也不相同，但需要进行统一的工资核算管理。如企业需要分别对在职人员、退休人员等进行工资核算等。其次，企业每月进行多次工资发放，月末需要进行统一核算。再次，企业在不同地区设有分支机构，而工资核算由总部统一管理或工资发放使用多种货币。
- 扣税设置即选择在工资计算中是否由单位代扣个人所得税。
- 扣零设置通常在发放现金工资时使用，如果单位采用银行代发工资则很少采用此设置。
- 人员编码即单位人员编码长度。可以根据需要自由定义人员编码长度，但总长度不能超过10位字符。
- 单工资类别情况下，工资账套建立完成后不需要建立工资类别；多工资类别情况下，工资账套建立完成后需要在"工资类别"功能中建立工资类别。

4.1.2　设置银行名称

当企业采用银行代发形式发放工资时，需要确定银行名称及账号长度。发放工资的银行可以按需设置多个，这里的银行名称设置是指所有工资类别涉及的银行名称。如果同一工资类别中的人员由于在不同的工作地点，需由不同的银行代发工资，或者不同的工资类别由不同的银行代发，均需将相应的银行名称在此一并设置。

任务4-3　设置银行名称为"工商银行"。账号长度为11位，录入时自动带出的账号长度为8位。

操作步骤

（1）在"畅捷通T3-企业管理信息化软件教育专版"窗口中，选择【工资】|【设置】|【银行名称设置】选项，打开"银行名称设置"对话框，如图4-8所示。

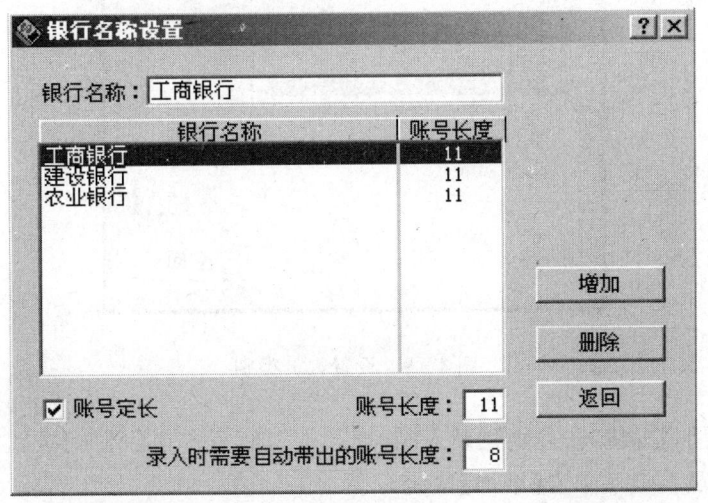

图4-8　设置银行名称

（2）选中"银行名称"栏中的"工商银行"选项，在"录入时需要自动带出的账号长度"栏中录入"8"。

（3）单击【返回】按钮。

 **提 示**

- 银行账号长度不得为空，且不能超过30位。
- 录入时需要自动带出的账号长度是指在录入"人员档案"的银行账号时，从第二个人开始，系统将根据用户在此定义的长度自动带出银行账号的相应长度，可以有效提高录入的速度。
- 如果删除银行名称则同银行名称有关的所有设置将一同删除，包括银行的代发文件格式设置、磁盘输出格式的设置等。

4.1.3 设置人员类别

人员类别是指按某种特定的分类方式将企业职工分成若干类，不同类别的人员工资水平可能不同，从而有助于实现工资的多级管理。人员类别的设置还与工资费用的分配、分摊有关，合理设置便于按人员类别进行工资的汇总计算，为企业提供不同人员类别的工资信息。

任务4-4 设置本企业的人员类别为"管理人员"、"市场营销人员"和"研发人员"。

操作步骤

（1）在"畅捷通 T3-企业管理信息化软件教育专版"窗口中，选择【工资】|【设置】|【人员类别设置】选项，打开"类别设置"对话框，如图4-9所示。

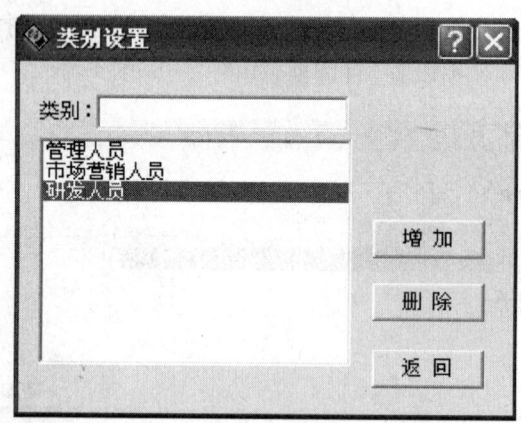

图4-9 设置人员类别

（2）单击【增加】按钮，在类别栏录入"管理人员"，然后单击【增加】按钮，录入"市场营销人员"及"研发人员"，最后单击【增加】按钮。

（3）单击【返回】按钮。

提示

● 人员类别名称可以随时修改。已经使用的人员类别不允许删除。
● 人员类别只剩下一个时不允许删除。
● 人员类别设置的目的是为"工资分摊"设置入账科目时使用。

4.1.4 设置工资项目

工资数据最终由各个工资项目体现。工资项目设置即定义工资核算所涉及的项目名称、类型和长度等。工资管理系统中提供了一些固定的工资项目,它们是工资账中不可缺少的内容,主要包括"应发合计"、"扣款合计"和"实发合计"。若在工资建账时设置了"扣零处理",则系统在工资项目中自动生成"本月扣零"和"上月扣零"两个指定名称的项目。若选择了"扣税处理",则系统在工资项目中自动生成"代扣税"项目,这些项目不能删除和重命名。其他项目可以根据实际需要进行定义或参照增加。如:基本工资和奖金等。在此设置的工资项目对于多工资类别的工资账套而言,是针对所有工资类别所需要使用的全部工资项目,对于单工资类别而言,就是此工资账套所使用的全部工资项目。

任务4-5 设置如表4-1所示的本企业的工资项目。

表4-1   本企业的工资项目

工资项目名称	类　型	长　度	小　数	增减项
基本工资	数　字	8	2	增项
岗位工资	数　字	8	2	增项
通讯补贴	数　字	8	2	增项
交通补贴	数　字	8	2	增项
奖　金	数　字	8	2	增项
缺勤扣款	数　字	8	2	减项
缺勤天数	数　字	8	1	其他

操作步骤

(1)在"畅捷通 T3-企业管理信息化软件教育专版"窗口中,选择【工资】|【设置】|【工资项目设置】选项,打开"工资项目设置"对话框,如图4-10所示。

(2)单击【增加】按钮,录入工资项目名称为"基本工资",或单击"名称参照"栏后的下三角按钮,选择"基本工资"选项。单击"基本工资"所在行类型栏后的下三角按钮,选择"数字"选项,选择长度为"8",选择小数位为"2",选择增减项为"增项"。以此方法继续增加其他的工资项目。

(3)单击"移动"上下三角按钮,将每个工资项目移动到合适的位置,如图4-11所示。

(4)单击【确认】按钮。

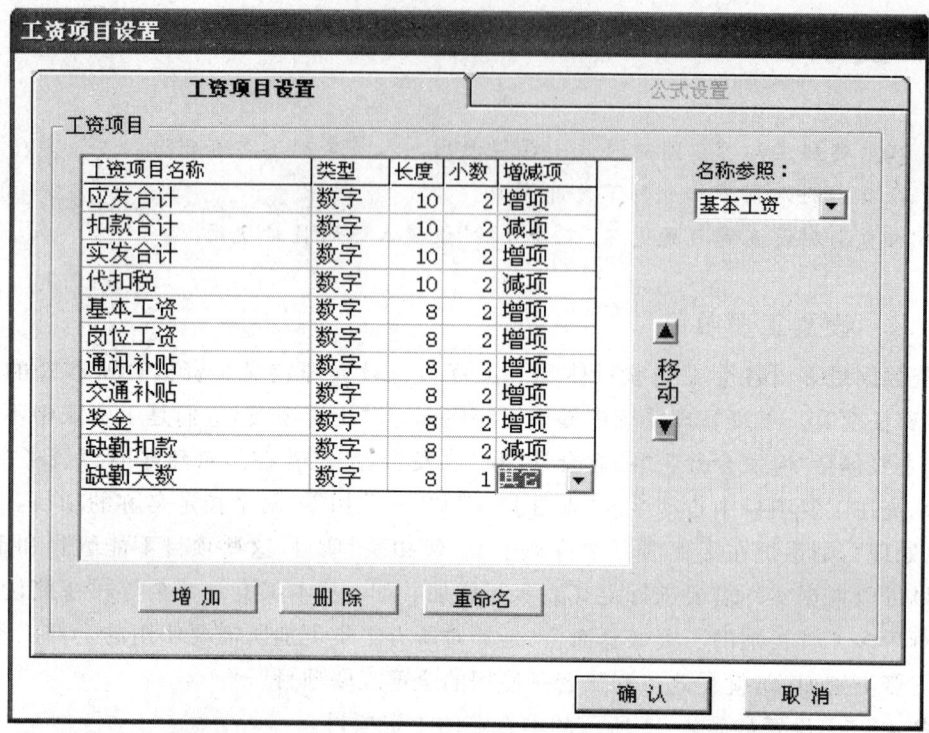

图 4-10 设置工资项目

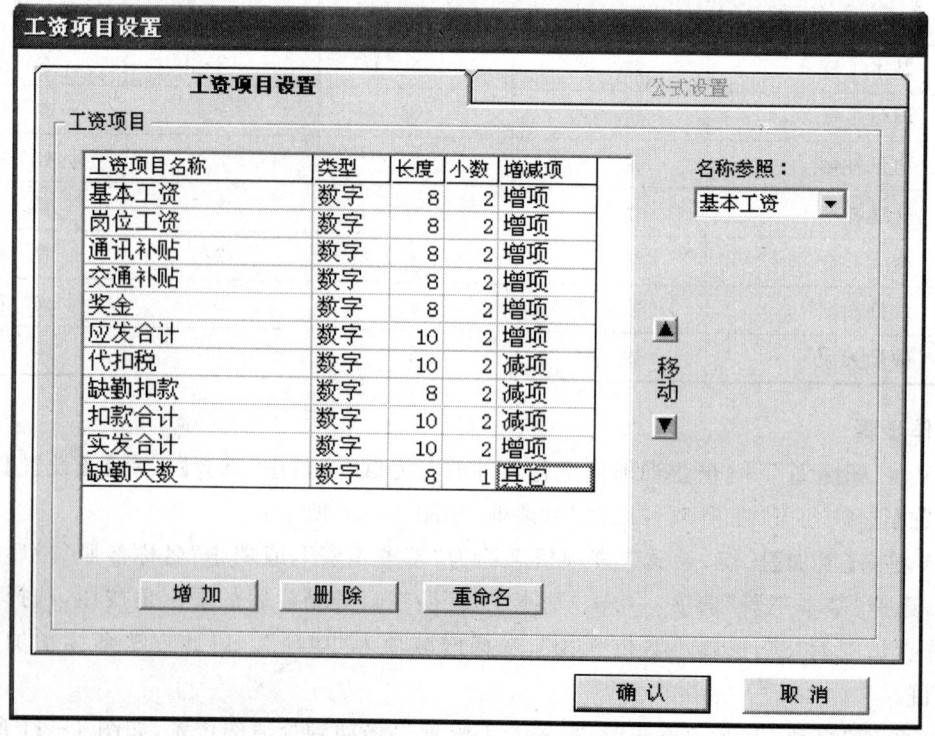

图 4-11 调整工资项目的位置

提示

- 与选择的工资账套参数无关,系统均提供应发合计、扣款合计、实发合计几项固定的工资项目。
- 如果建账时选择了"代扣个人所得税"选项,则系统提供代扣税项目。
- 如果建账时选择了"扣零"处理,则系统提供"本月扣零"和"上月扣零"两个工资项目。
- 工资项目名称必须唯一。
- 已使用的工资项目不可删除,也不能修改其数据类型。
- 系统提供的固定工资项目不能修改。

4.1.5　建立人员档案

1. 增加人员档案

设置人员档案用于登记工资发放人员的姓名、职工编号、所在部门以及人员类别等信息,此外人员的增减变动都必须先在本功能中处理。在单工资类别情况下,可以直接进入"人员档案"功能中设置人员信息。在多工资类别下,人员档案的操作是针对某个工资类别的,即应先打开相应的工资类别才能进行人员档案的设置。

任务 4-6　在"在职人员"工资类别下设置如表 4-2 所示的人员档案。

表 4-2　　　　　　　　　　　人 员 档 案

职员编号	人员姓名	所属部门	人员类别	银行代发账号
01001	王　婷	行政部	管理人员	00110011001
01002	林　飞	行政部	管理人员	00110011002
01003	张　悦	财务部	管理人员	00110011003
01004	刘家炜	财务部	管理人员	00110011004
01005	杜　睿	研发部	开发人员	00110011005
01006	李天龙	研发部	开发人员	00110011006
01007	陈　惠	业务一部	市场营销人员	00110011007
01008	刘　荣	业务二部	市场营销人员	00110011008

操作步骤

(1) 在"畅捷通 T3-企业管理信息化软件教育专版"窗口中,选择【工资】|【设置】|【人员档案】选项,打开"人员档案"窗口,如图 4-12 所示。

(2) 在"人员档案"窗口中,单击图标 ⊡(批量从职员档案中引入人员),打开"人员批量增加"对话框。

(3) 分别选中"行政部"、"财务部"、"研发部"、"业务一部"和"业务二部"选项,如图 4-13 所示。

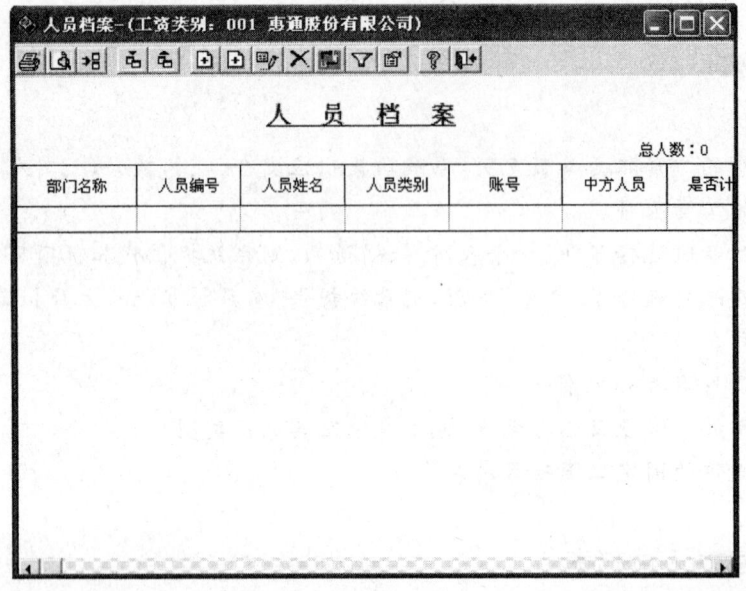

图 4-12 "人员档案"对话框

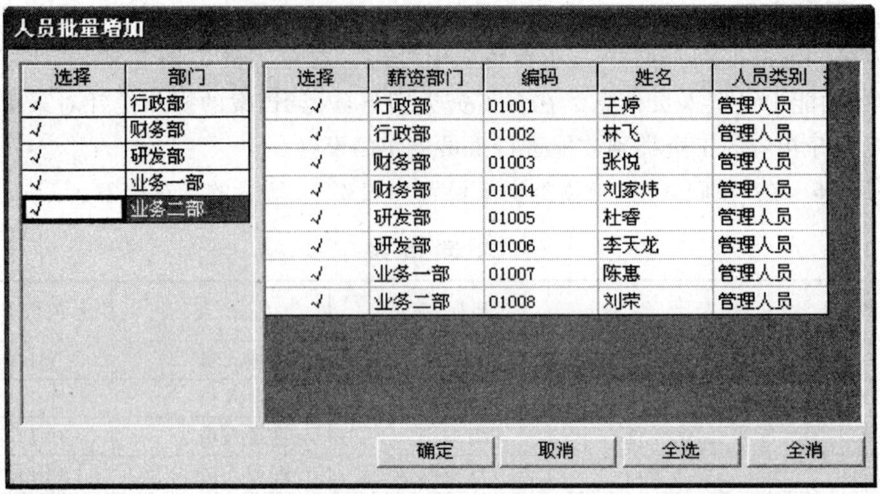

图 4-13 设置人员档案

（4）单击【确定】按钮，如图 4-14 所示。

 提示

- 由于在进行银行名称设置时已经设置了"录入时需要自动带出的账号长度"，因此，在录入第 1 个人员档案后，其他的人员档案中的银行账号会自动带出相应账号的位数。
- 在增加人员档案对话框中的"停发工资"、"调出"和"数据档案"选项不可选，只有在修改状态下才能进行编辑。

人员档案-(工资类别：001 惠通股份有限公司)

人 员 档 案

总人数：8

部门名称	人员编号	人员姓名	人员类别	账号	中方人员	是否计税	工资停发
行政部	01001	王婷	管理人员		是	是	否
行政部	01002	林飞	管理人员		是	是	否
财务部	01003	张悦	管理人员		是	是	否
财务部	01004	刘家炜	管理人员		是	是	否
研发部	01005	杜睿	管理人员		是	是	否
研发部	01006	李天龙	管理人员		是	是	否
业务一部	01007	陈惠	管理人员		是	是	否
业务二部	01008	刘荣	管理人员		是	是	否

图 4-14　全部人员档案

2. 修改人员档案

人员档案在修改的状态下可以进行"停发工资"、"调出"和"数据档案"的编辑。已做调出标志的人员，所有档案信息不可修改，其编号下个月可以再次使用。调出人员可在当月月末处理前，取消调出标志。有工资停发标志的人员不再对其发放工资，但保留人员档案，以后可恢复发放。标志为停发或调出人员，将不再参与工资的发放和汇总。如果在人员档案中直接输入职工工资，可以单击"数据档案"按钮进入"工资数据录入——页编辑"对话框，在其中进行工资数据的录入。

任务4-7 继续以上任务的操作，录入所有人员的银行代发信息。

操作步骤

（1）选中人员姓名为"王婷"的所在行，单击"人员信息修改"图标█，打开"人员档案"对话框。

（2）单击"人员类别"栏后的下三角按钮，选择"管理人员"选项，单击"银行名称"栏后下三角按钮，选择"工商银行"选项，录入银行账号为"00110011001"，如图4-15所示。

（3）单击【确认】按钮，系统提示"写入该人员档案信息吗？"如图4-16所示。

（4）单击【确定】按钮，继续录入（修改）其他人员的人员类别和银行代发信息。已设置的职员档案，如图4-17所示。

3. 数据替换

当需要修改个别人员的档案时，可以在人员档案修改窗口中进行修改。在一批人员中有某个档案信息需要同时修改时，可以利用数据替换功能，将符合条件人员的某个档案的信息内容，统一替换为其他信息，以提高人员信息的修改速度。

4.1.6　设置计算公式

设置计算公式即定义工资项目之间的运算关系，计算公式设置的正确与否关系到

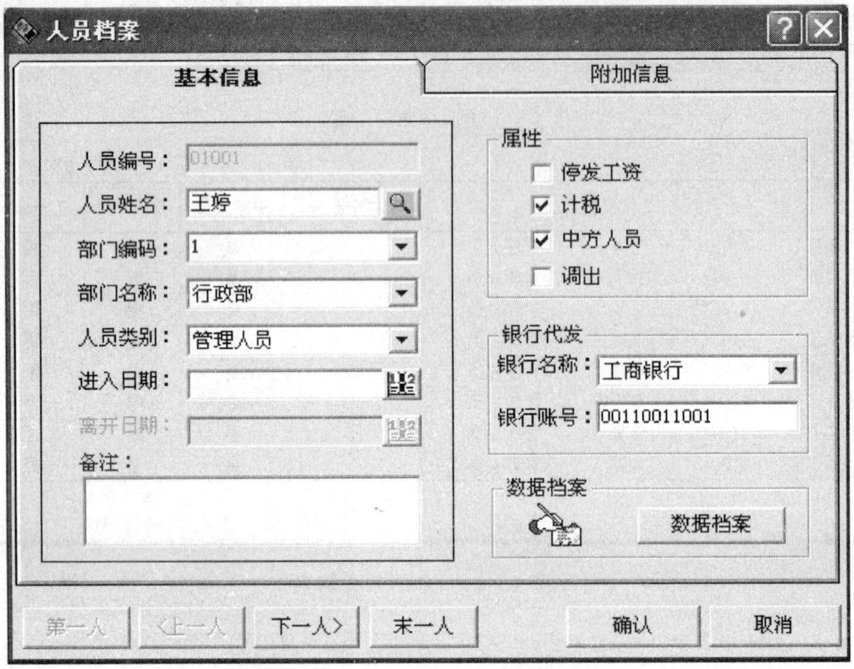

图 4-15 录入银行代发信息

图 4-16 录入银行代发信息时的提示

工资核算的最终结果。定义公式可以通过选择工资项目、运算符、关系符以及函数等组合完成。

任务 4-8 设置"缺勤扣款"的计算公式。即"缺勤扣款＝基本工资/22＊缺勤天数"。

图 4-17 已设置的职员档案

操作步骤

(1) 在工资系统中,选择【工资】|【设置】|【工资项目设置】选项,打开"工资项目设置"对话框。

(2) 单击"公式设置"选项卡,如图 4-18 所示。

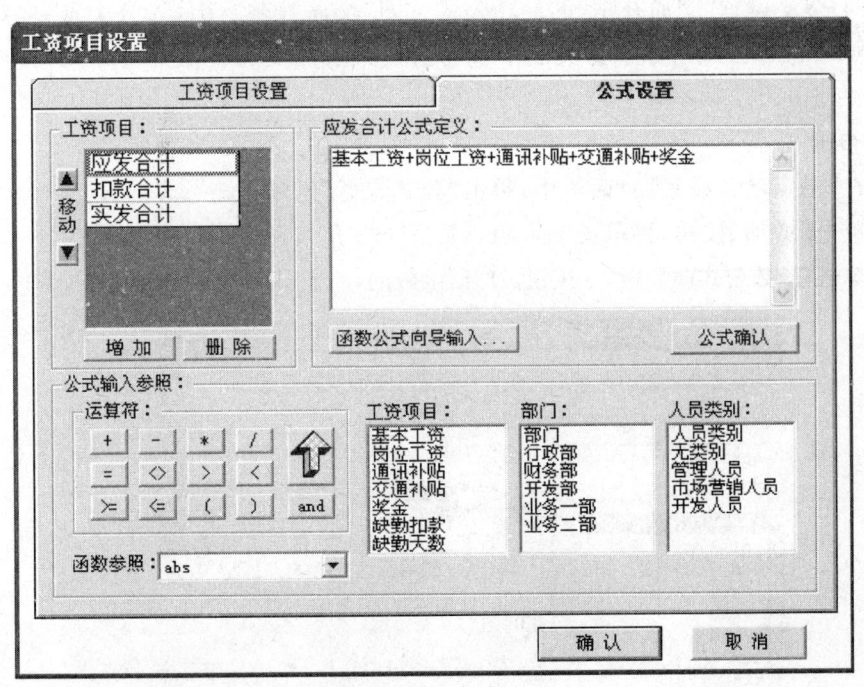

图 4-18 设置缺勤扣款的计算公式

(3) 单击左上方"工资项目"栏的【增加】按钮,再单击工资项目栏后下三角按钮,选择"缺勤扣款"选项,在"缺勤扣款公式定义"栏录入"基本工资/22 * 缺勤天数"。

(4) 单击【公式确认】按钮,如图 4-19 所示。

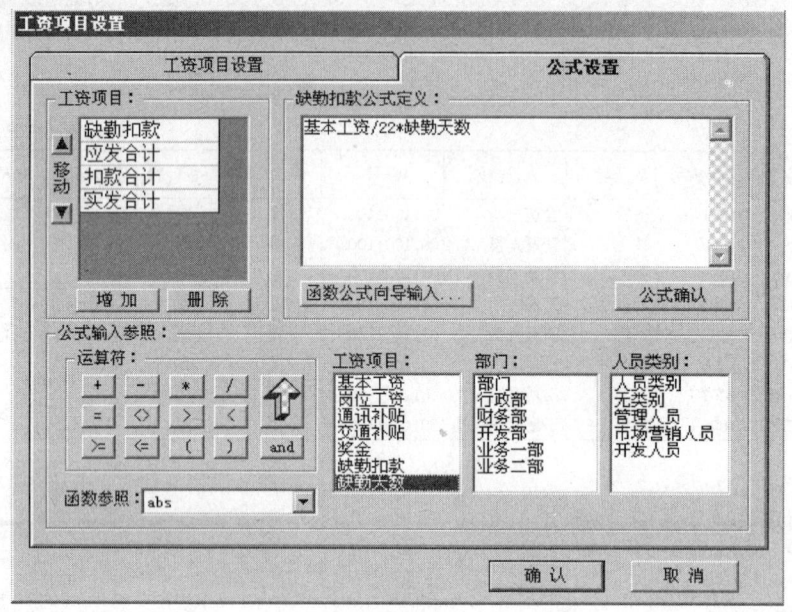

图 4-19　设置缺勤扣款的计算公式

(5) 单击【确认】按钮。

任务 4-9　设置"交通补贴"的计算公式。即"交通补贴=iff(人员类别='市场营销人员',200,60)"。该公式表示人员类别中市场营销人员的交通补贴为 200 元,其他类别人员的交通补贴是 60 元。

操作步骤

(1) 在"工资项目设置"对话框中,单击"公式设置"选项卡。

(2) 单击【增加】按钮,再单击工资项目栏后下三角按钮,选择"交通补贴"。

(3) 单击"函数公式向导输入"按钮,打开"函数向导——步骤之1"对话框,如图 4-20 所示。

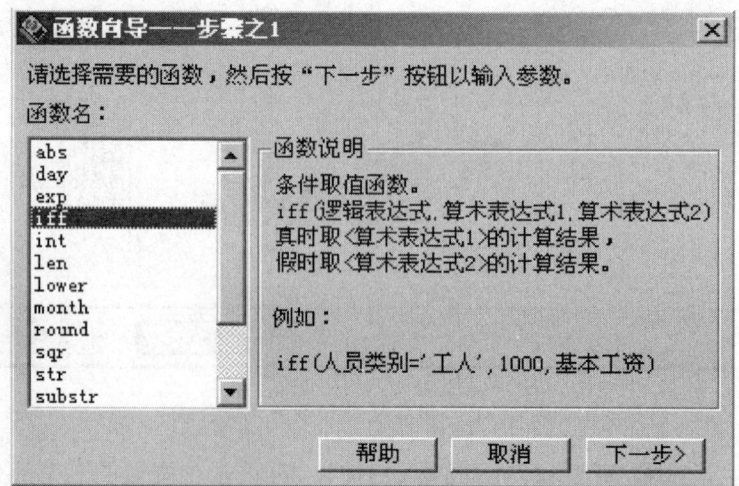

图 4-20　设置交通补贴的计算公式的函数

（4）选择 iff 选项，单击【下一步】按钮，打开"函数向导——步骤之 2"对话框，如图 4-21 所示。

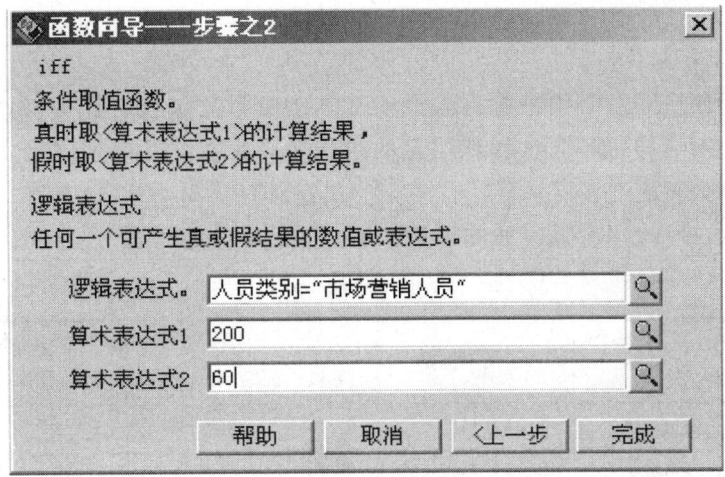

图 4-21 设置交通补贴的计算公式的表达式

（5）录入逻辑表达式：人员类别＝"市场营销人员"，在"算术表达式 1"中录入"200"，在"算术表达式 2"中录入"60"。

（6）单击【完成】按钮，如图 4-22 所示。

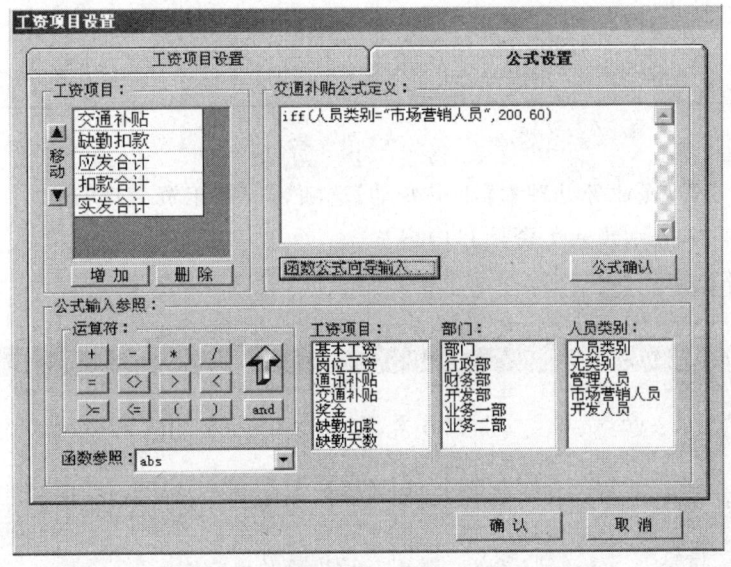

图 4-22 设置完成交通补贴的计算公式

（7）单击"公式确认"按钮，再单击【确认】按钮。

提示

● 函数公式向导只支持系统提供的函数。

● 备份：已完成系统初始化。

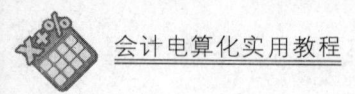

4.2 日常业务

4.2.1 工资变动

第一次使用工资系统必须将所有人员的基本工资数据录入计算机，每月发生的工资数据变动也在此进行调整，如奖金、扣款信息的录入等。工资变动处理之前，需要事先设置好工资项目及计算公式。

任务 4-10 2011 年 1 月有关的工资数据，如表 4-3 所示。

表 4-3 工 资 数 据

职员编号	人员姓名	所属部门	人 员 类 别	基本工资	岗位工资	通讯补贴	交通补贴	奖金	缺勤天数
01001	王 婷	行政部	管理人员	6 000	1 500	200		2 000	
01002	林 飞	行政部	管理人员	5 000	500	200		1 500	
01003	张 悦	财务部	管理人员	5 000	1 200	200		1 300	
01004	刘家炜	财务部	管理人员	3 200	500	100		960	
01005	杜 睿	研发部	开发人员	5 500	1 100	100		1 650	2
01006	李天龙	研发部	开发人员	4 000	600	100		1 200	
01007	陈 惠	业务一部	市场营销人员	3 000	600	200		5 000	
01008	刘 荣	业务二部	市场营销人员	3 200	600	200		4 000	

操作步骤

(1) 选择【工资】|【业务处理】|【工资变动】选项，打开“工资变动”窗口。

(2) 在窗口中，分别录入工资项目内容。

(3) 单击计算按钮，计算全部工资项目内容，如图 4-23 所示。

人员编号	姓名	部门	人员类别	基本工资	岗位工资	通讯补贴	交通补贴	奖金	应发合计	代扣税	缺勤扣款	扣款合计	实发合计	缺勤天数
01001	王婷	行政部	管理人员	6,000.00	1,500.00	200.00	60.00	2,000.00	9,760.00	1,177.00		1,177.00	8,583.00	
01002	林飞	行政部	管理人员	5,000.00	500.00	200.00	60.00	1,500.00	7,260.00	677.00		677.00	6,583.00	
01003	张悦	财务部	管理人员	5,000.00	1,200.00	200.00	60.00	1,300.00	7,760.00	777.00		777.00	6,983.00	
01004	刘家炜	财务部	管理人员	3,200.00	500.00	100.00	60.00	960.00	4,820.00	298.00		298.00	4,522.00	
01005	杜睿	研发部	研发人员	5,500.00	1,100.00	100.00	60.00	1,650.00	8,410.00	807.00	500.00	1,307.00	7,103.00	2.0
01006	李天龙	研发部	研发人员	4,000.00	600.00	100.00	60.00	1,200.00	5,960.00	469.00		469.00	5,491.00	
01007	陈惠	业务一部	市场营销人员	3,000.00	600.00	200.00	60.00	5,000.00	8,860.00	997.00		997.00	7,863.00	
01008	刘荣	业务二部	市场营销人员	3,200.00	600.00	200.00	60.00	4,000.00	8,060.00	837.00		837.00	7,223.00	

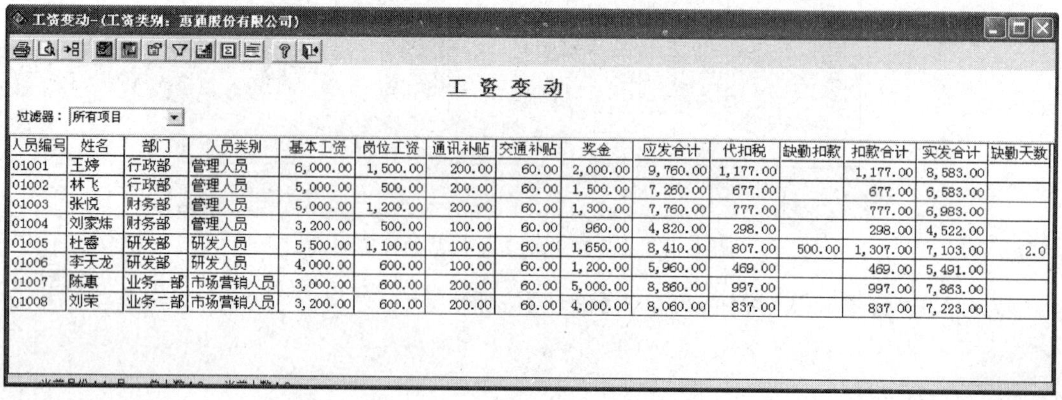

图 4-23 计算后的工资项目内容

(4) 单击退出图标。系统提示“数据发生变动后尚未进行汇总，是否进行汇总?”如图 4-24 所示。

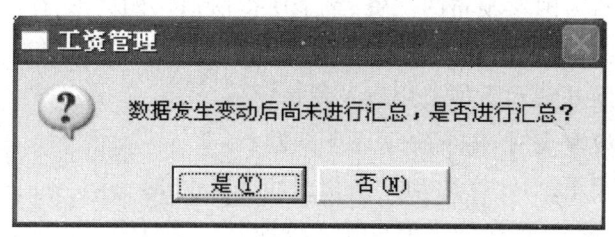

图 4-24   退出工资变动时的提示

（5）单击【是】按钮。

提示

- 第一次使用工资系统必须将所有人员的基本工资数据录入。工资数据可以在录入人员档案时直接录入，需要计算的内容在此功能中进行计算。也可以在工资变动功能中录入。当工资数据发生变动时也应在此录入。
- 如果工资数据变化较大可以使用替换功能进行替换。
- 在修改了某些数据、重新设置了计算公式、进行了数据替换或在个人所得税中执行了自动扣税等操作时，必须调用"计算"和"汇总"功能对个人工资数据进行重新计算，以保证数据正确。
- 如果对工资数据只进行了"计算"操作，而未进行"汇总"操作，则退出时系统提示"数据发生变动后尚未进行汇总，是否进行汇总？"如果需要汇总则单击"是"，否则，单击"否"即可。

4.2.2   扣缴所得税

个人所得税是根据《中华人民共和国个人所得税法》对个人所得征收的一种税。手工情况下，每个月末财务部门都要对超过扣除基数金额的部分进行计算纳税申报，系统只提供对工资、薪金所得征收所得税的功能。

鉴于许多企事业单位计算职工个人所得税的工作量较大，因此系统中提供了个人所得税自动计算功能，用户只需要定义所得税率并设置扣税基数就可以由系统自动计算个人所得税，既减轻了用户的工作负担，又提高了工作效率。

1. 选择申报表栏目

"个人所得税申报表"是个人纳税情况的记录，系统提供对表中栏目的设置功能。默认以"实发工资"作为扣税基数。如果想以其他工资项目作为扣税标准，则需要在定义工资项目时单独为应税所得设置一个工资项目。

2. 税率表定义

如果单位的扣除费用及税率与国家规定的不一致，可在个人所得税扣缴申报表界面单击"税率"按钮进行修改，修改确定后系统将自动重新计算。

税率定义界面初始为国家颁布的工资、薪金所得所适用的九级超额累进税率,税率为百分之五至百分之四十五,级数为九级,费用基数为 2 000 元,附加费用为 2 800 元。用户可以根据实际需要调整费用基数和附加费用以及税率。

修改个人所得税税率表时,需要提示以下问题。

- 应纳税所得额下限不允许改动。系统设定下一级的下限与上一级的上限相同。当调整上级的上限时,该级的下限也随之改动。
- 当增加新一级的上限即等于其下限加一,用户可根据需要调整新增级次的上限。
- 系统税率表初始界面的速算扣除数由系统给定,用户可以自行修改。当用户增加新的级次时,则该级的速算扣除数由用户自行输入。
- 在删除税率的级次时,一定要提示不能跨级删除,必须从末级开始删除。税率表只剩一级时不允许删除。

3. 个人所得税计算

当税率定义确认后,系统将根据用户的设置自动计算并生成新的个人所得税申报表。如果用户修改了"税率表",则用户在退出个人所得税功能后,需要到工资变动功能中执行重新计算功能。否则系统将保留用户修改个人所得税前的数据状态。

任务 4-11 2011 年 1 月,100 账套中应扣除 3 000 元的费用基数后计算个人所得税。试计算应缴个人所得税并重新计算工资。

操作步骤

(1)选择【工资】|【业务处理】|【扣缴所得税】选项,或直接单击"扣缴个人所得税"。打开"栏目选择"对话框,如图 4-25 所示。

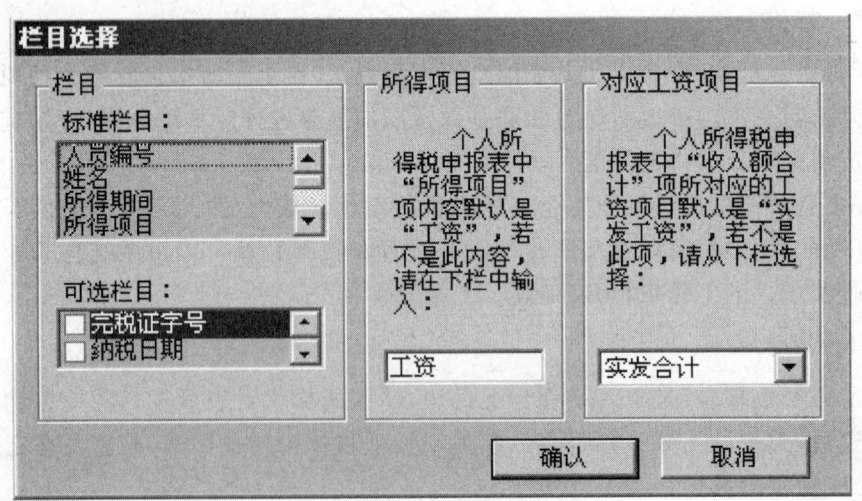

图 4-25 "栏目选择"对话框

(2)单击【确认】按钮。打开"个人所得税扣缴申报表"窗口,如图 4-26 所示。

个人所得税-(工资类别：惠通股份有限公司)

个人所得税扣缴申报表

2011年1月

只显示需要纳税人员　　总人数：8

人员编号	姓名	所得期间	所得项目	收入额合计	减费用额	应纳税所得额	税率(%)	速算扣除数	扣缴
01001	王婷	1	工资	9,760.00	2,000.00	7,760.00	20.00	375.00	
01002	林飞	1	工资	7,260.00	2,000.00	5,260.00	20.00	375.00	
01003	张悦	1	工资	7,760.00	2,000.00	5,760.00	20.00	375.00	
01004	刘家炜	1	工资	4,820.00	2,000.00	2,820.00	15.00	125.00	
01005	杜睿	1	工资	7,910.00	2,000.00	5,910.00	20.00	375.00	
01006	李天龙	1	工资	5,960.00	2,000.00	3,960.00	15.00	125.00	
01007	陈惠	1	工资	8,860.00	2,000.00	6,860.00	20.00	375.00	
01008	刘荣	1	工资	8,060.00	2,000.00	6,060.00	20.00	375.00	
	合计	1	工资	60,390.00	16,000.00	44,390.00			

制单：

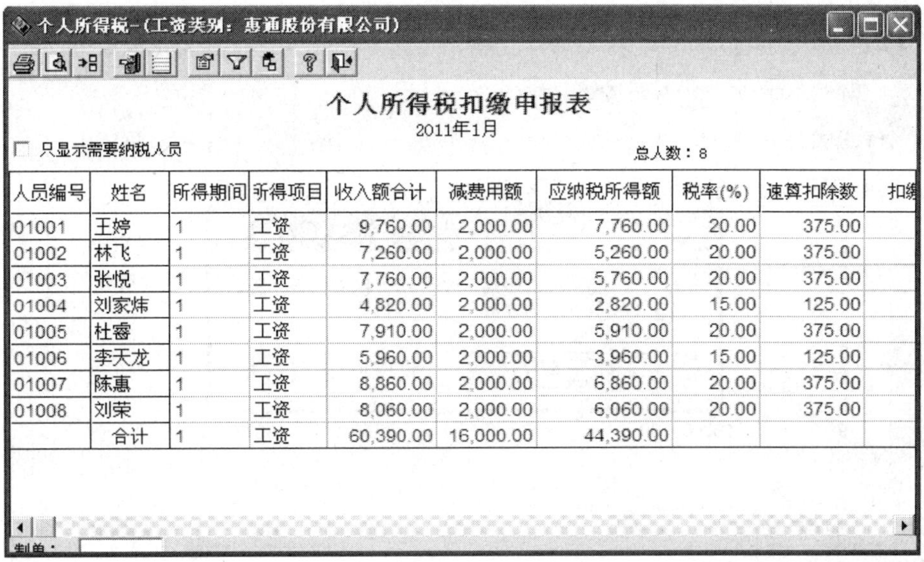

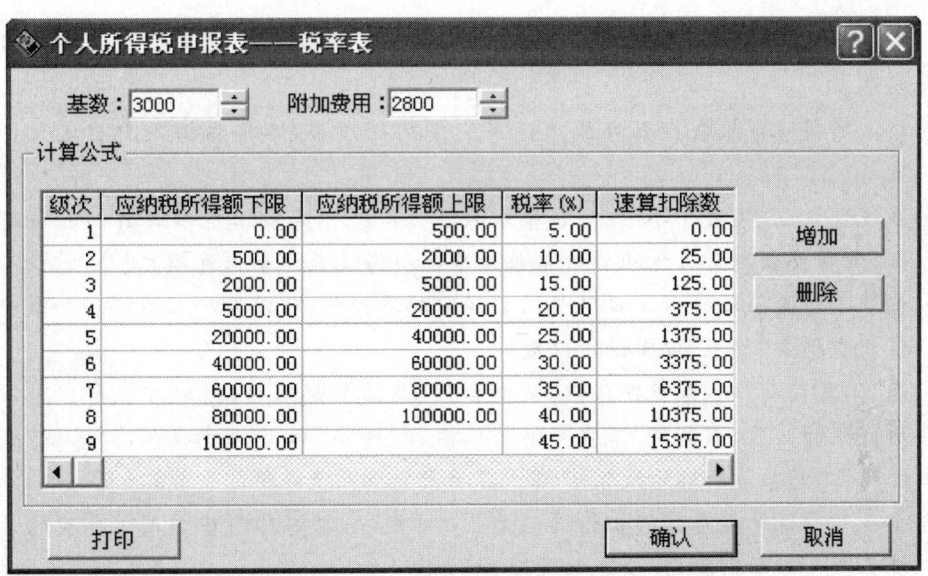

图 4－26　个人所得税扣缴申报表

(3) 单击税率表按钮，出现“个人所得税申报表——税率表”对话框。

(4) 在“个人所得税申报表——税率表”对话框中，修改费用基数为“3 000”，如图 4－27 所示。

个人所得税申报表——税率表

基数：3000　　附加费用：2800

计算公式

级次	应纳税所得额下限	应纳税所得额上限	税率(%)	速算扣除数
1	0.00	500.00	5.00	0.00
2	500.00	2000.00	10.00	25.00
3	2000.00	5000.00	15.00	125.00
4	5000.00	20000.00	20.00	375.00
5	20000.00	40000.00	25.00	1375.00
6	40000.00	60000.00	30.00	3375.00
7	60000.00	80000.00	35.00	6375.00
8	80000.00	100000.00	40.00	10375.00
9	100000.00		45.00	15375.00

增加　删除

打印　确认　取消

图 4－27　个人所得税税率表

(5) 单击【确认】按钮，系统提示“调整税率表后，个人所得税需重新计算。是否重新计算个人所得税？”如图 4－28 所示。

(6) 单击【是】按钮，返回“个人所得税申报表”窗口。单击退出图标退出。

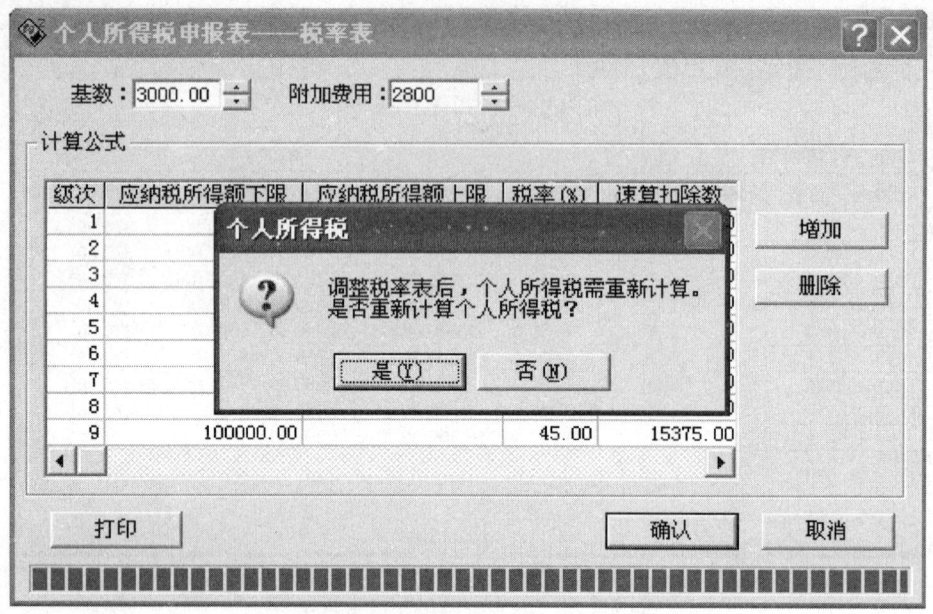

图 4-28　调整税率时的提示

 **提示**

- "个人所得税申报表"是个人纳税情况的记录,系统提供对表中栏目的设置功能。
- 个人所得税申报表栏目只能选择系统提供的项目,不提供由用户自定义的项目。
- 系统默认以"实发合计"作为扣税基数。如果想以其他工资项目作为扣税标准,则需要在定义工资项目时单独为应税所得设置一个工资项目。
- 如果单位的扣除费用及税率与国家规定的不一致,可以在个人所得税扣缴申报表中单击"税率"按钮进行修改。
- 在"工资变动"中,系统默认以"实发合计"作为扣税基数,所以在执行完个人所得税计算后,需要到"工资变动"中,执行"计算"和"汇总"功能,以保证"代扣税"工资项目正确地反映出单位实际代扣个人所得税的金额。
- 个人所得税计提基数的初始设置是 2 000 元,所以不需调整个人所得税的计提基数。如果需要,可以在此处进行调整。

4.2.3　银行代发

银行代发即由银行发放给企业职工个人工资。这种做法既减轻了财务部门发放工资工作的繁琐,有效地避免了财务部门到银行提取大笔款项所承担的风险,又提高了员工个人工资的保密程度。

1. 银行文件格式设置

银行代发文件格式设置是根据银行的要求，设置提供数据中所包含的项目，以及项目的数据类型、长度和取值范围等。

操作步骤

（1）在"银行代发一览表"界面中单击【格式】按钮，进入银行文件格式设置界面，设置银行文件格式。

（2）选择代发工资的银行模板，系统提供银行模板文件格式，若不能满足要求，可进行修改。每次修改都必须对栏目名称、数据类型、总长度、小数位数及数据来源进行设置。

（3）可以单击【插入行】、【删除行】按钮，增加或删除代发项目。

（4）选择银行代发数据标志行所在位置。若选择的有标志行在首行或末行输出则需设置输出内容，可利用"插入列"和"删除列"增加或删除输出内容。

（5）单击【确认】按钮，系统保存设置，生成银行代发一览表。

 **提示**

- 若输入的字段类型与数据来源的类型不匹配，系统将提示是否转换字段类型。若选择"是"，则系统自动将字段类型转换成与数据来源相符的格式；否则需返回到格式设置中进行修改。
- 新增栏目的数据来源，只能通过选择录入，而不能手工输入。
- 如果栏目顺序需要调整，则拖动要调整的栏目到相应的位置即可。

2. 银行代发输出格式设置

根据银行的要求，设置向银行提供的数据是以何种文件形式存放在磁盘中，且在文件中各数据项目是如何存放和区分的。

在"银行代发一览表"界面中单击"文件方式设置"按钮，进入文件输出方式设置界面，设置银行代发输出格式。按银行规定在"常规"选项卡中选择存放文件类型。文件类型及其说明如下。

- TXT 文件：扩展名为 TXT 的文本文件（固定宽度的文本文件）。
- DAT 文件：在"DAT 文件类型"中，只有当"字符型补位符"选项被选中时，才允许选择"银行账号补位方向"，否则该选项处于不可用状态。
- DBF 文件：所有设置均不可修改，"银行账号补位方向"为不可用状态。

3. 磁盘输出

磁盘输出是指按用户已设置好的格式和设定的文件名，将数据输出到指定的地方。在"银行代发一览表"界面中单击"磁盘传输"按钮，即可进入代发文件磁盘输出功能。

选择输出文件的存储路径并设定保存文件的名称。如输出到软盘，请插入软盘。单击【确认】按钮，即可备份代发文件。取消操作则单击【取消】按钮即可。

4.2.4 工资分摊

工资分摊是指对当月发生的工资费用进行工资总额的计算、分配及各种经费的计提，并制作自动转账凭证，传递到总账系统中。

1. 设置工资分摊类型

在初次使用工资系统时，应先进行工资分摊的设置。所有与工资相关的费用及基金均需建立相应的分摊类型名称及分摊计提比例。

任务4-12　100账套中工资分摊的类型为"应付职工薪酬"和"工会经费"。"应付职工薪酬"的分摊计提比例为100％，按工资总额的2％计提工会经费。应付分摊的设置内容如表4-4和表4-5所示。

表4-4　　　　　　　　　　应付职工薪酬分摊设置内容

部门名称	人员类别	项目	借方科目	贷方科目
行政部	管理人员	应发合计	660201	2211
财务部	管理人员	应发合计	660201	2211
研发部	开发人员	应发合计	5001	2211
业务一部	市场营销人员	应发合计	660101	2211
业务二部	市场营销人员	应发合计	660101	2211

表4-5　　　　　　　　　　工会经费分摊设置内容

部门名称	人员类别	项目	借方科目	贷方科目
行政部	管理人员	应发合计	660204	2211
财务部	管理人员	应发合计	660204	2211
研发部	研发人员	应发合计	5001	2211
业务一部	市场营销人员	应发合计	660103	2211
业务一部	市场营销人员	应发合计	660103	2211

操作步骤

（1）选择【工资】|【业务处理】|【工资分摊】选项，或直接单击"工资分摊"按钮，打开"工资分摊"窗口，如图4-29所示。

（2）单击【工资分摊设置】按钮，打开"分摊类型设置"对话框，如图4-30所示。

（3）单击【增加】按钮，打开"分摊计提比例设置"对话框。

（4）在计提类型名称栏中录入"应付职工薪酬"，如图4-31所示。

（5）单击【下一步】按钮，打开"分摊构成设置"对话框。

（6）在对话框中，分别选择分摊构成的各个项目内容，如图4-32所示。

（7）单击【完成】按钮，返回到"分摊类型设置"对话框。

（8）单击【增加】按钮，在计提类型名称栏中录入"工会经费"，在分摊计提比例栏中录入"2％"，如图4-33所示。

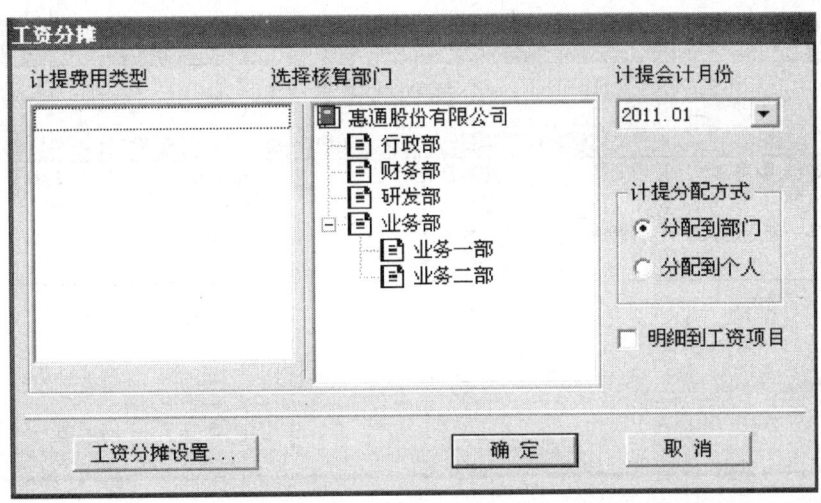

图 4-29 "工资分摊"对话框

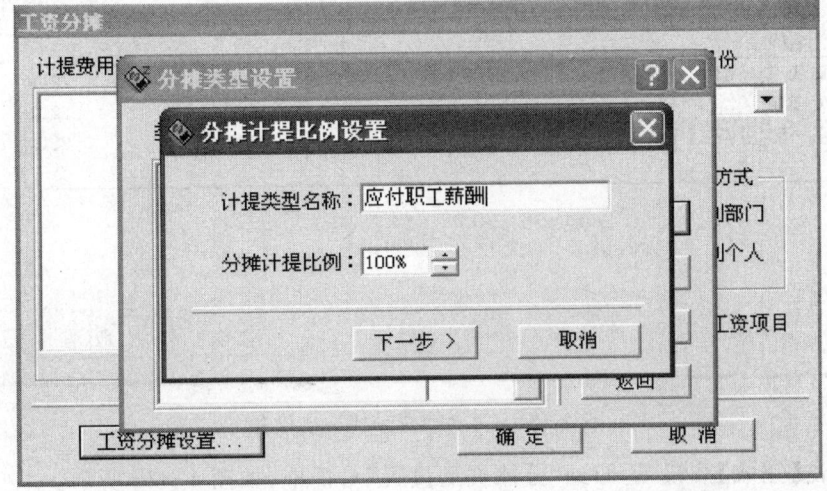

图 4-30 分摊类型设置

图 4-31 分摊计提比例设置

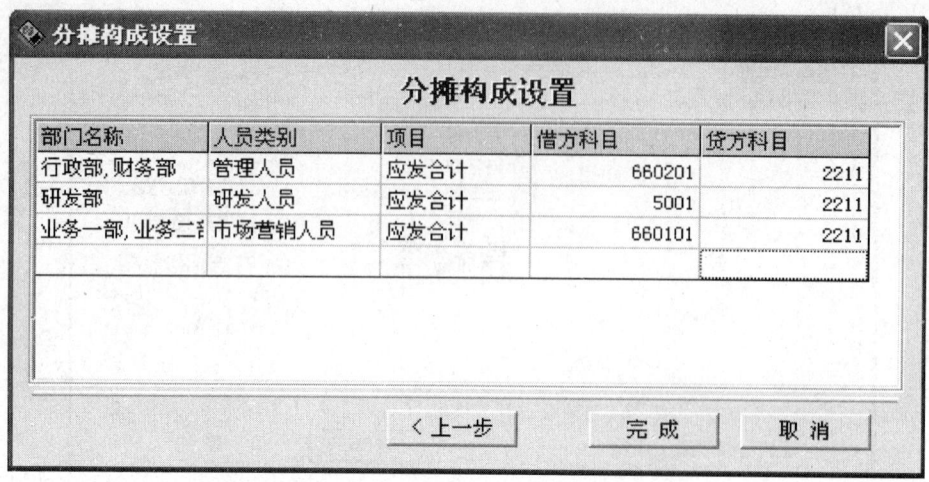

图 4-32　分摊构成设置

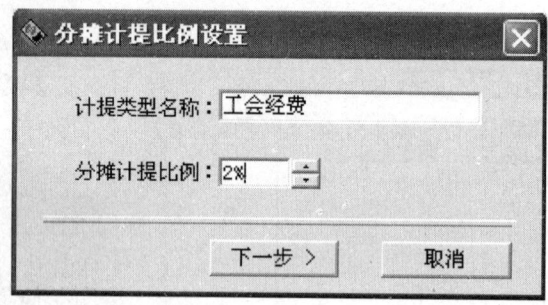

图 4-33　工会经费计提比例设置

（9）单击【下一步】按钮，打开"分摊构成设置"对话框，在对话框中分别选择分摊构成的各个项目内容，如图 4-34 所示。

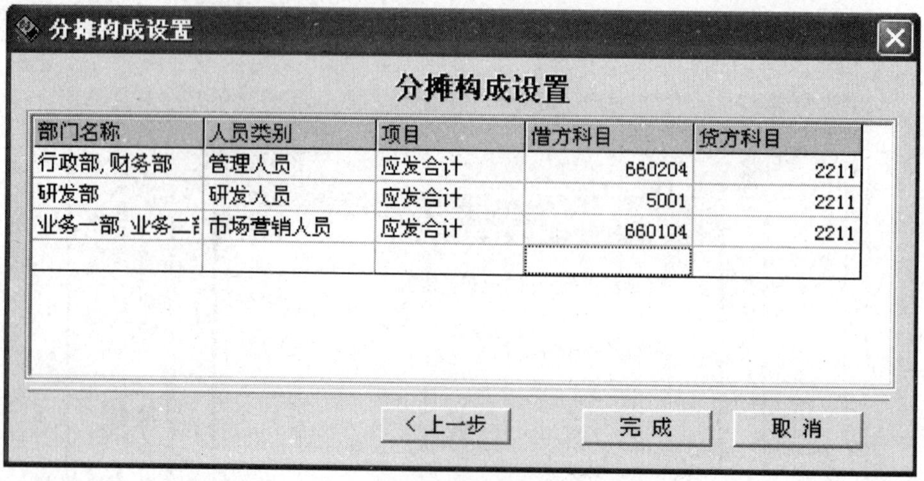

图 4-34　工会经费分摊构成设置

（10）单击【完成】按钮，返回到"分摊类型设置"对话框，如图 4-35 所示。

（11）单击【返回】按钮，返回到"工资分摊"对话框。

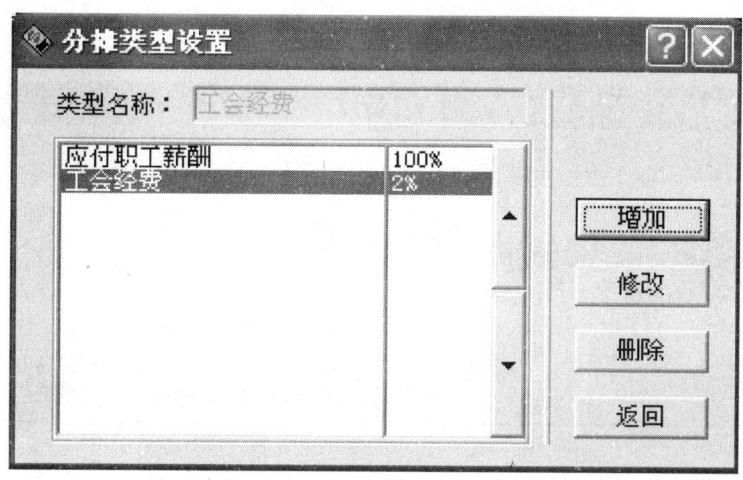

图 4-35　"分摊类型设置"对话框

 **提示**

- 所有与工资相关的费用及基金均需建立相应的分摊类型名称及分类比例。
- 不同部门、相同人员类别可以设置不同的分摊科目。
- 不同部门、相同人员类别在设置时，可以一次选择多个部门。

2．分摊工资并生成转账凭证

任务 4-13　分摊 100 账套 1 月份的工资。

操作步骤

(1) 选择【工资】|【业务处理】|【工资分摊】选项，打开"工资分摊"窗口。

(2) 分别选择"应付职工薪酬"、"工会经费"复选框，并单击选中的各个部门，再选中"明细到工资项目"复选框，如图 4-36 所示。

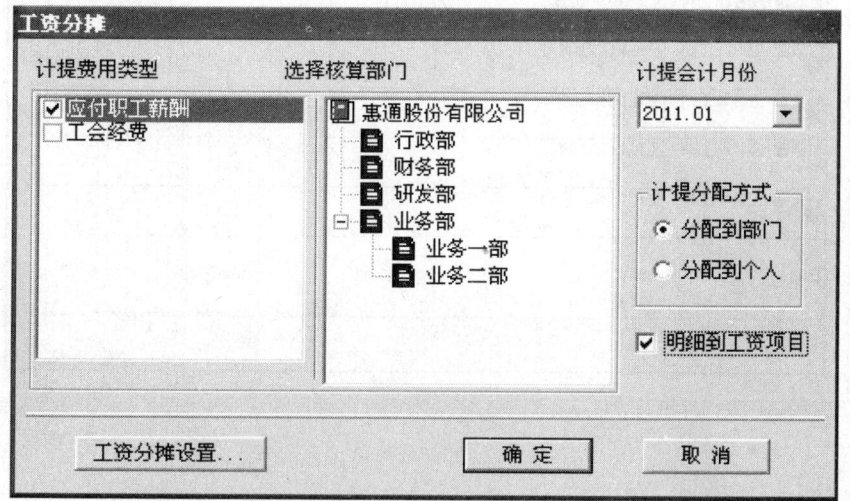

图 4-36　"工资分摊"设置

（3）单击【确定】按钮，打开"应付职工薪酬一览表"，如图4-37所示。

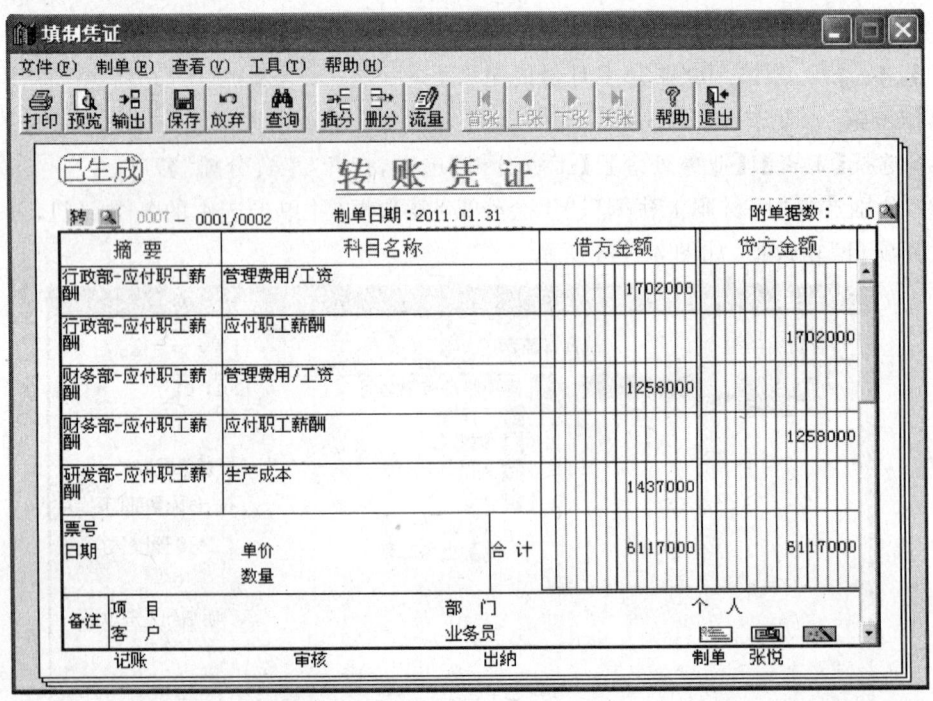

图4-37　应付职工薪酬一览表

（4）单击【制单】按钮，生成应付工资分摊的转账凭证。选择凭证类别为"转账凭证"，单击【保存】按钮，如图4-38所示。

图4-38　工资分摊的记账凭证

（5）单击【退出】按钮，返回"应付职工薪酬一览表"。

（6）在"应付职工薪酬一览表"中，单击"类型"栏后下三角按钮，选择"工会经费"选项，如图 4－39 所示。

图 4－39　工会经费一览表

（7）单击【制单】按钮，生成工会经费分摊的转账凭证。选择凭证类别为"转账凭证"，单击【保存】按钮，如图 4－40 所示。

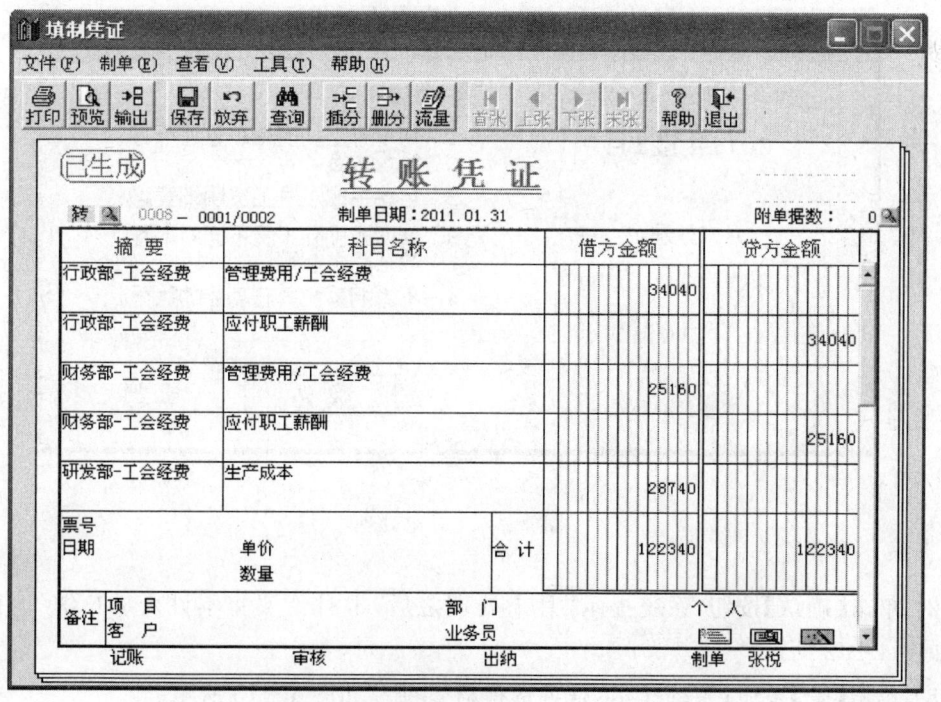

图 4－40　分摊工会经费的记账凭证

 **提示**

- 工资分摊应按分摊类型依次进行。
- 在进行工资分摊时,如果不选择"合并科目相同、辅助项相同的分录",则在生成凭证时每一条分录都将对应一个贷方科目。如果单击"批制"按钮,可以一次将所有本次参与分摊的"分摊类型"对应的凭证全部生成。

4.3 月末处理

4.3.1 月末结转

月末结转是将当月数据经过处理后结转至下月。每月工资数据处理完毕后均可进行月末结转。由于在工资项目中,有的项目是变动的,即每月的数据均不相同,因此在每月工资处理时,均需将其数据清零,而后输入当月的数据,此类项目即为清零项目。

任务 4 - 14 将 100 账套进行 1 月份月末处理。月末处理时不进行清零处理。

操作步骤

(1)选择【工资】|【业务处理】|【月末处理】选项,或直接单击"月末处理"图标,打开"月末处理"对话框,如图 4 - 41 所示。

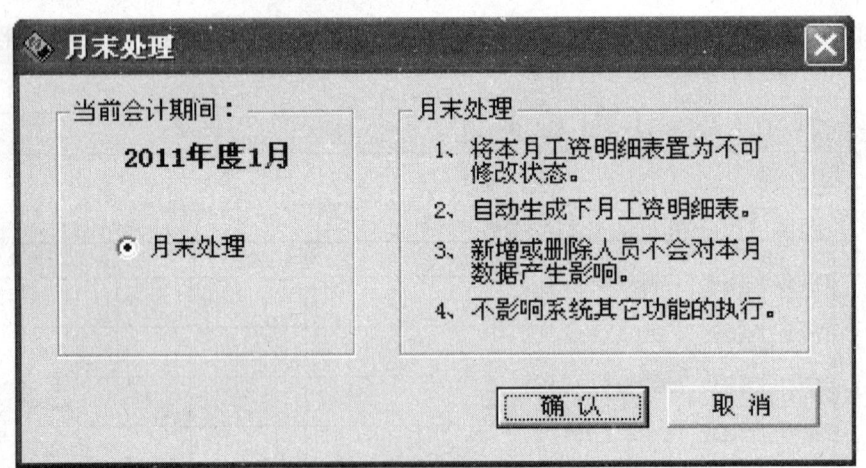

图 4 - 41 月末处理

(2)单击【确认】按钮,系统提示"月末处理之后,本月工资将不许变动! 继续月末处理吗?"如图 4 - 42 所示。

(3)单击【是】按钮,系统提示"是否选择清零项?"如图 4 - 43 所示。

(4)单击【否】按钮,系统提示"月末处理完毕!",如图 4 - 44 所示。

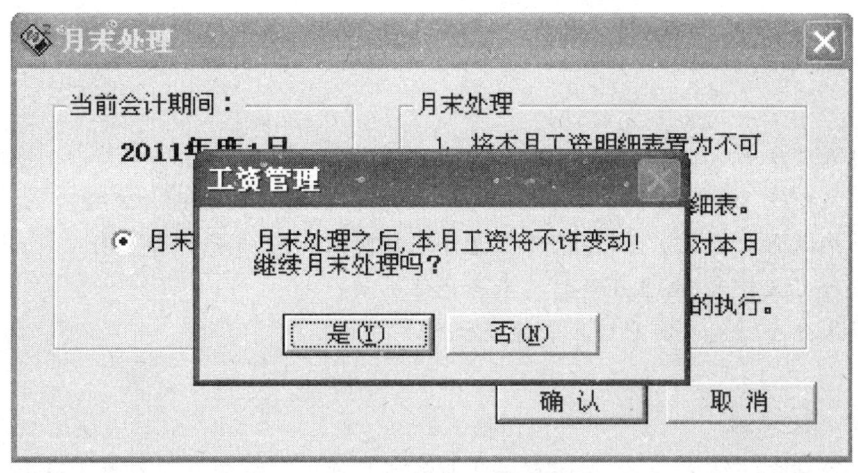

图4-42　处理的提示

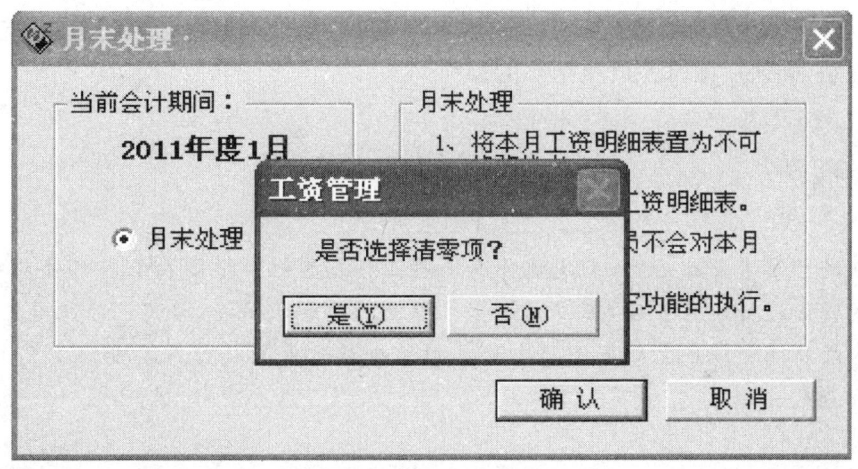

图4-43　是否清零提示

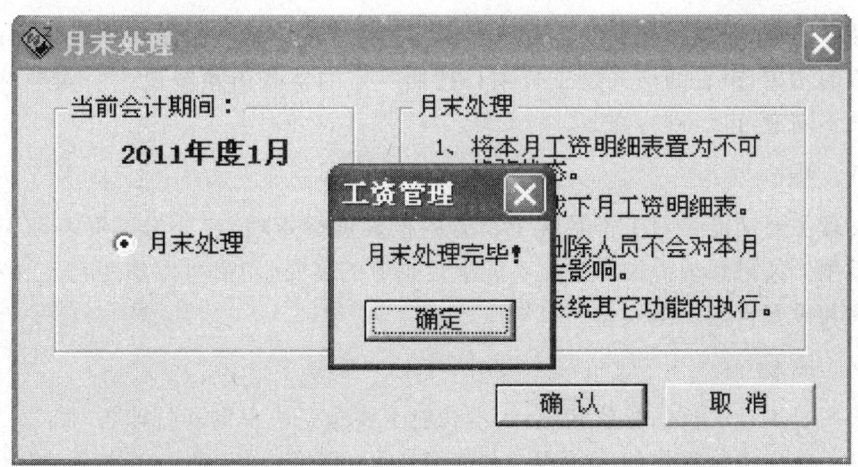

图4-44　月末处理完成提示

（5）单击【确定】按钮。

 **提示**

- 月末处理只有在会计年度的 1 月至 11 月进行。
- 如果处理多个工资类别,则应打开工资类别,然后分别进行月末处理。
- 如果本月工资未汇总,系统将不允许进行月末处理。
- 进行月末处理后,当月数据将不再允许变动。
- 月末处理功能只有账套主管才能执行。

4.3.2 反结账

在工资管理系统结账后,发现还有一些业务或其他事项需要在已结账月进行账务处理,则此时需要使用反结账功能,取消已结账标记。

在工资管理系统中,以下个月的日期登录,选择【业务处理】|【反结账】选项,选择要反结账的工资类别,确认后即可完成反结账的操作。

 **提示**

- 在进行月末处理后,如果发现还有一些业务或其他事项要在已进行月末处理的月份进行账务处理,可以由账套主管使用反结账功能,取消已结账标记。
- 如果总账系统已结账或汇总工资类别的会计月份与反结账的会计月份相同则不允许结账。

4.4 统计分析

工资业务处理完成后,相关的工资报表数据同时生成。系统提供了多种形式的报表,反映工资核算的结果,报表的格式是工资项目按照一定的格式由系统设定。如果对报表提供的固定格式不满意,可以进行修改。

4.4.1 账表管理

账表管理主要功能是对工资系统中所有的报表进行管理,它分为工资表和工资分析表两种报表类型。如果系统提供的报表不能满足企业的需要,用户可以启用自定义报表功能,新增报表夹和设置自定义报表。

4.4.2 工资表

工资表用于本月工资的发放和统计,本功能主要是完成查询和打印各种工资表的工作。工资表包括一些由系统提供的原始表。如工资卡、工资发放条、部门工资汇总表、部门条件汇总表、工资发放签名表、人员类别汇总表、条件统计(明细)表及工资变动汇总(明细)表。

在工资系统中,选择【统计分析】|【账表管理】选项,打开"账表管理"窗口,双击"工资

表"，打开"工资表"对话框，双击要查看的工资表，输入查询条件，即可得到相应的查询结果。

4.4.3　工资分析表

工资分析表是以工资数据为基础，对部门、人员类别的工资数据进行分析和比较，产生各种分析表，供决策人员使用。工资数据分析表包括工资增长分析、按月分类统计表、部门分类统计表、工资项目分析表、员工工资汇总表、按项目分类统计表、员工工资项目统计表、分部门各月工资构成分析及部门工资项目构成分析表。

在工资系统中，选择【统计分析】|【账表分析】选项，打开"账表分析"窗口，双击"工资分析表"，打开"工资分析表"对话框，双击要查看的工资分析表，输入查询条件，即可得到相应的查询结果。

对于工资项目分析，系统仅提供单一部门项目分析表。用户在分析界面中可以单击部门下拉列表框，选择已选取部门中的某一个部门，查看该部门的工资项目分析表。

对于员工工资汇总表，系统仅提供对单一工资项目和单一部门进行员工工资汇总分析。对于分部门各月工资构成分析表，系统提供对单一工资项目进行工资构成分析。

4.4.4　凭证查询

工资核算的结果以转账凭证的形式传输到总账系统中，在总账系统中可以进行查询、审核以及记账等操作，不能修改或删除。工资管理系统中的凭证查询功能可以对工资系统中所生成的转账凭证进行删除及冲销操作。

任务 4 - 15　查询 2011 年 1 月所填制的工资分摊记账凭证。

操作步骤

(1) 选择【统计分析】|【凭证查询】选项，打开"凭证查询"对话框，如图 4 - 45 所示。

业务日期	业务类型	业务号	制单人	凭证日期	凭证号	标志
2011-01-01	应付职工薪酬	1	张悦	2011-01-31	转-4	未审核
2011-01-01	工会经费	2	张悦	2011-01-31	转-5	未审核

图 4 - 45　"凭证查询"对话框

（2）选择输入要查询的起始月份和终止月份,显示查询期间凭证列表。

（3）选中一张凭证,单击删除按钮 ,可删除标志为"未审核"的凭证。

（4）单击冲销按钮 ,则可对当前标志为"记账"的凭证,进行红字冲销操作,自动生成与原凭证相同的红字凭证。

（5）单击单据按钮 ,显示生成凭证的原始凭证。

（6）单击凭证按钮 ,显示单张凭证界面。

注:此时已将完成了工资业务处理的账套进行了备份,教师和学生均可以引入光盘中的账套进行下一步内容的学习和演练。文件名为"例题用账套/第4单元"。

 复习思考题

1. 应如何完成给每个职员增加 100 元"福利补贴"的操作?

2. 应如何完成给"业务部"每个人增加 500 元"奖金"的操作?

3. 应如何完成按应发工资的 12% 计提住房公积金的工资分摊的操作?

4. 凭证查询功能中可以完成哪些操作?

5. 月末处理的内容有哪些?

实验四　薪资管理

一、实验前准备

系统中已经安装了畅捷通 T3-企业管理信息化软件教育专版,完成了实验二的操作。可以引入光盘中"上机实验备份/实验二备份"。将系统日期调整为 2011 年 1 月 30 日。

二、任务

根据所给资料由 200 账套的账套主管陈凡(用户名：KJCF,密码：111)完成 200 账套的工资系统初始化的操作;由会计王晶晶(用户名：KJWJJ,密码：111)完成工资变动及生成记账凭证的操作。

三、具体任务

（一）工资系统初始化

1. 建立工资账套。工资账套的参数为,只有一个工资类别;扣税设置为"从工资中代扣个人所得税";不进行扣零设置;工资账套的启用日期为"2011 年 1 月 1 日",人员编码长度为"4"位。

2. 设置银行信息。银行名称为"建设银行"。账号长度为 11 位,录入时自动带出的账号长度为 8 位。

3. 设置人员类别。本企业的人员类别为"管理人员"、"生产人员"和"营销人员"。

4. 设置如表 4-6 所示的工资项目。

表 4 - 6 　　　　　　　　　　　　工 资 项 目

工资项目名称	类　型	长　度	小　数	增减项
基本工资	数　字	8	2	增　项
职务工资	数　字	8	2	增　项
奖　金	数　字	8	2	增　项
福利补贴	数　字	8	2	增　项
安全补贴	数　字	8	2	增　项
缺勤扣款	数　字	8	2	减　项
缺勤天数	数　字	8	1	其　他

5. 设置如表 4 - 7 所示的人员档案。

表 4 - 7 　　　　　　　　　　　　人 员 档 案

职员编码	职员名称	所属部门	人员类别	银行代发账号
0001	杨　旭	行政部	管理人员	01008888001
0002	马之遥	行政部	管理人员	01008888002
0003	陈　凡	财务部	管理人员	01008888003
0004	王晶晶	财务部	管理人员	01008888004
0005	刘　静	财务部	管理人员	01008888005
0006	刘　千	生产车间	生产人员	01008888006
0007	张家伟	生产车间	生产人员	01008888007
0008	黄　越	市场部	营销人员	01008888008
0009	周子云	市场部	营销人员	01008888009

6. 设置工资计算公式。

每人的福利补贴均是 500。

设置"缺勤扣款"的计算公式:"缺勤扣款＝基本工资/22 * 缺勤天数"。

设置"安全补贴"的计算公式:安全补贴＝iff(人员类别＝"生产人员",300,0)。

(二)日常业务处理

1. 计算工资数据。2011 年 1 月有关的工资数据如表 4 - 8 所示。

表 4 - 8 　　　　　　　　　　　　工 资 数 据

职员编号	人员姓名	所属部门	人员类别	基本工资	职务工资	奖金	福利补贴	安全补贴	缺勤天数
0001	杨　旭	行政部	管理人员	5 000	1 200	1 200			
0002	马之遥	行政部	管理人员	4 000	800	1 000			
0003	陈　凡	财务部	管理人员	4 500	1 000	2 200			

（续表）

职员编号	人员姓名	所属部门	人员类别	基本工资	职务工资	奖金	福利补贴	安全补贴	缺勤天数
0004	王晶晶	财务部	管理人员	3 800	800	1 000			1
0005	刘 静	财务部	管理人员	3 600	600	800			
0006	刘 千	生产车间	生产人员	3 000	1 100	2 200			
0007	张家伟	生产车间	生产人员	3 000	600	800			1
0008	黄 越	市场部	市场营销人员	2 500	900	1 800			
0009	周子云	市场部	市场营销人员	2 000	600	1 300			

2. 计算个人收入所得税。2011 年 1 月,200 账套中应按 3 000 元的费用扣除后计算个人所得税。

3. 分摊工资。200 账套中工资分摊的类型为"应付职工薪酬"和"职工教育经费"。"应付职工薪酬"的分摊比例为 100%,按工资总额的 1.5% 计提职工教育经费。工资分摊的设置内容如表 4-9 和表 4-10 所示。

表 4-9   **分摊应付职工薪酬**

部门名称	人员类别	项 目	借方科目	贷方科目
行政部	管理人员	应发合计	660201	2211
财务部	管理人员	应发合计	660201	2211
生产车间	生产人员	应发合计	5001	2211
市场部	营销人员	应发合计	660101	2211

表 4-10   **分摊职工教育经费**

部门名称	人员类别	项 目	借方科目	贷方科目
行政部	管理人员	应发合计	660201	2241
财务部	管理人员	应发合计	660201	2241
生产车间	生产人员	应发合计	5001	2241
市场部	营销人员	应发合计	660101	2241

第5单元　固定资产管理

学习目标

了解固定资产系统的主要功能,包括固定资产系统初始化、日常业务处理和期末业务处理的主要功能及其作用。

能够根据企业的需要进行固定资产系统初始化,能够对增加固定资产进行处理、计提固定资产折旧并进行账务处理等日常业务处理和期末业务处理。能够了解在出现操作错误时的处理思路和方法。

固定资产系统是一套用于企事业单位进行固定资产核算和管理的软件,主要面向中小企业,帮助企业财务部门进行固定资产总值、累计折旧数据的动态管理,为总账系统提供相关凭证,协助企业进行成本核算,同时还为设备管理部门提供各项固定资产的管理指标。

5.1　初始设置

固定资产管理系统初始设置是根据企业的具体情况,建立一个适合本单位需要的固定资产子账套的过程。固定资产初始设置的内容主要包括建立固定资产子账套、基础设置和录入原始卡片。

5.1.1　设置账套参数

建立固定资产子账套是根据企业的具体情况,在已经建立会计核算账套的基础上建立一个适合企业实际需要的固定资产子账套的过程。建立账套需要设置的内容主要包括:约定及说明、启用月份、折旧信息、编码方式、账务接口和完成设置六部分。

任务5-1　以操作员 CW1(张悦,密码为"000000")的身份在 2011 年 1 月 10 日登录注册总账系统 100 账套,并建立固定资产子账套。固定资产子账套的启用月份为"2011 年 1 月";固定资产折旧采用"平均年限法(一),按月计提折旧",折旧汇总分配周期为"1 个月";当月初已计提折旧月份＝可使用月份－1 时,要求提取全部剩余折旧。固定资产编码方式为"2-1-1-1",采用手工编码按"类别编码＋序号";序号长度为5。固定资产系统要求与总账系统进行对账,对账科目为"1601 固定资产",累计折旧科目为"1602 累计折旧",对账不平的情况下不允许结账。

操作步骤

（1）以"CW1 张悦"的身份在"系统管理"功能中启用 100 账套的"固定资产"系统（启用日期为 2011 年 1 月 1 日）。

（2）选择【开始】|【程序】|【畅捷通 T3 系列管理软件】|【畅捷通 T3】|【畅捷通 T3 -企业管理信息化软件教育专版】，或者直接单击桌面上的畅捷通 T3 -企业管理信息化软件教育专版的图标  打开"注册〖控制台〗"对话框。

（3）在"用户名"栏录入"CW1"，在"密码"栏录入"000000"，选择"账套"下拉列表框中的"〔100〕惠通股份有限公司"选项及"会计年度"下拉列表框中的"2011"选项，选择"操作日期"为"2011 - 01 - 10"。

（4）单击【确定】按钮，打开"畅捷通 T3 -企业管理信息化软件教育专版"窗口。

提示

- 在启动固定资产系统前应先在系统管理中设置相应的账套。
- 在启动固定资产系统前应已经建立了账套，或在建立账套后已经启用了 100 账套的"固定资产"系统。

（5）在"畅捷通 T3 -企业管理信息化软件教育专版"窗口中，选择"固定资产"选项。系统提示"这是第一次打开此账套，还未进行过初始化，是否进行初始化？"如图 5 - 1 所示。

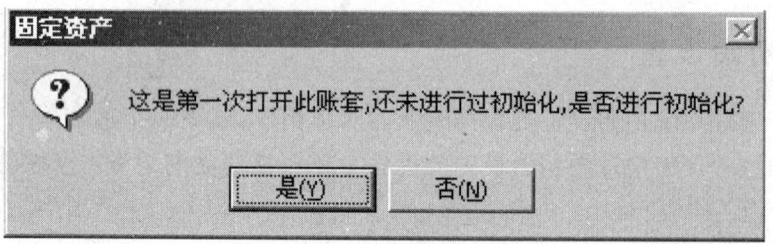

图 5 - 1　是否进行初始化的提示

（6）单击【是】按钮，打开"固定资产初始化向导——约定及说明"窗口，如图 5 - 2 所示。

（7）选择"我同意"单选按钮，单击【下一步】按钮，打开"固定资产初始化向导——启用月份"窗口，如图 5 - 3 所示。

（8）单击【下一步】按钮，打开"固定资产初始化向导——折旧信息"窗口，如图 5 - 4 所示。

（9）单击【下一步】按钮，打开"固定资产初始化向导——编码方式"窗口，修改编码长度为"2111"，如图 5 - 5 所示。

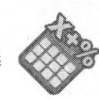

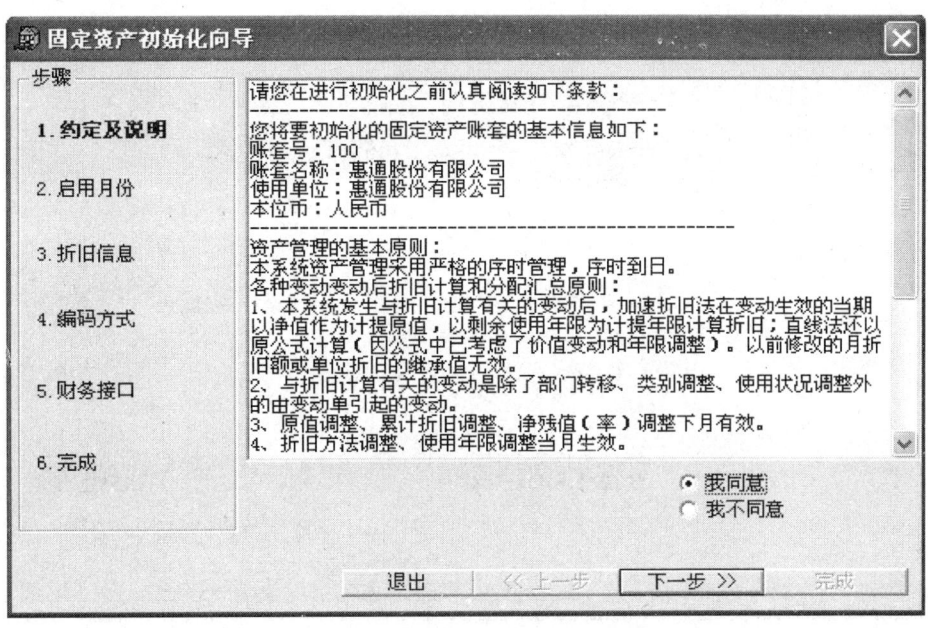

图 5-2　固定资产初始化向导——约定及说明

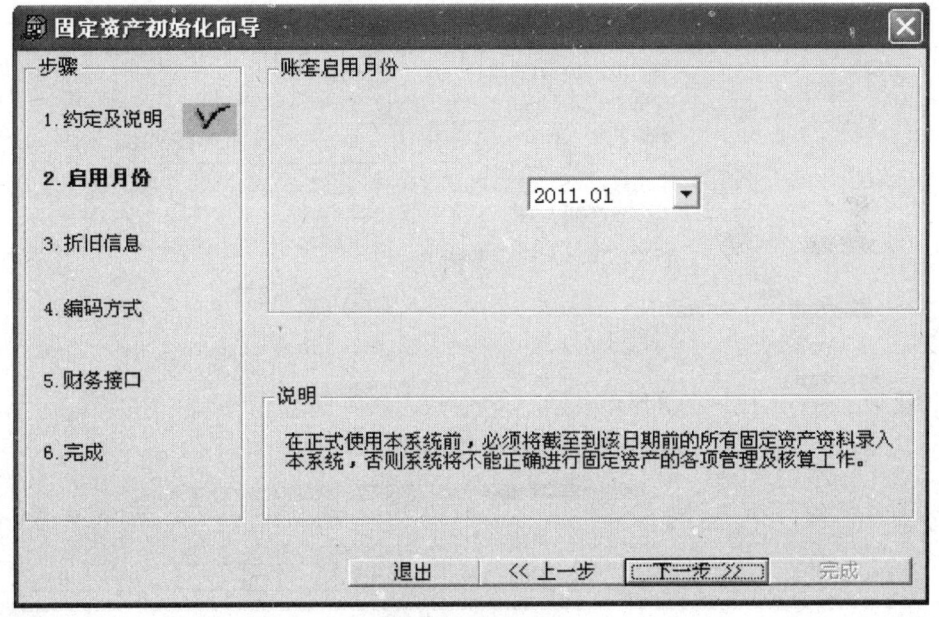

图 5-3　固定资产初始化向导——启用月份

　　(10) 单击【下一步】按钮,打开"固定资产初始化向导——账务接口"窗口,如图 5-6 所示。

　　(11) 单击"固定资产对账科目"栏后的参照按钮,选择"1601 固定资产",再单击"累计折旧对账科目"栏后的参照按钮,选择"1602 累计折旧",取消选择"在对账不平情况下允许固

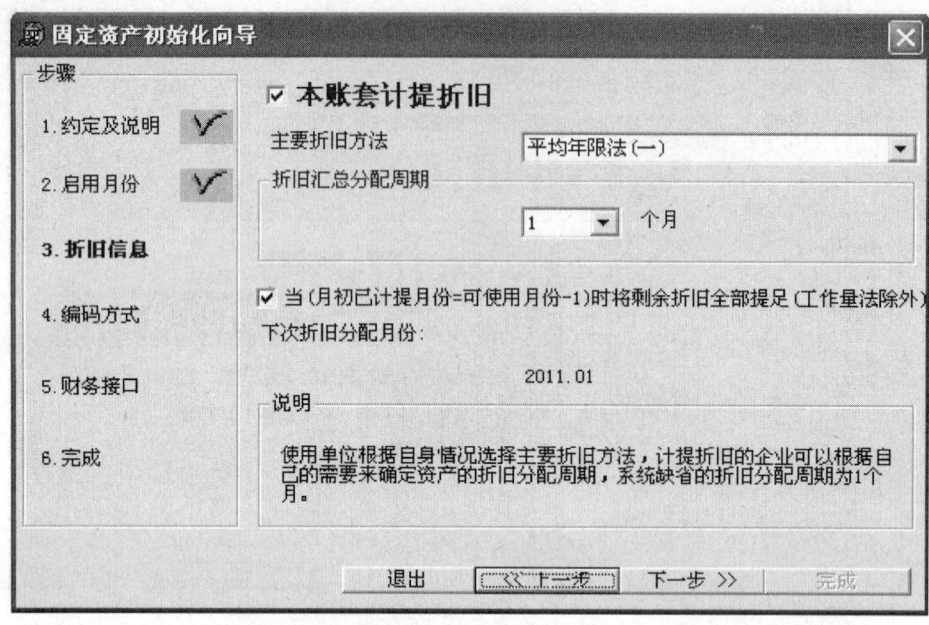

图5-4　固定资产初始化向导——折旧信息

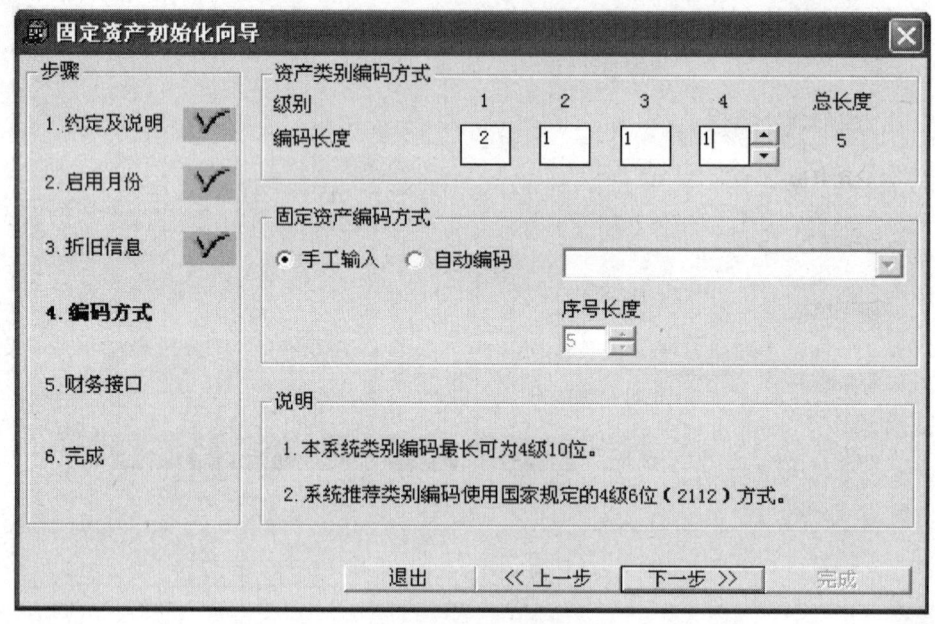

图5-5　固定资产初始化向导——编码方式

定资产月末结账"复选框。单击【下一步】按钮，打开"固定资产初始化向导——完成"窗口，如图5-7所示。

（12）单击【完成】按钮，系统提示"已经完成了新账套的所有设置工作，是否确定所设置的信息完全正确并保存对新账套的所有设置？"如图5-8所示。

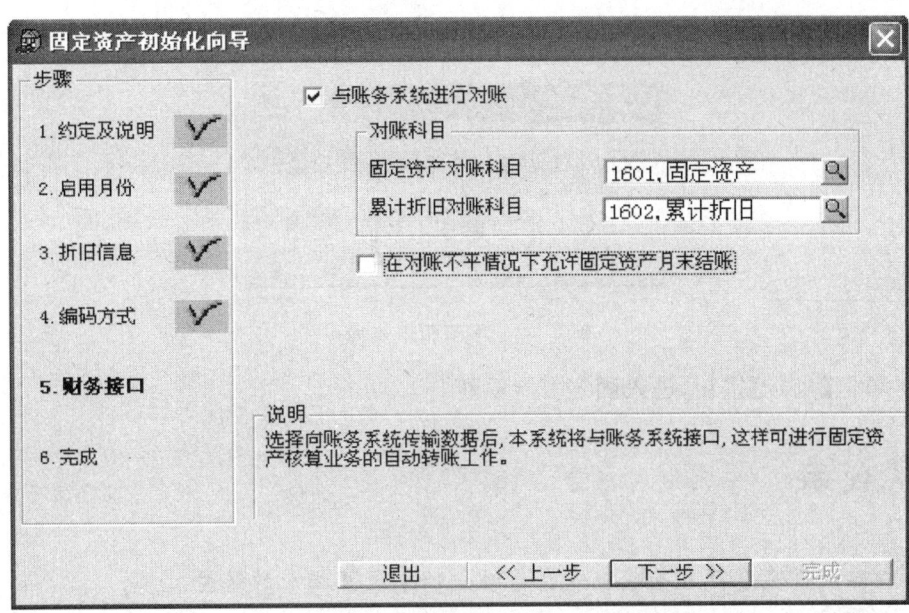

图 5-6　固定资产初始化向导——账务接口

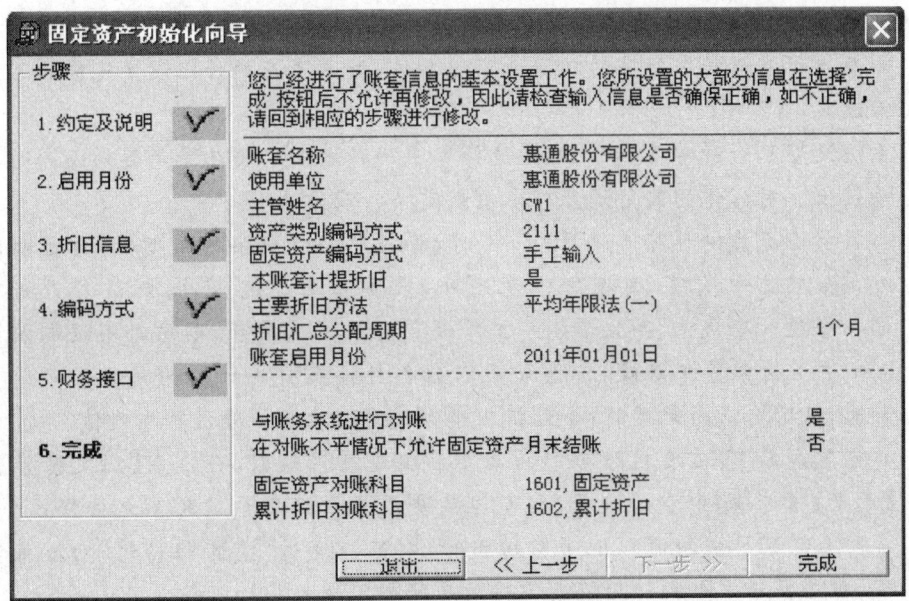

图 5-7　固定资产初始化向导——完成

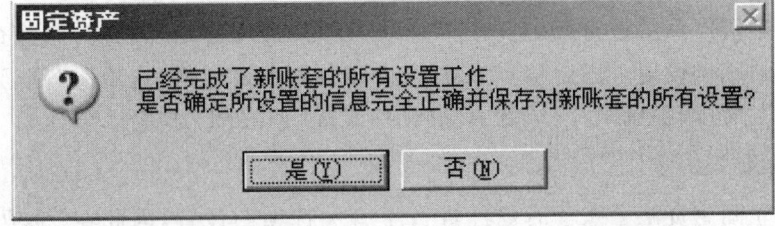

图 5-8　完成了新建账套提示

（13）单击【是】按钮，系统提示"已成功初始化本固定资产账套！"如图 5-9 所示。

图 5-9　成功初始化提示

（14）单击【确定】按钮，进入固定资产系统。

提示

- 在启动固定资产系统前应先在系统管理中设置相应的账套。
- 在"固定资产初始化向导——折旧信息"窗口中，"本账套计提折旧"选项的作用是需要选定本账套是否计提折旧。按照制度规定，行政事业单位的固定资产不计提折旧，而企业的固定资产则应计提折旧，一旦选择了不计提折旧，则账套内所有与折旧有关的功能均不能操作，该选项在初始化设置完成后不能修改。
- 系统设置了六种常用折旧方法，选择其中一种方法以便在资产类别设置时自动带出。对具体的固定资产可以重新定义折旧方法。
- 当月初已提月份＝可使用月份-1时，将提取全部剩余的折旧（工作量法除外），如果选中该项，则除工作量法外，只要满足上述条件，则该月月折旧额＝净值-净残值，并且不能手工修改。如果不选该项，则该月不提取剩余折旧并且可以手工修改，但是如果以后各月按照公式计算的月折旧额是负数时，认为公式是无效的，令月折旧率＝0，月折旧额＝净值-净残值。
- 建账完成后，当需要对账套中的某些参数进行修改时，可以在【固定资产】|【设置】|【选项】中重新设置；当发现某些设置错误而系统又不允许修改（如本账套是否计提折旧），但必须纠正时，则只能通过"重新初始化"功能来实现，但应提示重新初始化将清空对该子账套所做的一切工作。

5.1.2　基础设置

在使用固定资产系统进行固定资产卡片录入和日常业务处理之前，应检查系统是否已经完成了相应的基础设置。固定资产系统的基础设置主要包括"选项"、"部门档案"、"部门对应折旧科目"、"资产类别"、"增减方式"、"使用状况"和"折旧方法"。

1. 选项设置

由于在建立固定资产子账套时已经进行了有关选项的设置，因此在"选项"中只能对允许修改的参数进行修改，其他参数只能查看。

2．部门档案设置

在"部门档案"设置中,可以对企业的各职能部门进行分类和描述,以便确定固定资产的归属。部门档案的设置在各个系统中是共享的,在固定资产系统中应检查其设置的内容是否完整,这里可以根据企业的实际需要进行设置或修改。

3．部门对应折旧科目设置

固定资产计提折旧后必须把折旧归入成本或费用,根据不同使用者的具体情况按部门或类别来归集。当按部门归集折旧费用时,某一部门所属的固定资产折旧费用将归集到一个比较固定的科目中,所以以部门对应折旧科目设置就是给部门选择一个折旧科目,录入卡片时,该科目自动显示在卡片中,不必逐个输入,这样可以提高工作效率。然后在生成部门折旧分配表时每一部门按折旧科目汇总,生成记账凭证。

任务 5－2　设置 100 账套对应的折旧科目,如表 5－1 所示。

表 5－1　　　　　　　　　　　　　对应折旧科目

部　门　名　称	折　旧　科　目
行政部	管理费用——折旧费(660205)
财务部	管理费用——折旧费(660205)
研发部	制造费用(5101)
业务部	销售费用(660105)

操作步骤

(1) 选择【固定资产】|【设置】|【部门对应折旧科目】选项,打开"部门编码表"窗口,如图 5－10 所示。

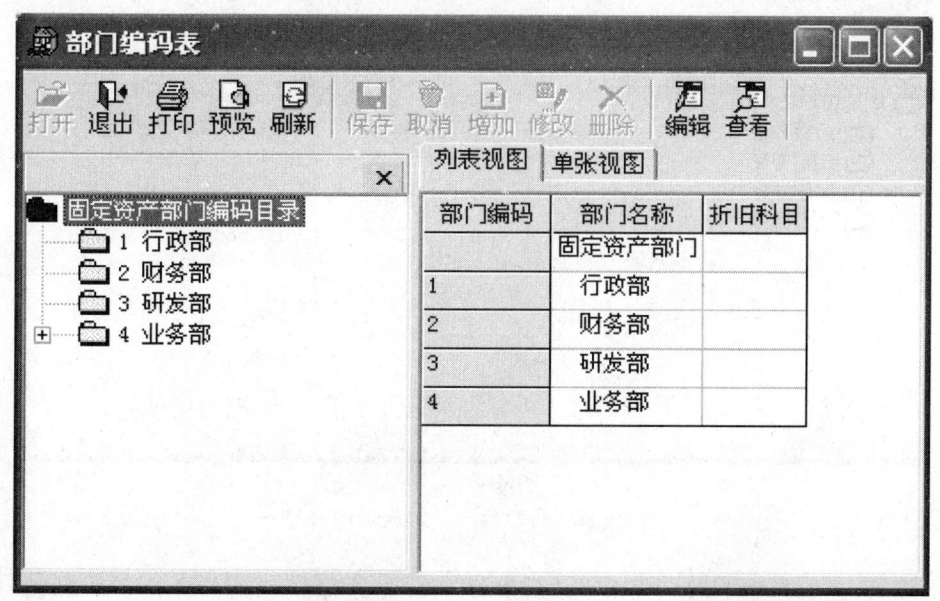

图 5－10　"部门编码表"窗口

（2）单击"行政部"所在行，再单击【修改】按钮。打开"行政部"单张视图对话框，如图 5-11 所示。

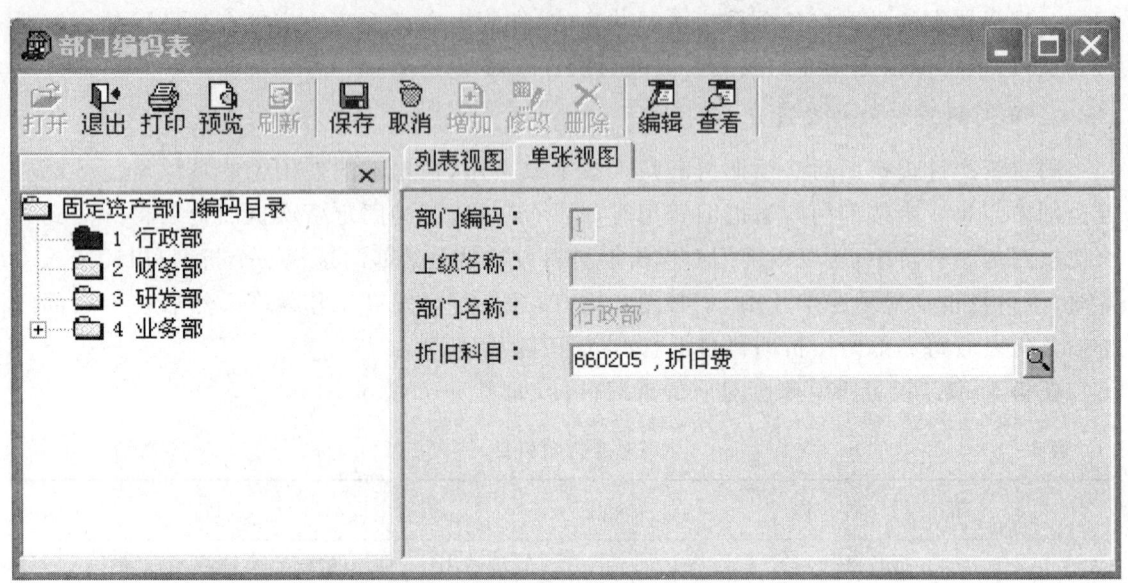

图 5-11　部门编码表"单张视图"

（3）单击"折旧科目"栏后的对照按钮，选择"660205 管理费用——折旧费"。

（4）单击【保存】按钮，如图 5-12 所示。

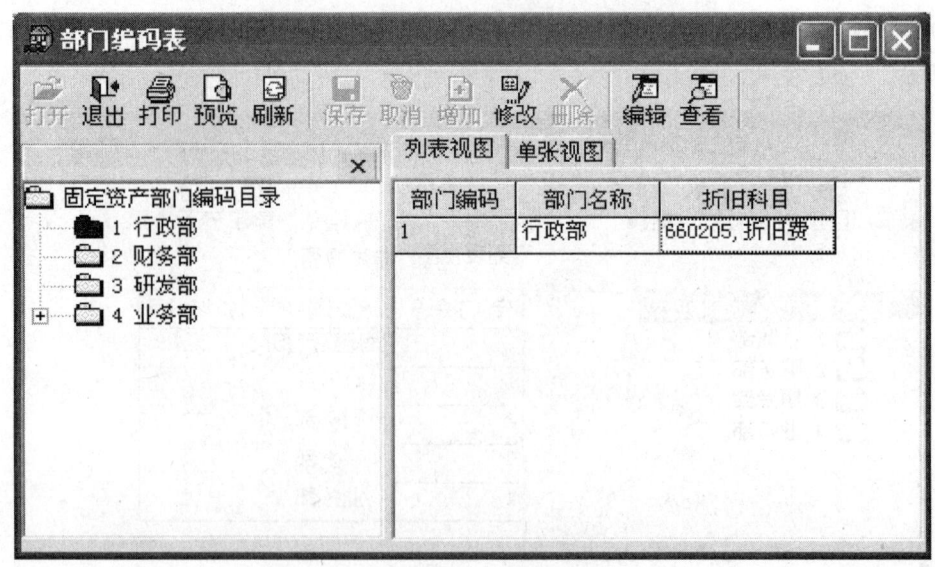

图 5-12　行政部——对应折旧科目

（5）以此方法继续设置"财务部"、"研发部"和"业务部"（包括业务部下级部门）的折旧对应科目，如图 5-13 所示。

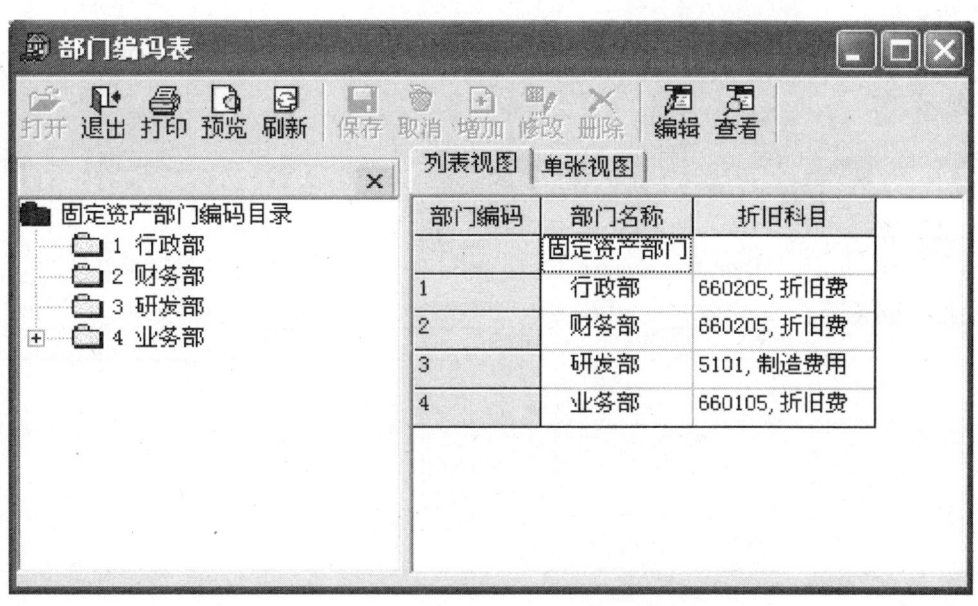

图 5-13 全部的部门——对应折旧科目

（6）完成后，单击【退出】按钮。

提示

- 在使用部门的折旧科目功能前，必须已建立好部门档案。
- 设置了上级部门的折旧科目，则下级部门可以自动继承，下级部门也可以选择与上级部门不同的会计科目。

4. 资产类别设置

固定资产的种类繁多，规格不一，要强化固定资产管理，及时准确做好固定资产核算，必须建立科学的固定资产分类体系，为核算和统计管理提供依据。企业可以根据自身的特点和管理要求，确定一个较为合理的资产分类方法，对固定资产类别进行增加、修改和删除的操作。

任务 5-3 设置 100 账套固定资产类别，如表 5-2 所示。

表 5-2 固定资产类别

类别编码	类别名称	使用年限	净残值率	计提属性	折旧方法	卡片样式
01	建筑物	50 年	2%	正常计提	平均年限法（一）	通用样式
02	设 备			正常计提	平均年限法（一）	通用样式
021	办公设备	5 年	2%	正常计提	平均年限法（一）	通用样式
022	运输设备	15 年	2%	正常计提	平均年限法（一）	通用样式

操作步骤

（1）选择【固定资产】|【设置】|【资产类别】选项，打开"固定资产分类编码表"窗口，如图 5-14 所示。

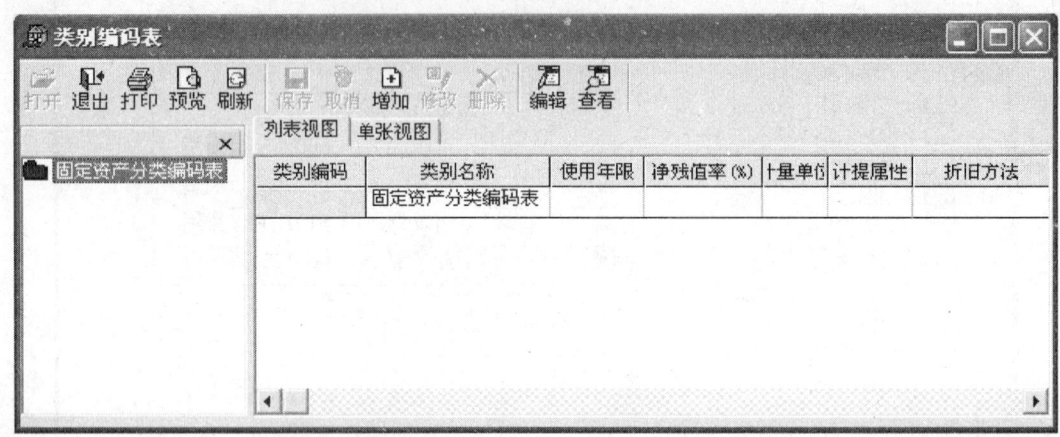

图 5-14　固定资产分类编码表

（2）单击【增加】按钮，打开"类别编码表——单张视图"对话框，如图 5-15 所示。

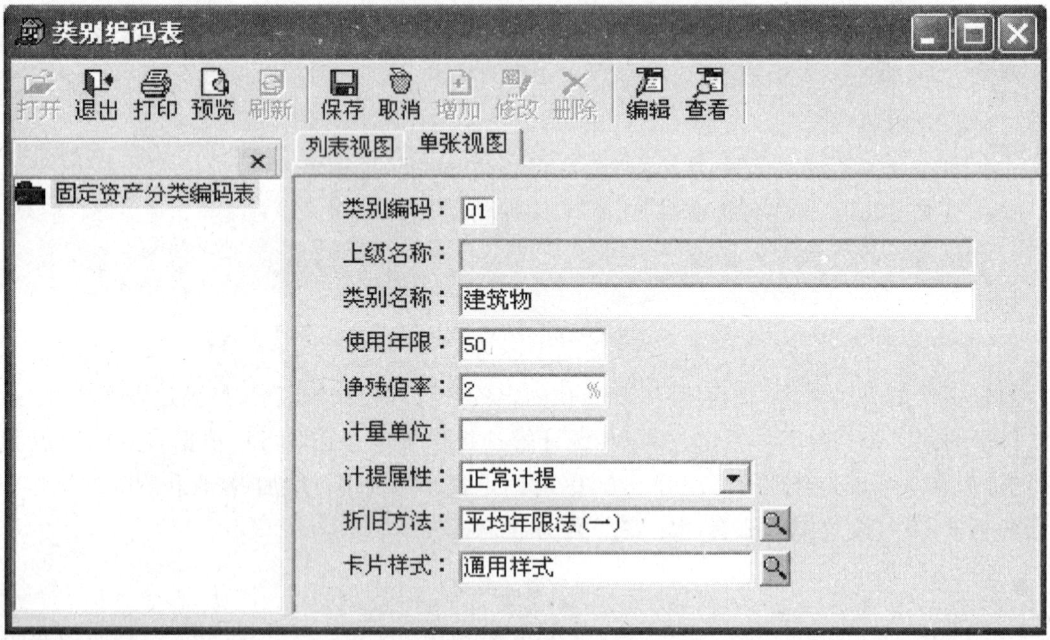

图 5-15　类别编码表——单张视图

（3）录入类别名称"建筑物"，使用年限"50"，净残值率"2"。

（4）单击【保存】按钮。

（5）以此方法继续录入其他的资产类别，如图 5-16 所示。

（6）单击【退出】按钮，退出。

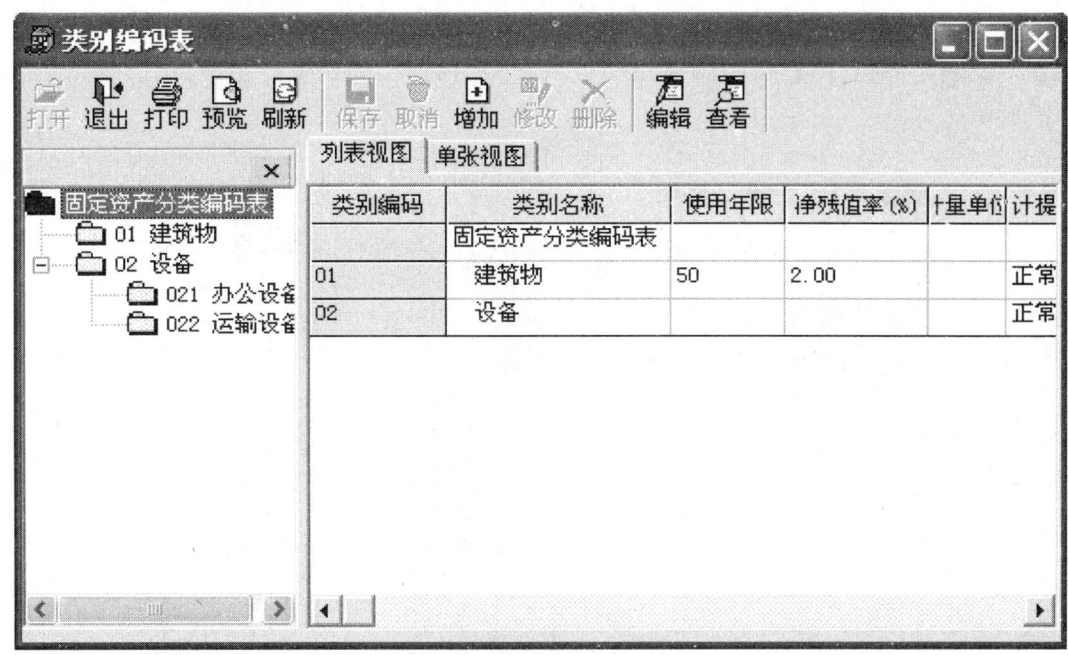

图 5-16　类别编码表

　**提示**

- 只有在最新的会计期间才可以增加资产类别,月末结账后则不能增加。
- 资产类别编码不能重复,同级的类别名称不能相同。
- 类别编码、名称、计提属性及卡片样式不能为空。
- 非明细类别编码不能被修改和删除,明细类别编码修改时只能修改本级的编码。
- 使用过的类别计提属性不允许删除或增加下级类别。

5. 增减方式设置

增减方式包括增加方式和减少方式两类。增加的方式主要有:直接购入、投资者投入、捐赠、盘盈、在建工程转入以及融资租入。减少的方式主要有:出售、盘亏、投资转出、捐赠转出、报废、毁损和融资租出等。设置资产的增加和减少方式主要是用于确定资产计价和处理原则以及对资产的汇总管理。

任务 5-4　设置 100 账套固定资产的增减方式,如表 5-3 所示。

表 5-3　　　　　　　　　　固定资产增减方式

增 加 方 式	对应入账科目	减 少 方 式	对应入账科目
直接购入	银行存款(1002)	出　售	固定资产清理(1606)
投资者投入	实收资本(4001)	投资转出	投资转出(1511)
在建工程转入	在建工程(1604)	报　废	固定资产清理(1606)

操作步骤

（1）选择【固定资产】|【设置】|【增减方式】选项，打开"固定资产增减方式"窗口，如图5-17所示。

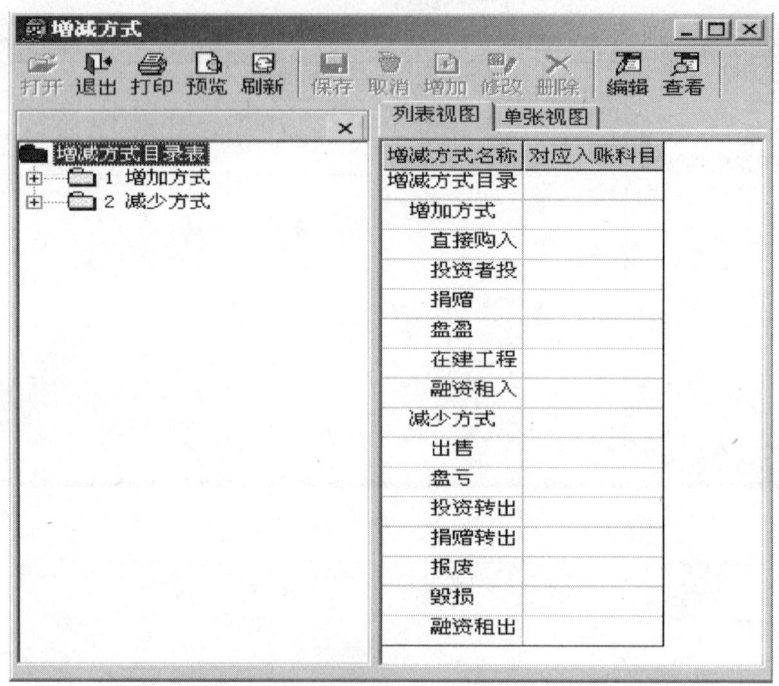

图 5-17　增减方式设置窗口

（2）选择"直接购入"所在行，再单击【修改】按钮，打开"增减方式——单张视图"对话框，如图 5-18 所示。

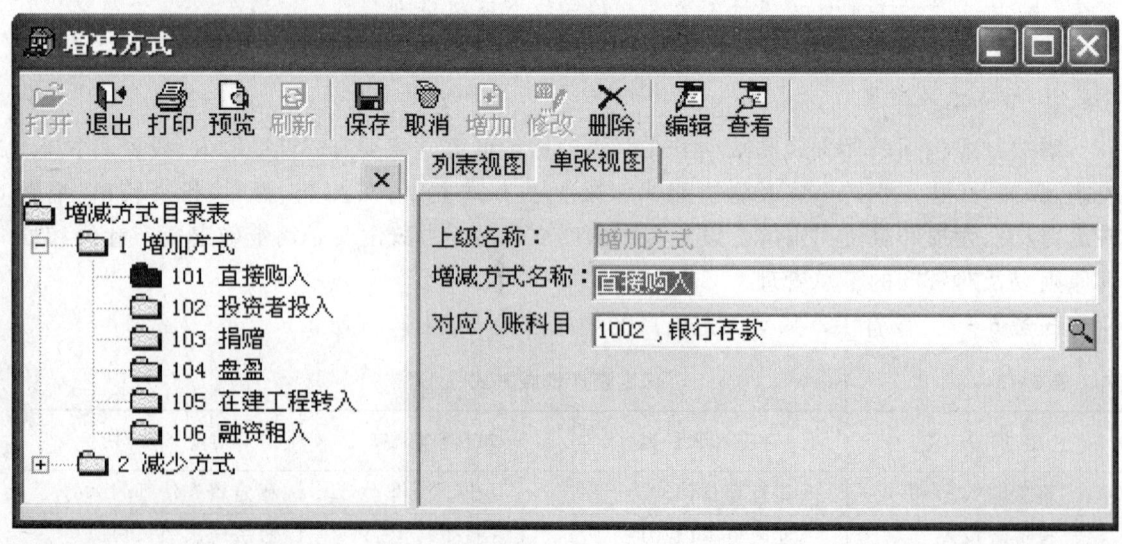

图 5-18　增减方式——单张视图

（3）单击"对应入账科目"栏后的参照按钮，选择"1002，银行存款"。

（4）单击【保存】按钮。

（5）以此方法继续录入其他的固定资产增减方式所对应的会计科目，如图 5 - 19 所示。

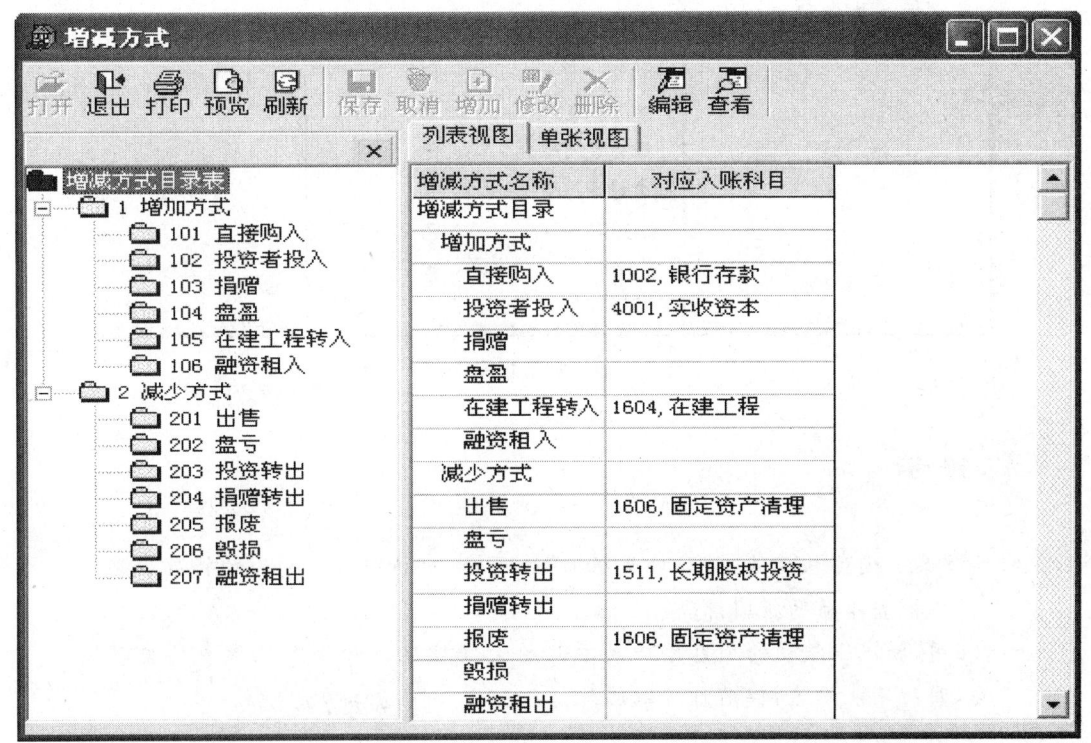

图 5 - 19　增减方式列表视图

（6）完成后，单击【退出】按钮。

 **提示**

- 此处所设置的对应入账科目是为了在进行增减固定资产业务处理时直接生成凭证中的会计科目。
- 非明细级的增减方式不能删除，已使用的增减方式不能删除。
- 生成凭证时如果入账科目发生了变化，可以进行修改。

6．使用状况设置

从固定资产核算和管理的角度，需要明确资产的使用状况，一方面可以正确地计算和计提折旧，另一方面便于统计固定资产的使用情况，提高资产的利用效率。系统预置的使用状况有：使用中、在用、季节性停用、经营性出租、大修理停用、未使用及不需用。

100 账套默认系统预置的使用状况，如图 5 - 20 所示。

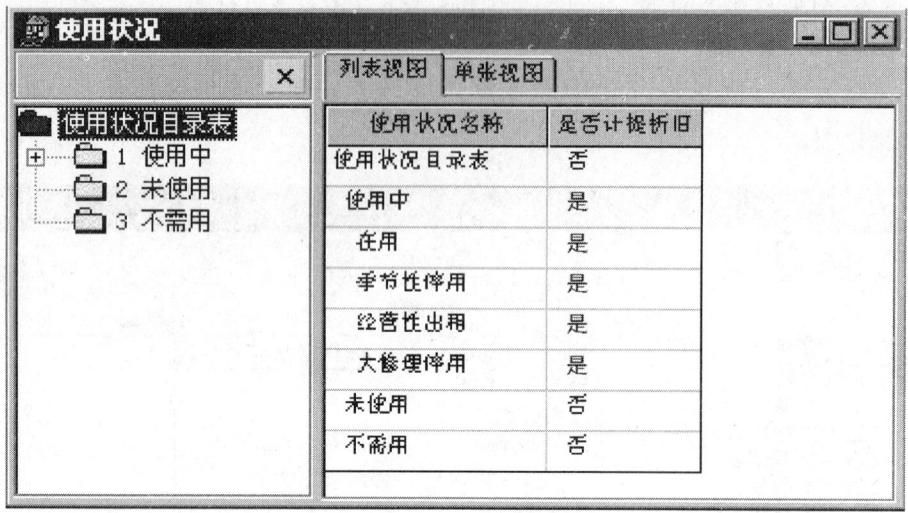

图 5-20　使用状况窗口

 **提示**

- 修改某一使用状况的"是否计提折旧"选项后,对折旧计算的影响将从当期开始,不调整以前的折旧计算。
- "在用"状况下默认的内容因涉及卡片的大修理记录和停用记录表的自动填写,因此不能删除,但名称可以修改。

7.折旧方法设置

折旧方法设置是系统自动计算折旧的基础。系统给出了常用的六种方法:不提折旧、平均年限法(一和二)、工作量法、年数总和法以及双倍余额递减法。这些方法是系统设置的折旧方法,只能选用,不能删除和修改。另外,如果这几种方法不能满足企业的使用需要,则系统提供了折旧方法的自定义功能,可以定义适合的折旧方法名称和计算公式。

100账套默认系统预置的折旧方法,如图 5-21 所示。

 **提示**

- 自定义公式中包含的项目只能是系统给定的项目。
- 月折旧额和月折旧率公式定义时必须有单项包含关系,但不能同时互相包含。
- 计提折旧时,若自定义折旧方法的月折旧额或月折旧率出现负数时,自动终止折旧计提。
- 修改卡片中已使用折旧方法的公式,将使所有使用该方法的资产折旧的计提按修改过的公式计算折旧。但以前各期间已经计提的折旧不变。

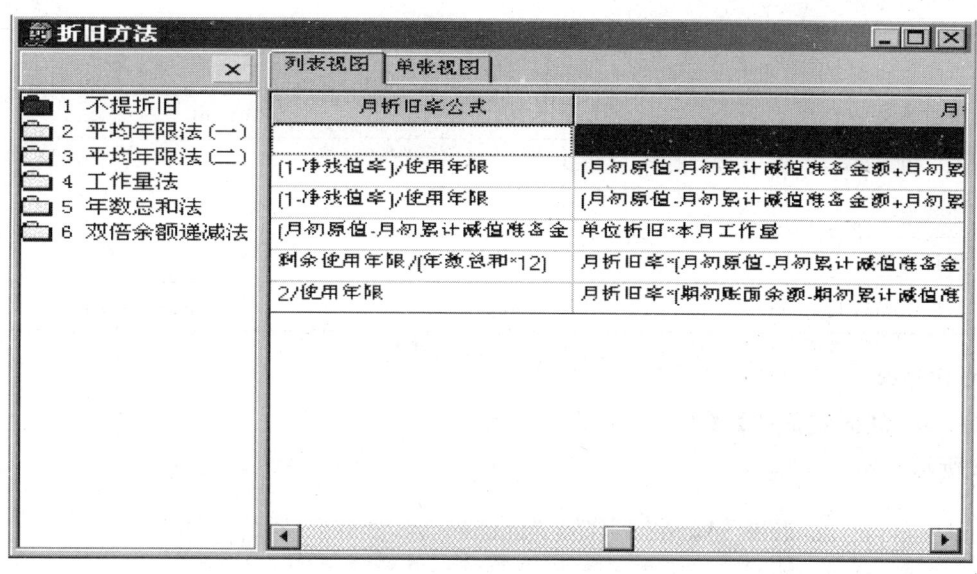

图 5-21　"折旧方法"窗口

5.1.3　原始卡片录入

固定资产卡片是固定资产核算和管理的依据,为了保持历史资料的连续性,在使用固定资产核算前,除了要进行基础设置的工作外,必须将建账日期以前的数据录入系统中,使固定资产系统中有一个完整的数据资料。原始卡片的录入不限制必须在第一个期间结账前,任何时候都可以录入原始卡片。

任务 5-5　录入 100 账套固定资产的原始卡片,如表 5-4 所示。

表 5-4　　　　　　　　　　固定资产原始卡片

卡 片 编 号	00001	00002
固定资产编号	02100001	02200001
固定资产名称	折射仪	卡车
类别编号	021	022
类别名称	办公设备	运输设备
部门名称	研发部	业务一部
增加方式	直接购入	投资者投入
使用状况	在用	在用
使用年限	5 年	15 年
折旧方法	平均年限法(一)	平均年限法(一)
开始使用日期	2008 年 3 月 11 日	2008 年 1 月 22 日

（续表）

卡 片 编 号	00001	00002
币 种	人民币	人民币
原 值	68 500	229 600
净残值率	2%	2%
累计折旧	2 212	28 219
对应折旧科目	5101 制造费用	660105 销售费用——折旧费

操作步骤

（1）选择【固定资产】|【卡片】|【录入原始卡片】选项，打开"资产类别参照"窗口，如图 5-22 所示。

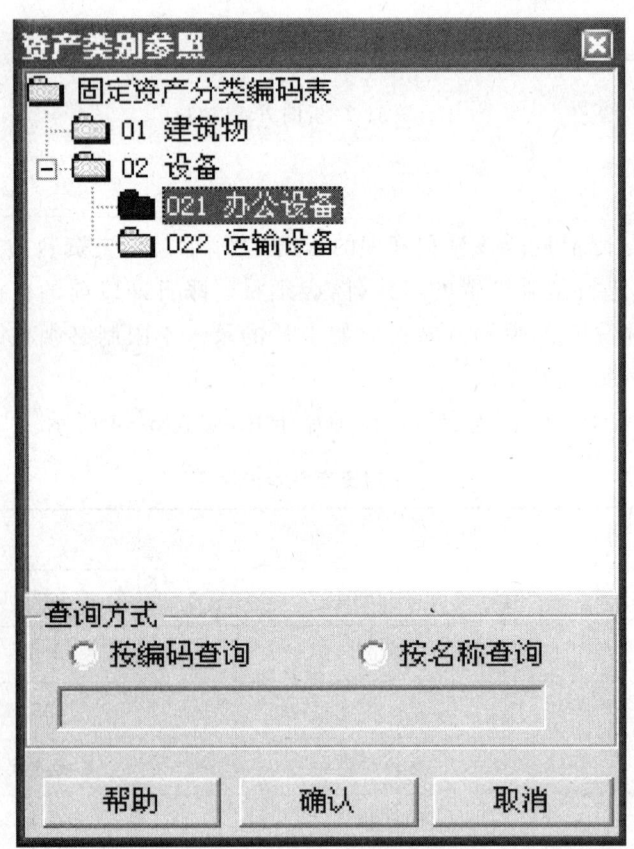

图 5-22 "资产类别参照"窗口

（2）双击"设备"后选中"办公设备"选项。单击【确认】按钮，打开"录入原始卡片——00001 号卡片"对话框，如图 5-23 所示。

（3）在卡片编号栏中录入"02100001"，在"固定资产名称"栏中录入"折射仪"。单击"部门名称"，出现"部门名称"按钮，再单击"部门名称"按钮，出现"部门参照"对话框。单击选中"研发部"，如图 5-24 所示。

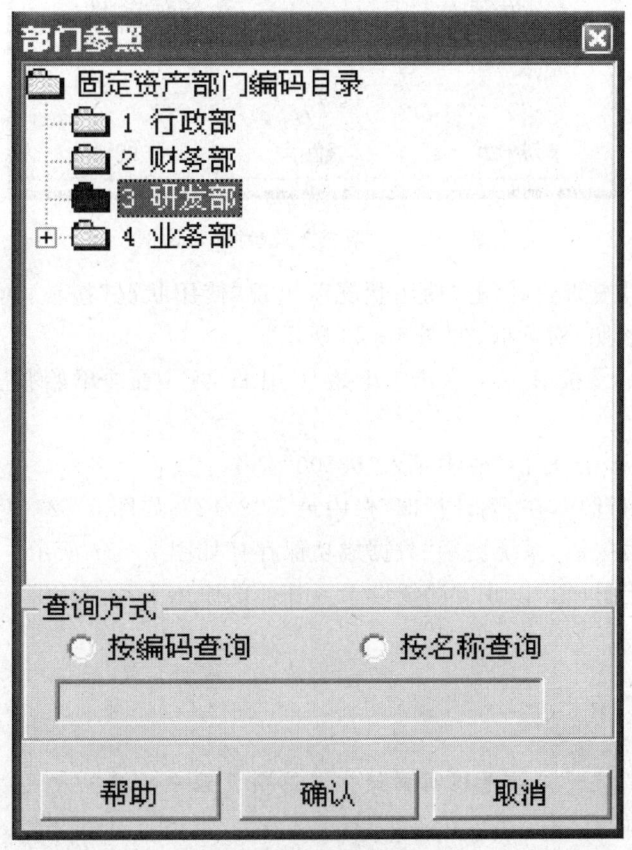

图 5 - 23　新增固定资产卡片

图 5 - 24　"部门参照"对话框

（4）单击【确认】按钮后，单击"增加方式"，出现"增加方式"按钮，再单击"增加方式"按钮，出现"增减方式参照"对话框，单击选中"直接购入"，如图 5 - 25 所示。

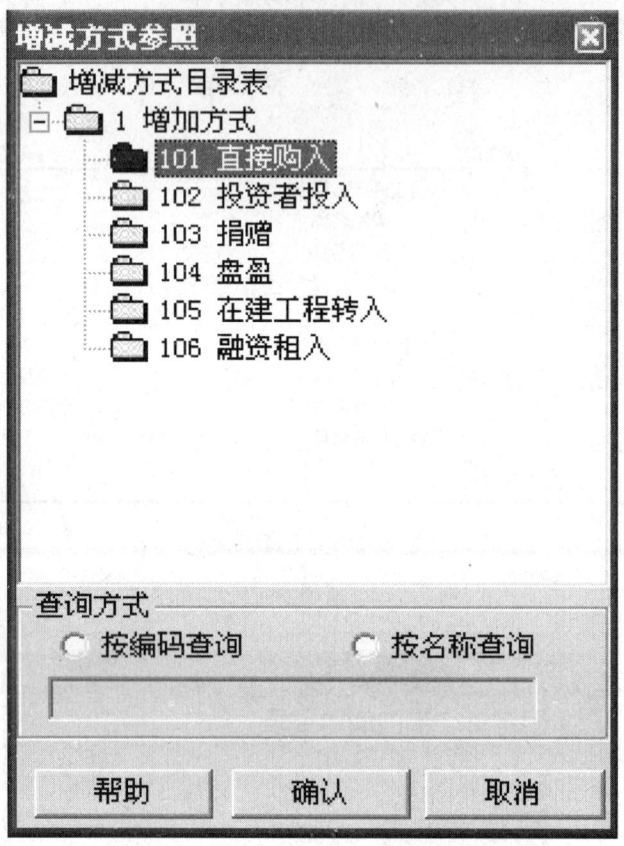

图 5 - 25　"增减方式参照"对话框

（5）单击【确认】按钮后，单击"使用状况"，出现"使用状况"按钮，再单击"使用状况"按钮，出现"使用状况参照"对话框，如图 5 - 26 所示。

（6）单击【确认】按钮后，单击"开始使用日期"，在"开始使用日期"栏中录入"2008 - 03 - 11"。

（7）单击"原值"，在"原值"栏中录入"68500"。

（8）单击"累计折旧"，在"累计折旧"栏中录入"2212"，如图 5 - 27 所示。

（9）单击【保存】按钮，系统提示"数据成功保存！"如图 5 - 28 所示。

（10）单击【确定】按钮，以此方法继续录入其他的原始卡片。

 提示

● 卡片中的固定资产编号根据初始化或选项设置中的编码方式，自动编码或需要用户手工录入。

● 录入人自动显示为当前操作员，录入日期为当前登录日期。

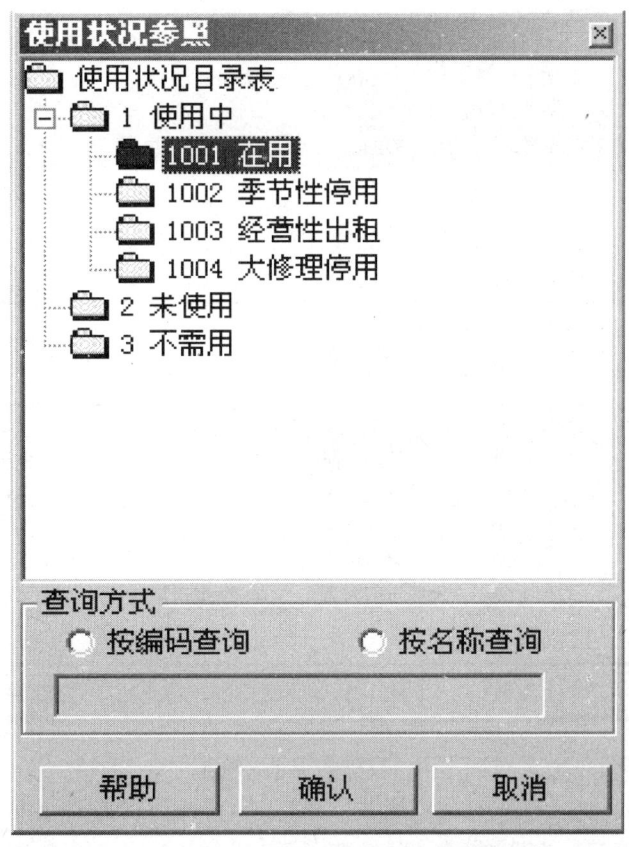

图 5-26　"使用状况参照"对话框

- 录入与计算折旧有关的项目后,系统会按照输入的内容将本月应提的折旧额显示在"月折旧额"项目内,可将该值与手工计算的值进行比较,看是否有录入错误。
- 其他页签录入的内容只是为管理卡片设置,不参与计算。并且除附属设备外,其他内容在录入月结账后除"备注"外不能修改和输入,而是由系统自动生成。
- 原值、累计折旧以及累计工作量的录入一定是卡片录入月月初的价值,否则将会出现计算错误。
- 已计提月份必须严格按照该资产已经计提的月份数,不包括使用期间停用等不计提折旧的月份,否则不能正确计算折旧。
- 开始使用的日期,必须采用 YYYY-MM-DD 形式录入。其中的年和月对折旧计提有影响,日不会影响折旧的计提,但是也必须录入。
- 如果输入原值和净值,可自动计算累计折旧。
- 对应折旧科目,可根据所选择的使用部门自动带出。

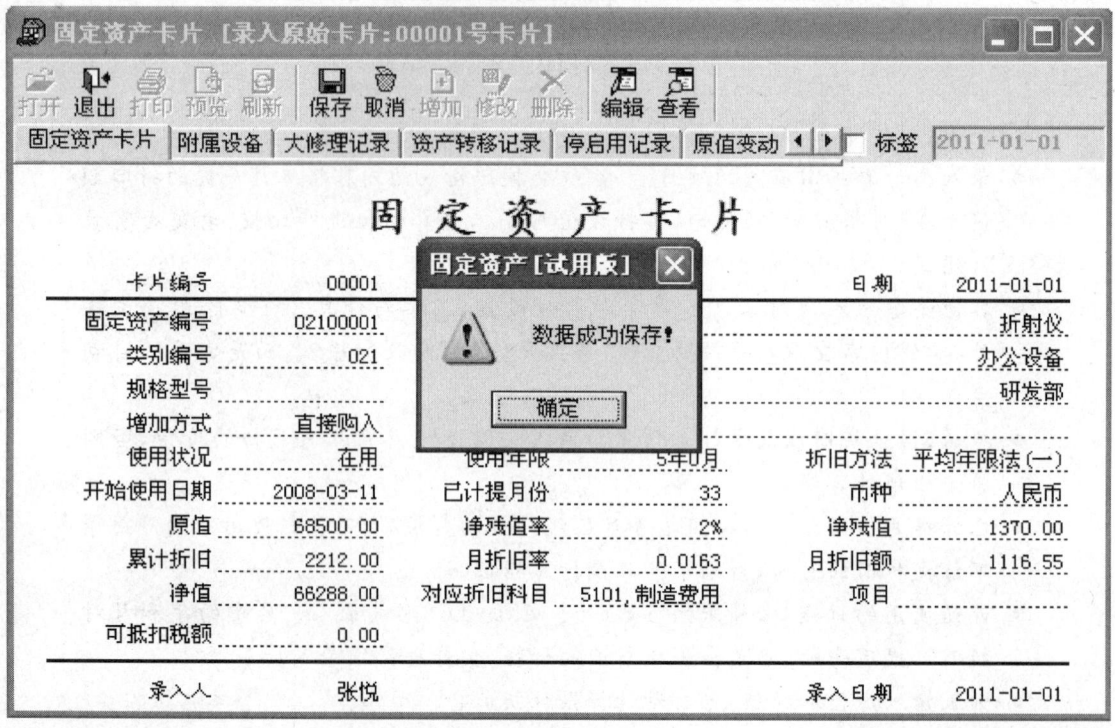

图 5-27 填制完成的卡片

图 5-28 数据成功保存提示

5.2 日常业务处理

固定资产的日常业务处理主要包括企业平时的固定资产卡片管理、固定资产的增减业务处理及固定资产的各种变动管理。

5.2.1 固定资产卡片管理

卡片管理是对固定资产系统中所有的卡片进行综合管理的功能操作。通过卡片管理可以完成卡片修改、卡片删除、卡片查询及卡片打印等操作。

1. 卡片查询

卡片查询既可以查询单张卡片的信息,也可以查询卡片汇总的信息。每一张卡片在固定资产列表中显示为一条记录行,通过这条记录行或快捷信息窗体可查看该资产的简要信息。要想查看详细情况,可以在卡片管理列表中选中要查看的卡片记录行,双击该记录行,即显示单张卡片的详细内容。查看卡片汇总信息即查看企业实际业务中的固定资产台账,固定资产系统设置按部门查询、按类别查询及自定义查询三种查询方式。

任务 5-6 查询 100 账套全部固定资产卡片并查询研发部的固定资产情况。

操作步骤

(1) 选择【固定资产】|【卡片】|【卡片管理】选项,打开“卡片管理[全部卡片]”窗口,如图 5-29 所示。

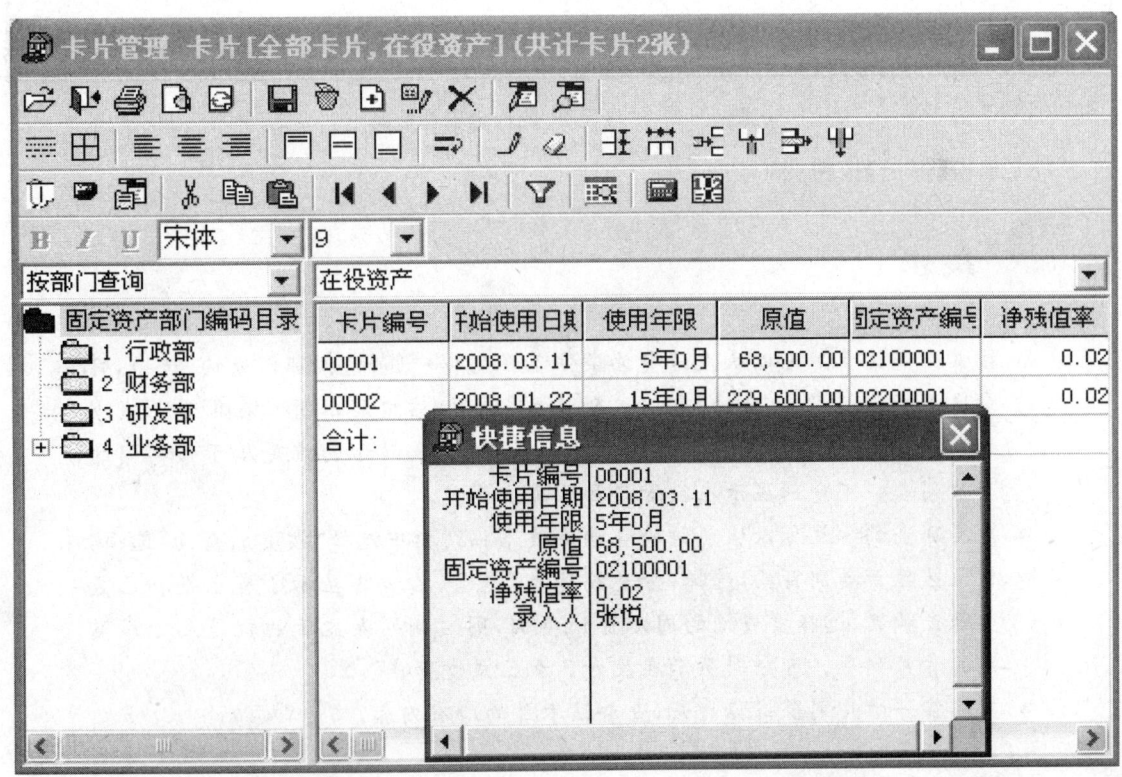

图 5-29 “全部卡片”窗口

（2）退出"快捷信息"。单击左侧窗口中"固定资产部门编码目录"中的"研发部"选项，在右侧窗口中显示"研发部"的固定资产情况，如图 5 – 30 所示。

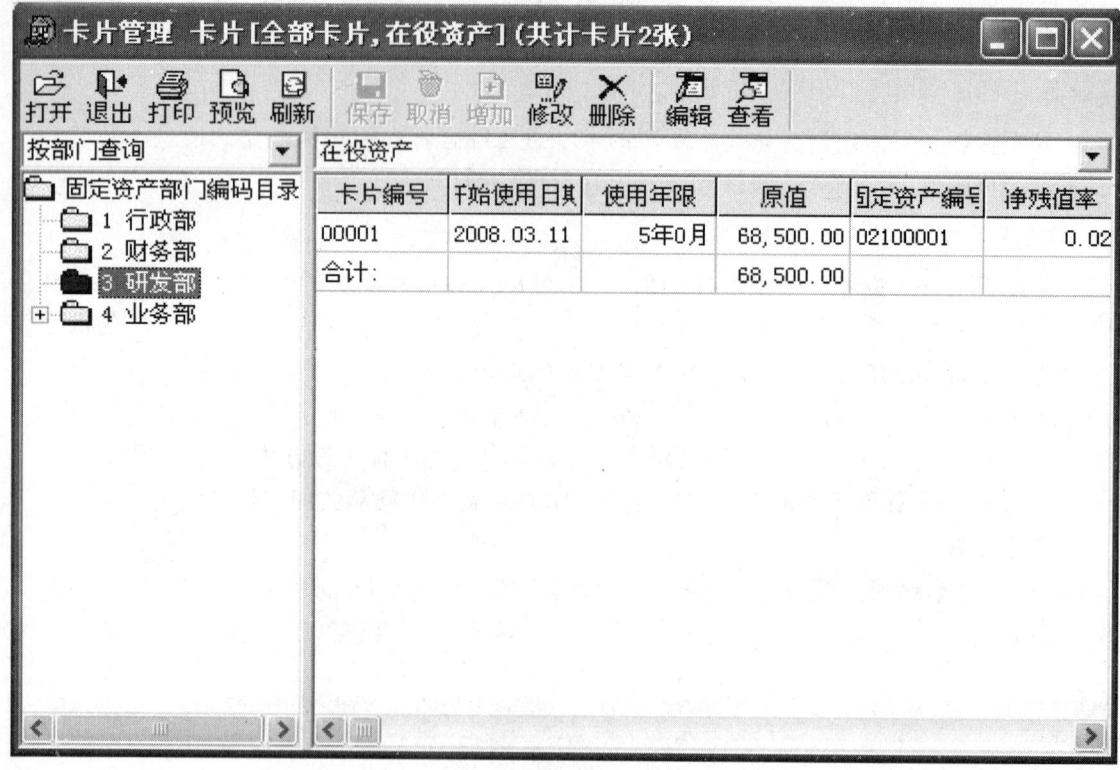

图 5 – 30 "研发部"的固定资产情况

（3）单击【退出】按钮。

 **提示**

- 按部门查询卡片可以从左边查询条件下拉列框中选择"按部门查询"选项，目录区显示部门目录，选择"部门编码目录"选项，右边显示所有在役和已减少的资产状况；选择要查询的部门名称，则右侧列表显示的就是属于该部门的卡片列表。可分别显示在役资产和已减少资产。
- 按类别查询卡片可以从左边的查询条件下拉列框中选择"按类别查询"选项，目录区显示类别目录，选择"分类编码表"选项，右边将显示所有在役和已减少资产状况；选择要查询的固定资产类别，则右侧列表显示的就是属于该类别的卡片列表。可分别显示在役资产和已减少资产。
- 双击某一卡片则会将其打开，查看该卡片的所有内容。

2. 卡片修改与删除

当发现卡片录入有错误，或资产在使用过程中有必要修改卡片的一些内容时，则可以通

过卡片修改功能进行修改,这种修改为无痕迹修改。删除卡片是指把卡片资料彻底从系统中删除,而并不是资产清理或减少。

提示

- 原始卡片的原值、使用部门、工作总量、使用状况、累计折旧、净残值(率)、折旧方法、使用年限以及资产类别在没有制作变动单或评估单情况下,在录入当月可以修改。如果制作了变动单,则只有删除变动单才能修改。
- 通过"资产增加"录入系统的卡片如果在没有制作凭证和变动单、评估单的情况下,在录入当月可修改。如果做过变动单,只有删除变动单才能修改。如果已制作凭证,要修改原值或累计折旧,则必须删除凭证后,才能修改。
- 原值、使用部门、使用状况、累计折旧、净残值(率)、折旧方法、使用年限和资产类别各项目在进行一次月末结账后,只能通过变动单或评估单来调整,不能通过卡片修改功能改变。
- 若在卡片录入当月发现卡片录入有错误,想删除该卡片,可通过"卡片删除"功能来实现,删除后如果该卡片不是最后一张,则卡片编号保留空号。
- 非本月录入的卡片不能删除。
- 卡片做过一次月末结账后不能删除。做过变动单、评估单或凭证的卡片在删除时,系统会提示先删除相关的变动单、评估单或凭证。

5.2.2　固定资产增减管理

1. 固定资产增加

"资产增加"即新增加固定资产卡片。在系统的日常使用过程中,可能会购进或通过其他方式增加企业资产,该部分资产通过"资产增加"操作录入系统。当固定资产开始使用日期的会计期间=录入会计期间时,才能通过"资产增加"来录入。

任务 5-7　2011 年 1 月 20 日,行政部直接购入一台电脑,价值为 18 000 元,预计使用年限 5 年,预计净残值率为 3%,采用双倍余额递减法计提折旧。

操作步骤

(1) 选择【固定资产】|【卡片】|【资产增加】选项,打开"资产类别参照"窗口,单击选中"设备"中的"办公设备"选项,如图 5-31 所示。

(2) 单击【确认】按钮,打开"固定资产卡片[新增资产:00003 号卡片]"窗口。

(3) 分别录入固定资产编号"02100002"、固定资产名称"电脑"、录入或选择部门名称为"行政部"、增加方式为"直接购入"、使用状况为"在用"、开始使用日期"2011-01-20"、原值为"21 000"、净残值率"3%"以及折旧方法为"双倍余额递减法",如图 5-32 所示。

(4) 单击【保存】按钮,系统提示"数据成功保存",单击【确定】按钮。

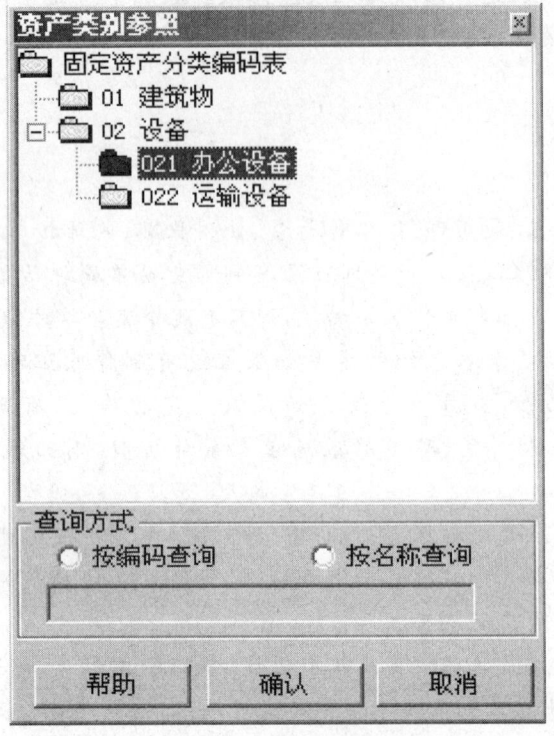

图 5-31 "资产类别参照"窗口

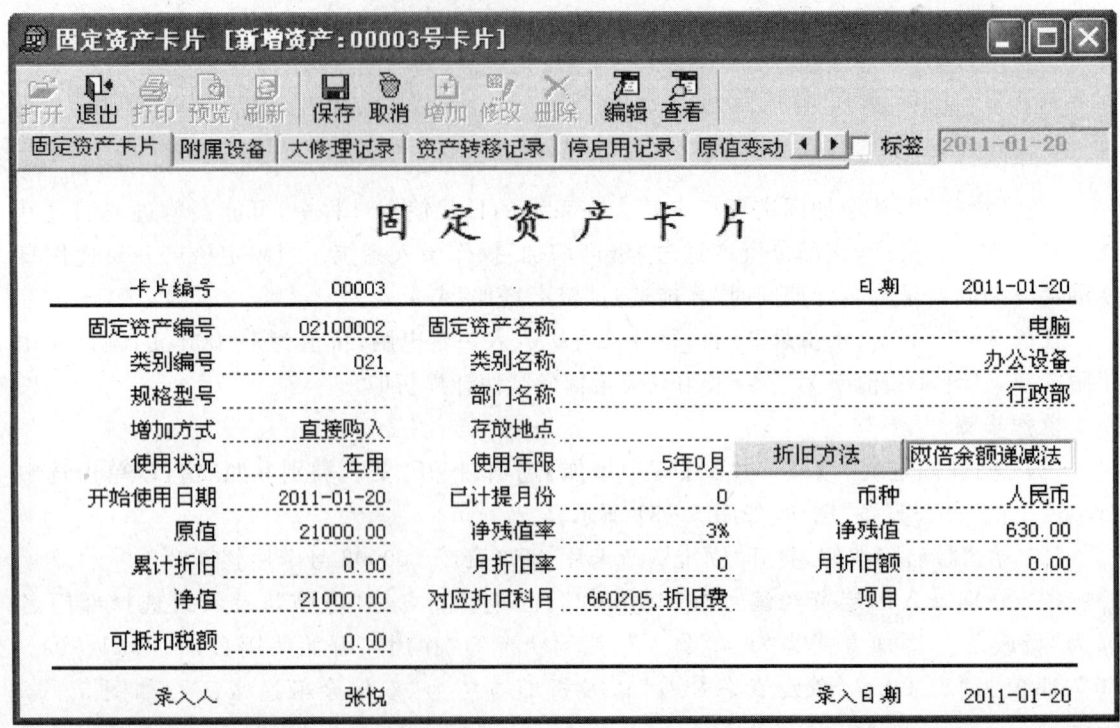

图 5-32 填制完成的 00003 号卡片

● 新卡片第一个月不提折旧,折旧额为空或零。

● 原值录入的一定是卡片录入月月初的价值,否则将会出现计算错误。

● 如果录入的累计折旧、累计工作量不是零,说明是旧资产,该累计折旧或累计
工作量是在进入本企业前的值。

● 已计提月份必须严格按照该资产在其他单位已经计提或估计已计提的
月份数,不包括使用期间停用等不计提折旧的月份,否则不能正确计算
折旧。

2. 固定资产减少

资产在使用过程中,总会由于各种原因,如毁损、出售以及盘亏等,退出企业,该部
分操作称为"资产减少"。在系统中提供资产减少的批量操作,为同时清理一批资产提
供方便。只有当账套开始计提折旧后才可以使用资产减少功能,否则,减少资产只能
通过删除卡片来完成。由于 100 账套还没计提过折旧,所以现在还不能进行资产减
少的操作。

资产减少的操作是在【卡片】菜单中的【资产减少】功能中完成的。在资产减少时应分别
在资产减少功能中录入"卡片编号"、"资产编号"、"减少方式"及"减少日期"等内容。

● 如果误减少资产,可以使用系统提供的纠错功能来恢复。只有当月减少的资
产才可以恢复。如果资产减少操作已制作了凭证,则必须在删除凭证后才能
恢复。

● 只要卡片未被删除,就可以通过卡片管理中的"已减少资产"功能来查看减少
的资产。

5.2.3   固定资产变动管理

资产在使用过程中,可能会调整卡片上的某些项目,这种变动要求留下原始凭证,制作
的原始凭证称为"变动单"。资产的变动包括:原值变动、部门转移、使用状况变动、使用年
限调整、折旧方法调整以及净残值(率)调整等。

系统约定本月录入的卡片和本月增加的资产不允许进行变动处理,因此,要进行资产变
动必须先计提折旧并制单,并且结账后才能进行有关变动的处理。

固定资产变动管理是在【卡片】菜单中的【变动单】或【批量变动】功能中完成的。在打开
变动单后输入相应的变动内容并制单即可。

 提示

- 变动单保存后不能修改,只能在当月删除后重新填制。
- 进行使用年限调整的资产在调整的当月就按调整后的使用年限计提折旧。
- 进行折旧方法调整的资产在调整的当月就按调整后的折旧方法计提折旧。
- 如果进行累计折旧调整则应保证调整后的累计折旧大于净残值。

5.3 期末业务处理

在固定资产系统中,期末业务处理的工作主要包括计提折旧、制单处理及对账与结账的处理工作。

5.3.1 折旧处理

自动计提折旧是固定资产系统的主要功能之一。根据已经录入系统的有关固定资产资料每期计提折旧一次,并自动生成折旧分配表,然后制作记账凭证,将本期的折旧费用自动登账。并将当期的折旧额自动累加到累计折旧项目中。

影响折旧的因素主要有原值、减值准备、累计折旧、净残值(率)、折旧方法、使用年限及使用状况。

任务 5-8 计提 100 账套 2011 年 1 月的固定资产折旧。

操作步骤

(1) 选择【固定资产】|【处理】|【计提本月折旧】选项,系统提示"本操作将计提本月折旧,并花费一定时间,是否要继续?"如图 5-33 所示。

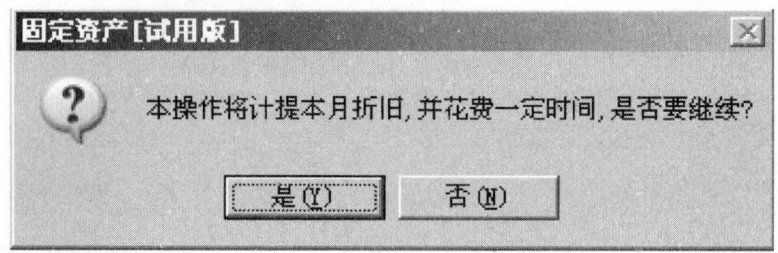

图 5-33 计提折旧前的提示

(2) 单击【是】按钮,系统提示"是否要查看折旧清单?"如图 5-34 所示。

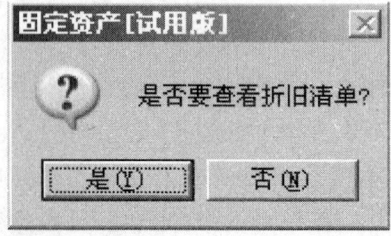

图 5-34 是否要查看折旧清单的提示

（3）单击【是】按钮，生成"折旧清单"，如图 5 - 35 所示。

图 5 - 35 折旧清单

（4）单击【退出】按钮，打开"折旧分配表"窗口，如图 5 - 36 所示。

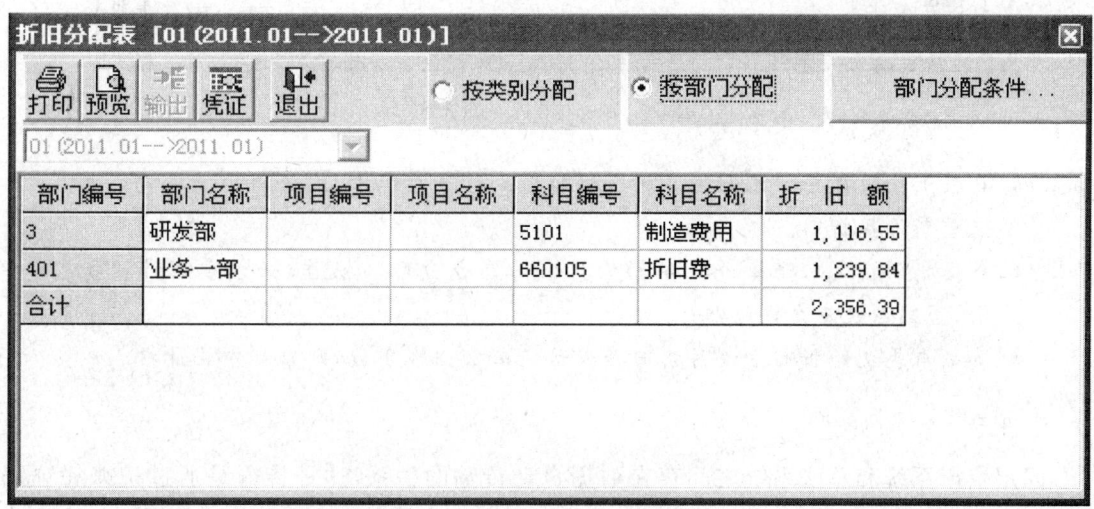

图 5 - 36 折旧分配表

（5）单击【凭证】按钮，生成一张计提折旧的记账凭证，选择凭证种类为"转账凭证"，单击第 3 条分录的科目名称参照按钮，选择"1602 累计折旧"选项，单击【保存】按钮，保存计提折旧的记账凭证，如图 5 - 37 所示。

（6）单击【退出】按钮。

 **提示**

- 本系统在一个期间内可以多次计提折旧，每次计提折旧后，都只是将计提的折旧累加到月初的累计折旧，不会重复累计。

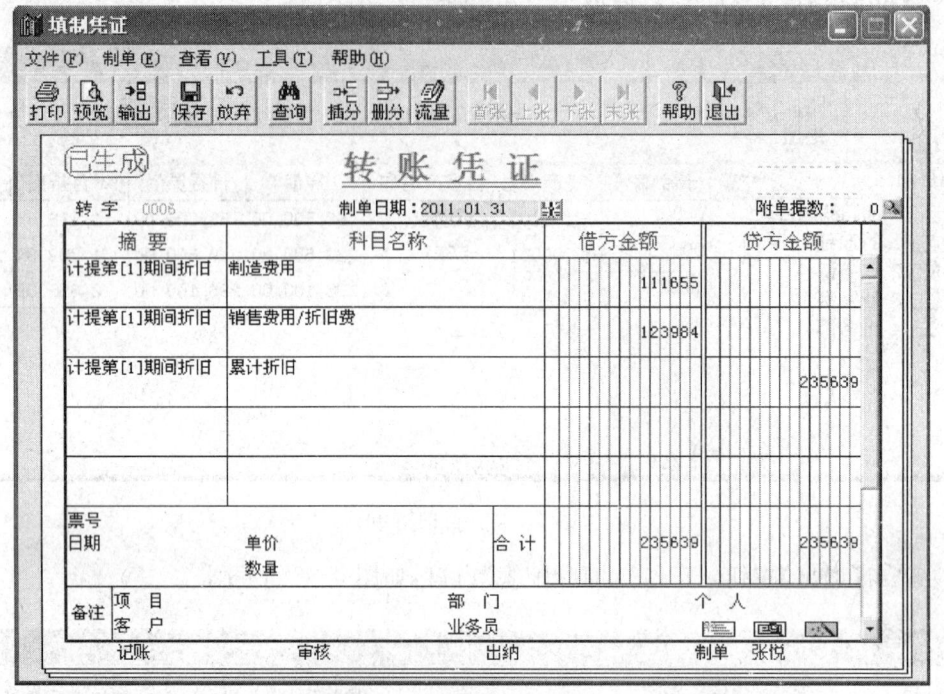

图 5-37 计提折旧的凭证

- 如果上次计提折旧已制单并把数据传递到账务系统中,则必须删除该凭证才能重新计提折旧。
- 计提折旧后又对账套进行了影响折旧计算或分配的操作,必须重新计提折旧,否则系统不允许结账。
- 如果自定义的折旧方法月折旧率或月折旧额出现负数,则自动中止计提。

5.3.2 制单处理

固定资产系统和总账系统之间存在数据自动传输的关系,这种传输是通过记账凭证来完成的。固定资产系统中要制作凭证的业务内容主要包括资产增加、资产减少、卡片修改(涉及原值和累计折旧时)、资产评估(涉及原值和累计折旧时)、原值变动、累计折旧调整及折旧分配。

制作凭证可以采用"立即制单"和"批量制单"两种方法。当在"选项"中设置了"业务发生后立即制单",则当需要制单的业务发生时系统自动调出不完整的凭证供修改后保存;如果未选中"业务发生后立即制单",则可以使用系统提供的"批量制单"功能完成制单的工作。批量制单功能可以同时将一批需要制单的业务连续制作成凭证并传输到总账系统中。

任务 5-9 将 1 月份的新增固定资产进行制单处理。

操作步骤

(1)选择【固定资产】|【处理】|【批量制单】选项,打开"批量制单"对话框。

(2)选中"制单"栏。

(3)单击"制单设置"选项卡,在第一行科目栏中输入新增固定资产的借方科目"1601",

如图 5 - 38 所示。

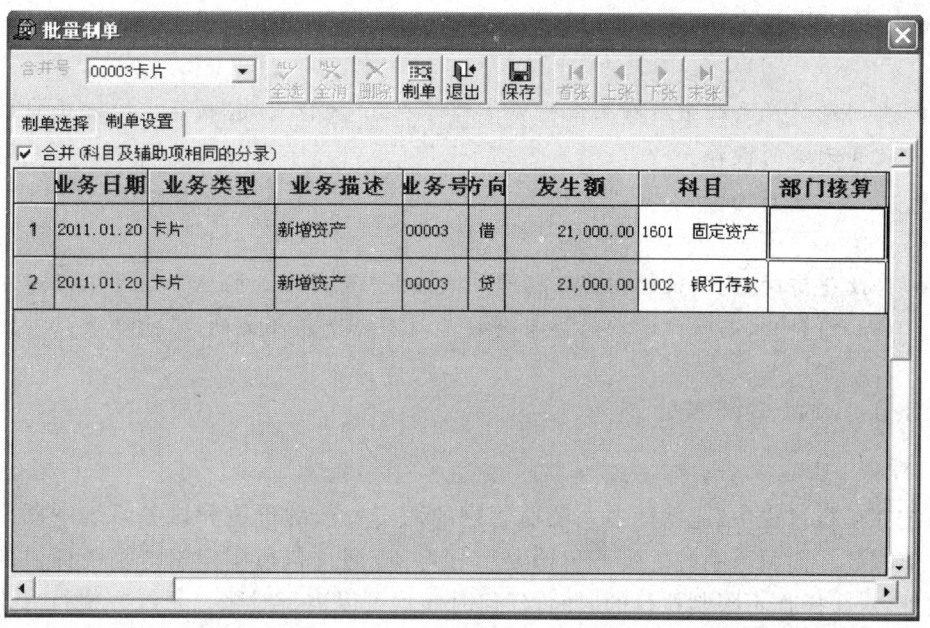

图 5 - 38　新增固定资产的制单设置

（4）单击【制单】按钮，录入摘要为"增加固定资产"，选择凭证类别为"付款凭证"。

（5）单击【保存】按钮，如图 5 - 39 所示。

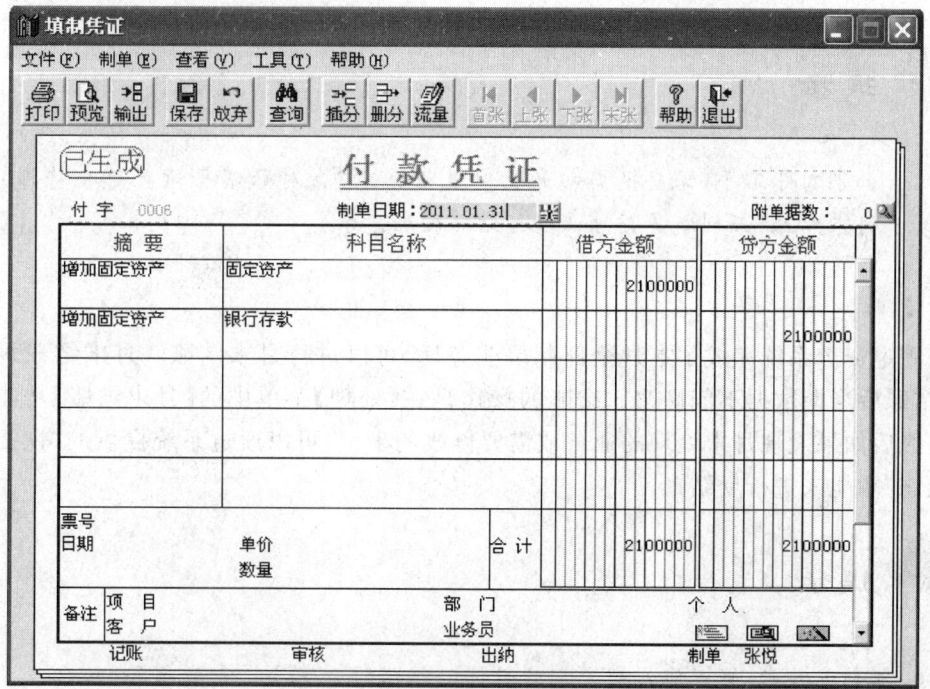

图 5 - 39　新增固定资产的记账凭证

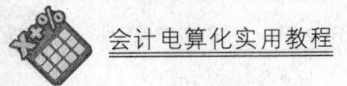

 **提 示**

- 在固定资产系统中所有生成的凭证都可以在"凭证查询"功能中进行查询、修改和删除的操作。
- 由固定资产系统传递到总账系统中的凭证,在总账系统中不能被修改和删除。
- 修改凭证时,能修改的内容仅限于摘要、用户自行增加的凭证分录、系统默认的折旧科目,而系统缺少的分录金额是与原始交易相关的,不能修改。

5.3.3 对账与结账处理

1. 对账

系统在运行过程中,应保证本系统所管理的固定资产的价值和账务系统中固定资产科目的数值相等。而两个系统的资产价值是否相等,应通过执行固定资产系统提供的对账功能来实现,对账操作不限制执行的时间,任何时候均可以进行对账。系统在执行月末结账时自动对账一次,给出对账结果,并根据初始化或选项中的判断确定不平情况下是否允许结账。

只有系统初始化或选项中选择了与账务对账,才可以进行对账的操作。在【处理】菜单中的【对账】功能中完成对账操作,在选择对账功能后,系统会自动完成对账并给出对账结果。

 **提 示**

如果对账不平,需要根据初始化时是否选中"在对账不平情况下允许固定资产月末结账"来判断是否可以进行结账处理。

2. 结账

当固定资产系统完成了本月全部制单业务后,可以进行月末结账。月末结账每月进行一次,结账后当期数据不能修改。结账的操作是在【处理】菜单中的【月末结账】功能中完成的。结账后如果发现月末处理的业务或需要修改的事项,可以通过系统提供的"恢复月末结账前状态"功能来进行反结账。

 **提 示**

- 本期不结账,将不能处理下期的数据。结账前一定要进行数据备份。
- 不能跨年度恢复数据,即本系统年末结转后,不能利用本功能恢复年末结转。

5.3.4 账表管理

在固定资产管理的过程中,需要及时掌握资产的统计、汇总和其他各方面的信息。在固定资产系统中根据用户对系统的日常操作,自动提供这些信息,以报表的形式提供给财务人员和资产管理人员。本系统提供的报表分为四类:账簿、折旧表、汇总表以及分析表。另外,如果所提供的报表不能满足要求,系统还提供了自定义报表的功能,可以根据需要定义符合要求的报表。

1. 固定资产账簿

在进行了固定资产的日常业务处理之后,系统根据业务内容直接生成有关的固定资产账簿资料。固定资产的账簿资料主要包括固定资产总账、固定资产明细账及固定资产登记簿。固定资产的明细账包括单个固定资产明细账和分别按部门和按类别登记的固定资产明细账。这些账簿以不同的方式,序时地反映了资产的变化情况,在查询的过程中可以联查某一时期或某一部门、某一类别的明细资料及记账凭证,从而获得全面固定资产的信息。固定资产账簿可以在【报表】菜单的"账表管理"功能中的"账簿"中进行查询。

2. 分析表

固定资产分析表主要通过对固定资产的综合分析,为管理者提供管理和决策依据。系统提供了四种分析表,即部门构成分析表、价值结构分析表、类别构成分析表和使用状况分析表。管理者可以通过这些分析表了解企业固定资产的计提折旧情况和剩余价值大小等内容。固定资产分析表可以在【报表】菜单中【账表管理】功能中的"分析表"中进行查询。

3. 统计表

统计表是出于管理资产的需要,按管理目的统计的数据。系统提供了七种统计表,固定资产原值一览表、固定资产统计表、评估汇总表、评估变动表、盘盈盘亏报告表、逾龄资产统计表以及役龄资产统计表。这些表从不同的侧面对固定资产进行统计分析,使管理者可以全面细致地了解企业对资产的管理,为及时掌握资产的价值、数量以及新旧程度等指标提供依据。

4. 折旧表

系统提供了四种折旧表,即部门折旧计提汇总表、固定资产及累计折旧表(一)、固定资产及累计折旧表(二)和固定资产折旧计算明细表。通过固定资产折旧表可以了解并掌握企业所有固定资产本期、本年某部门、某类别固定资产计提折旧及明细情况。

5.4 数据维护

5.4.1 数据接口管理

数据接口管理即卡片导入功能,可以将企业已有的固定资产核算系统的资产卡片,自动写入本系统中,可以减少手工录入卡片的工作量。为保证卡片导入能顺利进行,应在执行该功能之前,仔细阅读卡片导入的约束条件、提示信息和栏目说明内容。

5.4.2 重新初始化账套

如果系统在运行过程中发现账簿中的数据错误很多或太乱,无法或不想通过"反结账"来纠错,则可以通过"重新初始化账套"功能将该账套的内容全部清空,然后从系统初始化开始重新建立账套。

注:此时已将完成了固定资产业务处理的账套进行了备份,教师和学生均可以引入光盘中的账套进行下一步内容的学习和演练。文件名为"例题用账套/第5单元"。

 提示

- 重新初始化账套是对已经打开和使用的账套而言。
- 执行重新初始化账套会删除该账套的所有操作。

 复习思考题

1. 在什么情况下应录入固定资产原始卡片?在什么情况下应按固定资产增加业务处理?
2. 在启用固定资产的当月为什么不能做减少固定资产的操作?
3. 应如何完成计提固定资产折旧并制单的操作?
4. 重新初始化账套有何作用?

 实验五　固定资产管理

一、实验前准备

系统中已经安装了畅捷通 T3-企业管理信息化软件教育专版,完成了实验二的操作。可以引入光盘中"上机实验备份/实验二备份"。将系统日期调整为 2011 年 1 月 31 日。

二、任务

根据所给资料由 200 账套的账套主管陈凡(用户名:KJCF,密码:111)完成 200 账套的固定资产系统初始化的操作;由会计王晶晶(用户名:KJWJJ,密码:111)完成计提固定资产折旧和增加固定资产任务的操作。

三、具体任务

固定资产系统初始化。

1. 建立固定资产账套

固定资产子账套的启用月份为"2011 年 1 月";固定资产折旧采用"平均年限法(一),按月计提折旧",折旧汇总分配周期为"1 个月";当(月初已计提折旧月份＝可使用月份-1)时,要求将剩余折旧全部提足。固定资产编码方式为"2-1-1-1",固定资产编码方式采用

自动编码,编码方式为按"类别编码＋序号";序号长度为5。固定资产系统要求与总账系统进行对账;固定资产对账科目为"1601 固定资产",累计折旧科目为"1602 累计折旧";对账不平的情况下允许结账。在与账务系统的接口中设置为:业务发生后立即制单,固定资产缺省入账科目为"1601 固定资产",累计折旧缺省入账科目为"1602 累计折旧"。

2. 设置如表5-5所示的折旧对应的科目。

表 5-5　　　　　　　　　　　　　　折旧对应的科目

部 门 名 称	折 旧 科 目
行政部	管理费用——折旧费(660205)
财务部	管理费用——折旧费(660205)
生产车间	制造费用(5101)
市场部	销售费用(660105)

3. 设置如表5-6所示的固定资产类别。

表 5-6　　　　　　　　　　　　　　固定资产类别

类别编码	类别名称	使用年限	净残值率	计提属性	折旧方法	卡片样式
01	建筑物	50	2%	正常计提	平均年限法(一)	通用样式
02	设 备			正常计提	平均年限法(一)	通用样式
021	办公设备	5	2%	正常计提	平均年限法(一)	通用样式
022	加工设备	10	2%	正常计提	平均年限法(一)	通用样式
023	运输设备	15	2%	正常计提	平均年限法(一)	通用样式

4. 设置如表5-7所示的固定资产的增减方式的对应会计科目。

表 5-7　　　　　　　　　　　　　　固定资产增减方式

增 加 方 式	对应入账科目	减 少 方 式	对应入账科目
直接购入	银行存款(1002)	出 售	固定资产清理(1606)
投资者投入	实收资本(4001)	投资转出	长期股权投资(1511)
在建工程转入	在建工程(1604)	报 废	固定资产清理(1606)

5. 录入如表5-8所示的固定资产原始卡片。

表 5-8　　　　　　　　　　　　　　固定资产原始卡片

卡 片 编 号	00001	00002
固定资产编号	02200001	02100002
固定资产名称	01 加工设备	02 办公设备
类别编号	022	021

（续表）

卡 片 编 号	00001	00002
类别名称	加工设备	办公设备
部门名称	生产车间	财务部
增加方式	直接购入	直接购入
使用状况	在用	在用
使用年限	10 年	5 年
折旧方法	平均年限法（一）	平均年限法（一）
开始使用日期	2007 年 3 月 16 日	2006 年 6 月 18 日
币 种	人民币	人民币
原 值	185 000	21 000
净残值率	2%	2%
累计折旧	16 000	6 600
对应折旧科目	5101 制造费用	660205 管理费用——折旧费

6. 2011 年 1 月 18 日，企业发生如下经济业务。

（1）将卡片编号为"00002""02 办公设备"的折旧方式修改为"双倍余额递减法"。

（2）2011 年 1 月 30 日，生产车间直接购入一台"03 加工设备"，价款共计 123 500 元（以银行存款支付），预计使用年限为 10 年，预计净残值率为 3%，采用"平均年限法（一）"计提折旧。

（3）计提 200 账套 2011 年 1 月的固定资产折旧。

（4）将 1 月份的新增固定资产进行制单处理。

第6单元　综合实训案例

6.1　初始设置资料

6.1.1　系统管理

1. 操作员及其权限(见表6-1)

表 6 - 1　　　　　　　　　　　操作员及其权限

编　号	姓　名	口　令	权　　限
101	王　耕	001	账套主管的全部权限
102	刘　宁	002	具有总账和公共目录的全部权限
103	沈　清	003	总账系统中出纳签字权限
104	王　山	004	具有工资管理系统全部权限
105	陈　蕊	005	具有固定资产系统全部权限

2. 账套信息

账套号：300

账套名称：郁金香股份账套

账套路径：默认

单位名称：北京郁金香股份有限公司

单位简称：郁金香公司

单位地址：北京市朝阳区双井路21号

法人代表：张曲

邮政编码：100100

税号：100011010999999

启用会计期：2011年1月

会计期间设置：1月1日至12月31日

记账本位币：人民币(RMB)

企业类型：工业

行业性质：2007年新会计制度科目

账套主管：王耕

基础信息：对客户、供应商进行分类，有外币核算

分类编码方案：

　　科目编码级次：4222

　　客户分类编码级次：123

　　供应商分类编码级次：123

　　部门编码级次：122

　　结算方式编码级次：12

　　小数位数：均为 2 位

3. 系统启用

建账完成后，立即启用总账、工资、固定资产模块，启用日期同为 2011 年 1 月 1 日。

6.1.2　基础设置

1. 部门档案（见表 6-2）

表 6-2　　　　　　　　　　部　门　档　案

部 门 编 码	部 门 名 称
1	行政部
2	财务部
3	人事部
4	市场部
401	采购部
402	销售部
5	生产部

2. 职员档案（见表 6-3）

表 6-3　　　　　　　　　　职　员　档　案

职 员 编 码	职 员 姓 名	所 属 部 门	职 员 属 性
1	张　曲	行政部	总经理
2	林　静	行政部	总经理助理
3	王　耕	财务部	财务主管
4	刘　宁	财务部	会　计
5	沈　清	财务部	出　纳
6	陈　蕊	财务部	资产管理员
7	王　山	人事部	工资管理员
8	张　帅	采购部	采购员
9	陈　强	销售部	销售员
10	曾　文	生产部	车间主任
11	张　艳	生产部	生产人员

3. 客户分类(见表 6-4)

表 6-4　　　　　　　　　　　　　客 户 分 类

类 别 编 码	类 别 名 称
1	省 内
2	省 外

4. 客户档案(见表 6-5)

表 6-5　　　　　　　　　　　　　客 户 档 案

客 户 编 码	客 户 简 称	所 属 分 类	发 展 时 间
01	海际公司	1 省内	2009 - 11 - 10
02	和能公司	1 省内	2009 - 01 - 08
03	星河公司	2 省外	2009 - 09 - 01
04	高宏公司	2 省外	2009 - 09 - 08
05	洋河公司	2 省外	2009 - 06 - 01

5. 供应商分类(见表 6-6)

表 6-6　　　　　　　　　　　　　供 应 商 分 类

类 别 编 码	类 别 名 称
1	工 业
2	商 业
3	其 他

6. 供应商档案(见表 6-7)

表 6-7　　　　　　　　　　　　　供 应 商 档 案

供 应 商 编 码	供 应 商 简 称	所 属 分 类	发 展 时 间
01	振远公司	1	2009 - 07 - 02
02	新鑫公司	2	2009 - 08 - 01
03	新干线公司	3	2009 - 07 - 06

7. 结算方式(见表 6-8)

表 6-8　　　　　　　　　　　　　结 算 方 式

结 算 方 式 编 码	结 算 方 式 名 称
1	现金结算
2	支票结算

（续表）

结 算 方 式 编 码	结 算 方 式 名 称
201	现金支票
202	转账支票
3	其他

6.1.3　总账系统初始化

1. 300 账套总账系统的参数

资金及往来科目赤字控制；不允许修改、作废他人填制的凭证；可使用其他系统受控科目；系统编号；出纳凭证必经出纳签字；打印凭证页脚；可查询他人凭证；预算控制。

2. 会计科目

（1）增加会计科目（见表 6-9）。

表 6-9　　　　　　　　　　　　　　增加会计科目

科 目 编 码	科 目 名 称	辅 助 账 类 型
100201	中行人民币	日记账 银行账
100202	中行美元	日记账 银行账
112101	应收职工借款	个人往来
140301	甲材料	数量核算（千克）、数量金额式账页
140302	乙材料	数量核算（千克）、数量金额式账页
140501	X 产品	数量核算（件）、数量金额式账页
140502	Y 产品	数量核算（件）、数量金额式账页
221101	工　资	
221102	职工教育经费	
221103	工会经费	
222101	应交增值税	
22210101	进项税	
22210102	已交税金	
22210103	销项税	
222102	应交营业税	
222103	应交所得税	
222104	应交城市维护建设税	
222105	应交教育费附加	
500101	直接材料	

（续表）

科目编码	科目名称	辅助账类型
500102	直接人工	
500103	制造费用	
600101	X 产品	数量核算（件）、数量金额式账页
600102	Y 产品	数量核算（件）、数量金额式账页
640101	X 产品	
640102	Y 产品	
660201	办公费	部门核算
660202	差旅费	部门核算
660203	工　资	部门核算
660204	折旧费	部门核算
660205	其　他	部门核算

（2）"1001 库存现金"为现金总账科目、"1002 银行存款"为银行总账科目。

（3）修改会计科目。

"1122 应收账款"科目辅助账类型为"客户往来"（不受控应收系统）；"2202 应付账款"科目辅助账类型为"供应商往来"（不受控应付系统）。

3. 凭证类别（见表 6-10）

表 6-10　　　　　　　　　凭证类别

类 别 名 称	限 制 类 型	限 制 科 目
收款凭证	借方必有	1001,1002
付款凭证	贷方必有	1001,1002
转账凭证	凭证必无	1001,1002

4. 期初余额（见表 6-11）

表 6-11　　　　　　　　　期 初 余 额

会 计 科 目	方 向	余 额
库存现金	借	15 000
银行存款——中行人民币	借	8 034 000
应收账款	借	1 100 000
应收职工借款	借	10 000
在途物资	借	
原材料——甲材料	借	1 000 000

（续表）

会　计　科　目		方　向	余　额
	千克	借	10 000
——乙材料		借	1 200 000
	千克	借	40 000
库存商品——X产品		借	3 000 000
	件	借	5 000
固定资产		借	8 520 000
累计折旧		贷	623 259
在建工程		借	2 503 149
短期借款		贷	500 000
应付账款		贷	234 000
应交税费——应交增值税——销项税额		贷	9 200
——应交所得税		贷	12 390
——应交城市维护建设税		贷	2 500
——应交教育费附加		贷	800
长期借款		贷	2 000 000
实收资本		贷	22 000 000

注：采购部张帅2010年12月12日个人借款余额10 000元。

2010年12月12日，业务员陈强销售给高宏公司库存商品X产品1 100台，价税合计款1 100 000元，货款未收，发票号为223310。

2010年12月12日，采购员张帅向振远公司采购甲材料8 000千克，单价25元/千克，价税合计款234 000元，货款未付，发票号为123319。

5．常用摘要（见表6-12）

表6-12　　　　　　　　　　　常用摘要

摘　要　编　码	摘　要　内　容
BGF	报销办公费
GZ	发工资
JK	出差借款

6．期末转账设置

（1）设置将"制造费用"结转至"生产成本——制造费用"的自定义转账凭证。

（2）设置期间损益结转至本年利润的转账凭证。

（3）设置按本期利润总额发生额的25%计算应交所得税自定义转账凭证。

6.1.4　工资管理系统初始化

1. 300 账套工资系统的参数

工资类别选择单个,工资核算本位币为人民币,不核算计件工资,自动代扣个人所得税,不进行扣零设置,人员编码长度采用 3 位。

2. 人员附加信息

人员的附加信息为"学历"和"技术职称"。

3. 人员类别

企业的人员类别包括"管理人员"、"采购人员"、"销售人员"、"车间管理人员"和"生产人员"。

4. 工资项目(见表 6-13)

表 6-13　　　　　　　　　　　　工 资 项 目

工资项目名称	类　型	长　度	小　数	增减项
基本工资	数　字	8	2	增　项
职务工资	数　字	8	2	增　项
通讯补贴	数　字	8	2	增　项
交通补贴	数　字	8	2	增　项
奖金	数　字	8	2	增　项
应发合计	数　字	10	2	增　项
事假扣款	数　字	8	2	减　项
病假扣款	数　字	8	2	减　项
养老保险	数　字	8	2	减　项
住房公积金	数　字	8	2	减　项
应纳税所得	数　字	8	2	其　他
代扣税	数　字	10	2	减　项
扣款合计	数　字	10	2	减　项
实发合计	数　字	10	2	增　项
事假天数	数　字	8	2	其　他
病假天数	数　字	8	2	其　他

5. 银行名称

银行名称为"工商银行"。账号长度为 11 位,录入时自动带出的账号长度为 8 位。

6. 基本人员档案(见表 6-14)

表 6-14　　　　　　　　　　　　基本人员档案

职员编号	人员姓名	学　历	职　称	所属部门	人员类别	银行代发账号
001	张　曲	大　学	经济师	行政部(1)	管理人员	11011033001
002	林　静	大　学	经济师	行政部(1)	管理人员	11011033002

（续表）

职员编号	人员姓名	学 历	职 称	所属部门	人员类别	银行代发账号
003	王 耕	大学	会计师	财务部(2)	管理人员	11011033003
004	刘 宁	大学	会计师	财务部(2)	管理人员	11011033004
005	沈 清	大专	助理会计师	财务部(2)	管理人员	11011033005
006	陈 蕊	大学	工程师	设备部(4)	管理人员	11011033007
007	王 山	大学	经济师	人事部(3)	管理人员	11011033006
008	张 帅	大学	工程师	采购部(501)	采购人员	11011033008
009	陈 强	大专	经济师	销售部(502)	销售人员	11011033009
010	曾 文	大专	工程师	生产部(6)	车间管理人员	11011033010
011	张 艳	大专	工程师	生产部(6)	生产人员	11011033011
012	黄 彬	大专	工程师	生产部(6)	生产人员	11011033012

7. 计算公式

事假扣款＝基本工资/22＊事假天数

病假扣款＝基本工资/22＊病假天数＊0.5

采购人员和销售人员的交通补贴为 200 元，其他人员的交通补贴为 80 元。公式为：交通补贴＝IFF(人员类别＝"采购人员"or 人员类别＝"销售人员",200,80)

住房公积金＝(基本工资＋职务工资＋通讯补贴＋交通补贴＋奖金)＊0.12

养老保险＝(基本工资＋职务工资＋通讯补贴＋交通补贴＋奖金)＊0.08

应纳税所得＝(基本工资＋职务工资＋通讯补贴＋交通补贴＋奖金)－(养老保险＋住房公积金)

6.1.5　固定资产系统初始化

1. 300 账套固定资产系统的参数

固定资产账套的启用月份为"2011 年 1 月"，固定资产采用"平均年限法(一)"计提折旧，折旧汇总分配周期为 1 个月；当"月初已计提月份＝可使用月份－1)"时将剩余折旧全部提足。固定资产编码方式为"2－1－1－2"；固定资产编码方式采用自动编号：类别编号＋序号，序号长度为"5"。要求固定资产系统与总账进行对账；固定资产对账科目为"1601 固定资产"；累计折旧对账科目为"1602 累计折旧"；对账不平衡的情况下允许固定资产月末结账，与账务系统的数据接口中设置固定资产缺省入账科目为"1601 固定资产"，累计折旧缺省入账科目为"1602 累计折旧"。

2. 部门对应折旧科目(见表 6-15)

表 6-15　　　　　　　　　部门对应折旧科目

部 门 名 称	贷 方 科 目
行政部	管理费用——折旧费(660204)
财务部	管理费用——折旧费(660204)

（续表）

部 门 名 称	贷 方 科 目
人事部	管理费用——折旧费(660204)
采购部	销售费用(6601)
销售部	销售费用(6601)
生产部	制造费用(5101)

3. 固定资产类别（见表 6-16）

表 6-16　　　　　　　　　　　固定资产类别

类别编码	类别名称	使用年限	净残值率	计提属性	折旧方法	卡片样式
01	房屋及建筑物	50 年	2%	正常计提	平均年限法（一）	通用样式
011	办公楼	50 年	2%	正常计提	平均年限法（一）	通用样式
012	厂房	50 年	2%	正常计提	平均年限法（一）	通用样式
02	机器设备	5 年	3%	正常计提	平均年限法（一）	通用样式
021	办公设备	5 年	3%	正常计提	平均年限法（一）	通用样式

4. 固定资产增减方式（见表 6-17）

表 6-17　　　　　　　　　　　固定资产增减方式

增 加 方 式	对应入账科目	减 少 方 式	对应入账科目
直接购入	银行存款——中行人民币(100201)	出售	固定资产清理(1606)
投资者投入	实收资本(4001)	投资转出	固定资产清理(1606)
捐　赠	营业外收入(6301)	捐赠转出	固定资产清理(1606)
盘　盈	以前年度损益调整(6901)	盘亏	待处理财产损益(1901)
在建工程转入	在建工程(1604)	报废	固定资产清理(1606)
融资租入	长期应付款(2701)	融资租出	长期应收款(1531)

5. 固定资产原始卡片（见表 6-18）

表 6-18　　　　　　　　　　　固定资产原始卡片

卡 片 编 号	00001	00002	00003
固定资产编号	01100001	01200001	02100001
固定资产名称	总部大楼	生产车间用房	计算机
类别编号	011	012	021
类别名称	办公楼	厂房	办公设备
部门名称	行政部	生产部	财务部

（续表）

卡 片 编 号	00001	00002	00003
增加方式	在建工程转入	在建工程转入	直接购入
使用状况	在用	在用	在用
使用年限	50 年	50 年	5 年
折旧方法	平均年限法（一）	平均年限法（一）	平均年限法（一）
开始使用日期	2005 - 02 - 08	2007 - 01 - 10	2009 - 06 - 01
币 种	人民币	人民币	人民币
原 值	4 000 000	4 500 000	20 000
净残值率	2%	2%	3%
累计折旧	370 800	250 515	1 944
对应折旧科目	管理费用——折旧费	制造费用	管理费用——折旧费

6. 修改固定资产卡片

将卡片编号为"00003"的固定资产（计算机）的折旧方式，由"平均年限法（一）"修改为"双倍余额递减法"。

注：操作至此的账套数据已经备份。光盘中"上机实验备份/综合实训案例/已完成初始设置"。

6.2 日常业务

6.2.1 总账系统 1 月份业务

2011 年 1 月发生如下经济业务

（1）1 月 8 日，以现金支付财务部办公费 800 元。

借：管理费用——办公费（财务部）（660201）　　　　　　　　　　800

　　贷：库存现金（1001）　　　　　　　　　　　　　　　　　　　　　　800

（2）1 月 8 日，根据税收缴款书，以银行存款交纳城市维护建设税 2 500 元和教育费附加 800 元。（转账支票，银行凭证票号 223）

借：应交税费——应交城市维护建设税（222104）　　　　　　　2 500

　　　　　　——应交教育费附加（222105）　　　　　　　　　　　　800

　　贷：银行存款——中行人民币（100201）　　　　　　　　　　　　　3 300

（3）1 月 8 日，签发转账支票 1 300 元支付销售部业务招待费。（票号 1121）

借：销售费用（6601）　　　　　　　　　　　　　　　　　　　1 300

　　贷：银行存款——中行人民币（100201）　　　　　　　　　　　　　1 300

（4）1 月 8 日，采购员张帅向振远公司购入甲材料 9 000 千克，单价 25.2 元。增值税专

202

用发票计货款 226 800 元,增值税额 38 556 元,材料已入库,采购专用发票号为 112233,货款未付。

借:原材料(甲材料)(140301)	226 800
应交税费——应交增值税——进项税额(22210101)	38 556
贷:应付账款(振远公司)(2202)	265 356

(5)1 月 12 日,收到采购员张帅偿还借款 8 000 元。

借:库存现金(1001)	8 000
贷:其他应收款——应收职工借款(122101)	8 000

(6)1 月 12 日,签发现金支票(票号 1100),从银行提取现金 10 000 元备用。

借:库存现金(1001)	10 000
贷:银行存款——中行人民币(100201)	10 000

(7)1 月 12 日,签发转账支票(票号 1122)支付市广告公司本月广告费 8 500 元。

借:销售费用(6601)	8 500
贷:银行存款——中行人民币(100201)	8 500

(8)1 月 12 日,业务员陈强销售给高宏公司 X 产品 200 台,增值税专用发票上价款 200 000 元,增值税额 34 000 元,货款未收,销售专用发票号为 223311。

借:应收账款(高宏公司)(1122)	234 000
贷:主营业务收入——X 产品(600101)	200 000
应交税费——应交增值税——销项税额(22210103)	34 000

(9)1 月 18 日,以银行转账支票方式支付 1 月 8 日向振远公司购入的甲材料购料款 265 356 元,票据号为 1120,同时已办理材料入库。

借:应付账款(振远公司)(2202)	265 356
贷:银行存款——中行人民币(100201)	265 356
借:原材料——甲材料(140301)	226 800
贷:在途物资(1402)	226 800

(10)1 月 20 日,收到外商投资资金 200 000 美元,换为人民币 1 300 000 元。已在银行办妥转账支票(票号 1220)进账手续。

借:银行存款——中行美元(100202)	1300 000
贷:实收资本(4001)	1 300 000

(11)1 月 20 日,总经理张曲出差回公司报销差旅费 8 000 元,经审核无误同意报销。

借:管理费用——差旅费(660202)	8 000
贷:库存现金(1001)	8 000

(12)1 月 20 日,陈强收到高宏公司转账支票(票号 1200)一张,办妥 234 000 元货款收款手续。

借：银行存款——中行人民币(100201)   234 000

     贷：应收账款(高宏公司)(1122)   234 000

(13) 1月20日,生产部报销办公费900元,现金直接支付。

借：制造费用(5101)   900

     贷：库存现金(1001)   900

(14) 1月31日,汇总本月各部门领用甲材料共2 000千克,单价25元,价值50 000元,其中生产部领用45 000元,行政部门领用5 000元,生产部当月仅开工生产X产品。

借：生产成本——直接材料(500101)   45 000

     管理费用——其他(660205)   5 000

     贷：原材料——甲材料(140301)   50 000

(15) 1月31日,结转本月产品销售成本120 000元(200台)(本张凭证也可以月末做转账凭证的销售成本自动结转生成)。

借：主营业务成本——X产品(640101)   120 000

     贷：库存商品——X产品(140501)   120 000

(16) 利用常用凭证制作从银行提取现金。

摘要：从中行提现金,凭证类别为付款凭证,科目编码为1001和100201。1月31日从银行提取现金1 200元备用,利用常用凭证制作凭证。

6.2.2 工资管理系统1月份业务

1. 2011年1月有关的工资数据(见表6-19)

表6-19   2011年1月有关工资数据

职员编号	人员姓名	所属部门	人员类别	基本工资	职务工资	奖金	事假天数	病假天数
001	张 曲	行政部(1)	管理人员	3 300	2 000	800		
002	林 静	行政部(1)	管理人员	2 800	1 500	800	3	
003	王 耕	财务部(2)	管理人员	3 200	1 500	800		1
004	刘 宁	财务部(2)	管理人员	2 400	1 000	800		
005	沈 清	财务部(2)	管理人员	1 500	900	1 000		
006	陈 蕊	设备部(4)	管理人员	1 500	900	1 000		
007	王 山	人事部(3)	管理人员	1 500	900	1 000	1	
008	张 帅	采购部(501)	采购人员	1 500	900	1 200		
009	陈 强	销售部(502)	销售人员	1 200	800	1 100		2
010	曾 文	生产部(6)	车间管理人员	1 500	800	800	1	
011	张 艳	生产部(6)	生产人员	1 000	800	800		
012	黄 彬	生产部(6)	生产人员	1 000	800	800		1

注：交通补贴每人每月200元,通讯补贴每人每月100元,利用数据替换计算自动生成。

2．工资分摊的类型

工资分摊的类型为"工资"、"职工教育经费"。

3．有关计提的标准

按工资总额的 2.5％计提职工教育经费。

4．分摊构成设置(见表 6 - 20)

表 6 - 20　　　　　　　　　　分摊构成设置

计提类型	部门名称	人员类别	借　方　科　目	贷　方　科　目
工　资	行政部	管理人员	管理费用——工资(660203)	应付职工薪酬(221101)
	财务部	管理人员	管理费用——工资(660203)	应付职工薪酬(221101)
	人事部	管理人员	管理费用——工资(660203)	应付职工薪酬(221101)
	采购部	采购人员	销售费用(6601)	应付职工薪酬(221101)
	销售部	销售人员	销售费用(6601)	应付职工薪酬(221101)
	生产部	车间管理人员	制造费用(5101)	应付职工薪酬(221101)
		生产人员	生产成本——直接人工(500102)	应付职工薪酬(221101)
职工教育经费	行政部	企业管理人员	管理费用——其他(660205)	应付职工薪酬(221102)
	财务部	企业管理人员	管理费用——其他(660205)	应付职工薪酬(221102)
	人事部	企业管理人员	管理费用——其他(660205)	应付职工薪酬(221102)
	采购部	采购人员	销售费用(6601)	应付职工薪酬(221102)
	销售部	销售人员	销售费用(6601)	应付职工薪酬(221102)
	生产部	车间管理人员	制造费用(5101)	应付职工薪酬(221102)
		生产人员	生产成本——直接人工(500102)	应付职工薪酬(221102)

6.2.3　固定资产系统 1 月份业务

(1) 2011 年 1 月 31 日,用现金支票购入并交付销售部使用一台计算机,预计使用年限为 5 年,原值为 9 000 元,净残值率为 3％,采用"年数总和法"计提折旧。

(2) 2011 年 1 月 31 日,人事部用现金购入传真机一台,预计使用年限为 5 年,原值为 1 600 元,净残值率为 3％,采用"平均年限法(一)"计提折旧。

6.3　期末业务处理

1．将工资管理、固定资产管理系统执行月末结账

2．总账中期末自动转账生成凭证内容

(1) 制造费用转入生产成本。

(2) 计算所得税。

(3) 期间损益结转。

3. 银行对账期初数据

单位银行存款——中行人民币(100201)日记账余额为 8 034 000 元,银行对账单期初余额为 8 184 000 元,有银行已收而企业未收的未达账(2010 年 12 月 20 日)150 000 元。

4. 2011 年 1 月的银行对账单(见表 6-21)

表 6-21   2011 年 1 月银行对账单

日　期	结算方式	票　号	借方金额	贷方金额	余　额
2011.01.10	转账支票	1120		265 356	7 918 644
2011.01.10	转账支票	1121		1 300	7 917 344
2011.01.10	转账支票	223		24 890	7 892 454
2011.01.20	现金支票	1100		10 000	7 882 454
2011.01.22	转账支票	1024	6 000		7 888 454
2011.01.23	转账支票	1122		8 500	7 879 954
2011.01.26	转账支票	1200	234 000		8 113 954

5. 利用报表模板生成 1 月份财务报表

教学课件索取单

敬爱的老师:

感谢您使用我们出版社的教材。为了方便教学,教材配有相关教学课件。如果您需要,请您填写下面表格中的相关信息,并以电子邮件的形式发到我社,我们在核对您的信息后,即免费向您提供教学课件。

我们的联系方式:

地址:上海市中山西路 2230 号 1 号楼 1305 室　　　　邮编:200235
　　　立信会计出版社　　　　　　　　　　　　　　　　电话:(021)64270171

电子邮件:gogo2006gogo@126.com　　　　　　　　　联系人:赵新民

教材名称					作者姓名	
教师姓名		性别		身份证号		
学　校		院系			教研室	
学校地址					邮　编	
职　务		职称			办公电话	
E-mail		手机			宅　电	
通信地址					邮　编	
教材用量		册	委托订购单位			

您对本教材的意见和建议是: